建築から見た日本

その歴史と未来

上田篤＋
縄文社会研究会

鹿島出版会

はじめに

今から五五年前の六月のある朝のことだった。

昭和四五年に大阪で開かれる万国博覧会の会場計画のために、私は建築家の丹下健三さんとご一緒にヘリコプターに乗って空から大阪平野を視察した。その日は梅雨時には珍しく快晴だった。ところが眼前に展開した大阪は、私たちが地図で見慣れている大阪平野とはまったく違っていた。大阪城のある上町台地とその周りを除いて、大阪平野の大部分は青色に光り輝いていたからだ。

「海だ！」と私はおもった、というより面食らった。何度、目をこすってみても確かに海である。「大阪は海だ、泥海なのだ」と私は座席にへたり込んだ。訳が分からずにしばらく動けなかった。だが少し時間がたって「ああそうか！　これはぜんぶ田んぼなのだ」とおもった。「目下、灌漑中である」と。

少し気分が楽になった。そうして思いだした。中国の史書に「倭の地を参問するに海中洲島の上に絶在し、あるいは絶えあるいは連なり、周旋五千余里ばかりなり」（『魏志倭人伝』）とあるのを。日本は海の中にあって切れ切れに離れたりつながったりしている「縄切れのようなものだ」というのだ。なるほど日本は「縄切れ国家」か。すると大阪も海だらけなのがよくわかる。

そうして思いだした。以前、生駒山麓下を南北に一八キロメートルも走っている「東高野街道」を調査したとき、その道の標高がいずこもほぼ一〇メートルで、そこから海に向かう水田もまたほとんど海抜二、三メートルだったことを。つまり東高野街道はかつての湖岸線あるいは海岸線で、そのあたりは昔の河内湖、そしてそれ以前は泥海だったのだ。すると話は一致するではないか！　大阪の田園地帯はかつてはみな海、しかも泥海だった。いや、日本の田んぼはかつてはみな泥海か湖沼だった。であるから梅雨時に灌漑すると、みな昔の泥海の姿に返るのだ。

問題はその「かつて」である。それはいったいいつの時代か？　そこで『記紀』等の記述を見ると、それはいまから一八〇〇年ぐらい前のことかとおもわれる（拙著『私たちの体にアマテラスの血が流れている』）。とすると、そのころから大阪の泥海が、あるいは日本の海が田園地帯になったのではないか？　私の答えは「イエス」である。「そもそも日本における稲作開発はその五〇〇〇年ほど前あたりから北九州で始まったのだが、日本中が一斉に稲作に取り組みだしたのは丁度そのころからである」と。

ではなぜそこに五〇〇〇年もの差があるのか？　それは最初に海外から稲の流入があり、少し遅れて鉄器生産技術の流入があったからだ。そうして日本で大量の鉄器が作られるようになると森林の伐採が容易になり、その結果、矢板や木杭などが普及し、それらによって水路が開発され、日本の湿地帯の水を掻い出すことが容易になったからである。そうして泥海を変じて田んぼにすることができたのだ。

その典型を大阪府八尾市にある弥生時代の亀井遺跡に見ることができる。そこには河川の氾濫や河口部からの逆流水などに対処するための多数の堤跡があるからだ。それら堤の芯になったものは石でも磚つまり日干しレンガでもなく矢板や木杭である。日本は地形が複雑なために石材の移動が困難で、また土質等から日干しレンガの生産が難しい。結局、打ち込み矢板や打ち込み木杭などに頼らなければならないのだが、そのための板材や丸太等の生産には石の斧などでは埒が明かず、ヤリガンナや鉄斧に頼るしかない。そうして矢板や木杭が量産され湿地帯が干拓された。堤で囲まれた田んぼが生まれたのである。それは土木でいう「築堤開田」であり、それが進んだのが古代の大阪であった。お陰で、かつて「八十島」といわれ、天皇の即位後に八十島祭が行われたほどに多数の島々からなっていた大阪の泥海や低湿地帯が沃野に変わったのである。そしてそれは大阪だけではない。関東平野も濃尾平野もみな同様だ。つまり倭の国が「縄切れの連続」だった訳である。

さらに「築堤開田」だけではない。平地ではその築堤開田だが、山地の湖沼や渓谷の開拓などでは「蹴裂(けさき)開田」ということがある。盆地や渓谷の岩石を破砕して湖盆や山渓の水を掻い出し、後に沃野を現出させることだ。その方法は、水を堰き止めている石の上に枯草や枯木を大量に乗せて火をつけ、大雨の到来を待つのである。そうして大雨が降ると石の内外の温度差によって石は自動的に割れる。そういう技術は中国やネパールなどに古くからあったのだが、日本でも縄文のころから行われていた形跡があり、日本各地にその多くの伝承がある。

そうして私たちの祖先は、それらの技術を用いて日本の国土の六分の一もあった泥海や湿地帯を沃野に、つまり田んぼにした。田んぼができ上がると、それらの残土や残石を用いて巨大な前方後円墳を作った。そうして日本の沢山の地域を起こし、とうとう大和に国家を作り上げたのである。

今日、日本の田んぼは六〇〇万町歩、ほぼ六万平方キロメートル、つまり日本の国土三七万七七九五平方キロメートルの六分の一ほどもあるが、以上のようにそのほとんどがかつては泥海や湿地や湖盆だった。つまり日本は「縄切れの連なったような泥海の国」だったのだが、あるときから変わって「ちゃんとした稲作国家」になったのである。

そのあたりのことを、建築サイドから以下に見てゆきたいとおもう。つまり泥海日本が稲田日本に変ったことである。その証拠に、今日たとえ減反政策で田んぼが要らなくなっても、その田んぼの上に家を建てる人はいないのである。

なぜなら、そこは昔、海だったからだ。

（上田篤）

目次

Ⅱ ムラ

Ⅲ ミヤ

Ⅳ ミヤコ

Ⅴ シロ

VI マチ

VII トシ

VIII 未来のトシ

序章　木の建築の国

わたしは大学の建築学科に入学してから今日まで七〇年になるが、その間、ずっと住宅や建築、都市に関わってきた。そのなかでいろいろのことを考え、また実践してきたが、その結果「日本の住宅あるいは建築は世界でもよほど変わった存在だ」とおもうようになった。

そこでその変わった存在の日本の住宅あるいは建築をさらによく知るために、また多くの人々に関心を持ってもらうために「日本建築七不思議」なるものを考えた。ただし古い時代の住宅から話を進めるので「日本住宅七不思議」といってもいいのだが、明治の直前までの日本建築は社寺を除いてたいてい住居であったので、あえて「日本建築七不思議」とした。

日本建築七不思議　その「日本建築七不思議」とは、①幕末まで日本建築は**皆木造**だった、②皆木造の中心に**太い柱**があった、③太い柱は**大きな屋根**を支えていた、④大きな屋根の下に**広い土間**があった、⑤広い土間の続きに**板敷高床と囲炉裏と神棚**があった、⑥さらにその続きに**座敷と縁側と庭**があった、⑦そうして二至二分には**家人は庭で太陽を拝んだ**、というものである。

もっとも、ここで日本建築といってもほとんど民家のようなものを取り上げているが、じつは民家が日本建築の原点といっていい。東北や信州の山奥などには今も多数の民家が存在するが、それらは木造建築であるのみならず、しばしば茅葺屋根や土間床、囲炉裏などを持ち、縄文のすまいと変わらない趣きを残している。見ようによっては縄文のすまいが今に生きている。そういう民家を日本建築の原点と見ると、それらはいま述べた「皆木造、太い柱、大きな屋根、広い土間、板敷高床と囲炉裏と神棚、座敷と縁側と庭、太陽遥拝場」という七つの特徴的空間を持っている。見ようによっては「七つの不思議なものを持っている」といっていい。以下にそのことを述べる。

皆木造 これは不思議のようだけれど事実である。縄文時代から幕末までのおよそ一万三〇〇〇年間、一般の住居から社寺のような宗教建築、さらに城郭のような軍事建築に至るまで人が居住する日本建築は一〇〇パーセント木造だった。つまり日本の家というものは見た目には漆喰などで塗り固められていても、内部はみな木骨だったのである。明治になって初めて東京の銀座に赤レンガの建築が建ち、以後、レンガ造、石造、鉄骨造、コンクリート造などの建築が建てられるようになったが、不思議なことにそれまでの日本建築は「皆木造」だったのだ。

「何故そうなったか?」ということについては明治以来一五〇年間、日本の建築界でもいろいろ議論されたが不思議なことにいまだに不明とされている。「日本には木が多かった」「良質な石材がないから」「地震国のせい」などといわれるのがせいぜいで、万人を納得させる結論には至っていない。じっさいフィンランドは日本より森林が多く、イギリスは日本と同様に良質な石がなく、またイタリアも地震が少なくないから、それらの理由だけでは人々は納得できないのである。

そこでわたしはその根本的原因は「日本の家には神様が来られるから」と考えている。ここで突然、神様などという非科学的なものを持ち出すのだが、そうとしか考えられないので致し方がない。

太い柱 そこで二番目の問題だが、日本の古い家に入るとすぐ目につくものに太い柱がある。大黒柱などといわれ、昔は掘立柱だったが今は礎石柱などで、構造的に見れば家中の木造建築の中心になっている。今はたいてい白木だが、古くはしばしば黒木だった。つまり木の表皮がついていた。正月にはその柱の下にお餅が供えられたりもした。「なぜ餅か？」というと、大黒柱は家人から神様のようにおもわれているからである。「なぜ神様？」というと「超自然な力」を持っているからだ。

というと誰しも首を傾げるだろう。超自然力などというと、一頃はやった「スプーン曲げ」などが思い出されるがもっと真面目で普遍的なものである。たとえば南太平洋のメラネシアの世界では古くから人々はそういう「超自然力」をマナと呼んで信仰していた。第二次世界大戦後、インドネシアの政権がスカルノからスハルトに移ったが、そのときインドネシア人民は皆「スハルトがマナある剣を持っていたからだ」といっていた。そういう力にたいする信仰を、メラネシア社会を調査したイギリスの人類学者ロバート・マレット（一八六六〜一九四三）はマナイズムと名づけてアニミズムより古い人類の信仰とした（『宗教と呪術』）。マナはメラネシアに限らず、古くから西欧社会にもあったからだ。たとえばドイツの音楽家リヒャルト・ワーグナー（一八一三〜一八八三）が作曲した楽劇「ニーベルンゲンの指輪」は、そのマナをもつ指輪の争奪をめぐっての人間模様を描いたものだ。

じつは日本の大黒柱もそういう超自然力を持つ、と見られている。一般的にそれは太くて背の高い柱だが、もう一本の太い柱と組んで棟木を支え、その棟木に両側から垂木を立てかけ、その垂木の上に萱の枝などを逆葺きに敷く。そうして大きな茅葺き屋根を支えている。

そういう木は地震に強いだけでなくじつは火災にも強い。なぜなら太い柱は火事に遭っても表面が炭化するだけで、炭化部分が逆に緩衝帯になって熱や火を内部になかなか浸透させないからだ。つまり火事が起きても太い柱は簡単には燃えない。黒木つまり皮付き柱ともなればなおさらである。大黒柱の「黒」も、黒木すなわち自然木を意味したのかもしれない。であるから人々は「太い木は火事に強い」と考えてきた。そういう太い大黒柱は「神様」になった。日本の木造建築のシンボルになったのである。

大きな屋根　三番目にそういう大黒柱を始めとする太い柱は大きな屋根を支えている。その大きな屋根は古くは草葺きや茅葺きだった。その茅などのお陰で人々は夏の暑さを凌ぎ、冬の寒さにも耐えてきた。そのうえで大きな屋根は建物をすっぽりと包み込んで、雨そのものを遮断した。つまりその大きな屋根の下の柱や梁などの木造部分は雨に濡れず、いつまでも若々しい姿を保つことができた。そういう大きな茅葺き屋根などは個々の家の誇りであり、先祖代々の遺産であり、地域のランドマークであった。人々の精神的拠り所でもあったのである。

とはいっても時がたてば草や茅の葺き替えが必要になる。がしかし、それらの作業は村人が総出で行った。結(ゆい)とよばれる村の共同作業だが、実見すると歌などを歌いながら行われていて、労働というより人々の「祭」のようであった。そしてそういうユイを通じて地域の人々は結束したのである。

広い土間　四番目は、その大きな屋根の下に家人が日常出入りする大戸があることだ。その大戸を開けると広い土間がある。そこでは雨の日でも寒い日でも仕事ができる。傍らに各種の作業道具などが置かれている。そしてその先に甕、流し、調理台、竈さらにキッチンがあった。もっと奥に進むと風呂、便所、蔵、納屋、馬小屋などに至った。

これらはいずれも土間である。ニワなどとも呼ばれた。ニワはもちろん庭園の意味があるが建築ではいろいろ仕事をする場所のことをいった。であるからこの広い土間が本来の意味のニワだった。もっと古くはイエそのものだった。人々は夜になると、いろいろの仕事をするこのニワつまり土間に草などを敷いて就寝した。縄文の竪穴住居がそれだった、といっていい。

であるからその広い土間の上には一枚の大きな屋根がかかっていた。当たり前のようだが、次に述べる高床の上にもしばしば別の屋根がかかっていたから、二枚の屋根のかけ方によっては、ときに屋根の間に谷樋ができた。そういう谷樋には雨漏りの危険があるものの、人々は土間にかかる屋根とを一枚の屋根にはしなかった。なぜならそれは二棟の家だったからだ。そういう家を長らく残した鹿児島などでは、それらの家を「二棟づくり」と呼んでいる。縄文に続く弥生時代の家の名残といっていいものだろう（拙著『流民の都市とすまい』）。

それを裏付けるかのように、ニワに祭られる神様と次に述べる高床に祭られる神様とは氏素性を異にした。高床に祭られる神様はちゃんとした神社からお札などをいただいた由緒あるものだが、ニワにまつられる神様はときに鹿の頭やら蛇の尻尾やらいろいろで、人々が信じる、というより恐れている魑魅魍魎に近いものもあった。

ということからも「二棟づくり」と呼ばれる事情が察せられるだろうが、簡単にいうと、それは縄文の家と弥生の家とが合体したものなのだ。日本の家は原則的にみなそうだったといっていい。

板敷高床と囲炉裏と神棚

さて次に、そのニワに接して一段、高い板敷の床がある。台所(ダイドコ)とか常居(ジョウイ)などと呼ばれるニワと同じく平らな面だが、両者の区別は簡単だ。というのも、広い狭いにかかわらずニワでは人は土足だが、高い床では人は必ず靴や草履を脱がなければならないからである。それは老若男女、貧富貴賤を問わず実行されてきた。そして今日の日本の家でもほとんど一〇〇パーセント実行されている。では縄文時代にはそういうことがなかったとおもわれるのに、弥生時代になってなぜ家の中で土足が禁じられるようになったのか？「上足高床」というものが生まれたのだろう？

そこでよく見ると、そのダイドコの板の間の一部に囲炉裏が切られている。その囲炉裏から発する煙がその上に吊るされた肉や魚などを燻製化する。また茅葺き屋根の萱の乾燥化に貢献する。また囲炉裏のなかに鼎状に配された石があり、その上に土鍋がかけられ、四六時中、煮物がされている。ために家人はいつでも食物を口にすることができ、また食物の腐敗防止にも役立つ。さらに囲炉裏の灰の中の埋火の余熱が高床全体に伝わって床をいつも暖かくしてくれる。そのうえで最大の驚きはその囲炉裏の上に神棚のあることだ。神様が祭られているのである。とすると板敷の高床はダイニングでありリビングであるが、じつは神域でもあった。であるから人々は靴を脱ぐのだ。アラブ人がモスクに入るとき靴を脱ぐのと同じである。日本の家はモスクといっていいものなのだ。

なお古い沖縄では「炉の火は太陽の子」とされたから、炉の火を上から見守る神棚の神様は太陽といってもいい。日本の家では太陽が家の中まで入ってこられるのである。

座敷と縁側と庭　ではその太陽はどこからやってくるのか？　それは人間の出入りする大戸ではなく、その板敷高床の奥につづく座敷、その先の縁側、そして庭からである。つまり太陽である神様は庭からその家の縁側を通って出入りされるのだ。その証拠に縁側の前にはしばしば並外れて大きな沓脱石がおかれる。それはニワから高床に上がるときの沓脱石より立派なのだ。つまりそこが正式の家の出入口であることを示している。先の大戸が人間の出入口なら、神様の出入口はこの縁側と沓脱石なのだ。日本の古い家に縁側が欠かせないわけである。またそこを出入りするのは神様だけではない。お坊さんを始め貴人や客人もその沓脱石や縁側を通って来宅する。その家の娘も他家に嫁にいくときにはそこから出ていく。その家の人間も死んだらお棺はその縁側から去っていくのであった。

そこでよくよく考えてみると、そういうすまいの在り方は奈良・平安時代の貴族のすまいである寝殿造りに似ていることに気づく。そこには玄関などというものはなく、貴族たちは専ら庭から沓脱石を踏んで簀子縁、庇、母屋へと出入りしたからだ。庭－簀子縁がその家の正式な出入口だったのである。

しかし縄文人のすまいにはそういう上下足分離などはなかった。ただその家の女家長の小屋には土偶が祭られただろうから、その屋に入るときは何らかの儀礼があったかもしれない。じっさい、成年に達せずに死んだ子供の墓はその通路の下に埋められたりするのだ。

家人は庭で太陽を拝んだ　そうして最後は縁側の先にある庭である。そこに神様が出現なさるのだ。その神様とは太陽だろう。であるから元日の早朝などには一家が総出で庭に出て日の出を拝んだ。つまり太陽は日本人の神様だったのだ。

それは人民にとってだけではない。その昔、天皇は毎朝、清涼殿で朝日を遥拝された。ために平城京や平安京などでは大抵の殿社が中国式に南向きなのに、天皇のご座所の清涼殿だけは東を向いていた。天皇が早朝の太陽を、つまり神様を遥拝するからである。

カヨミは日本の暦　そういう太陽崇拝のルーツは、じつは縄文時代にまでさかのぼる。縄文の家の女主人は毎朝、太陽を拝んだとおもわれるからだ。多分、彼女は毎朝、勾玉のネックレスを首にかけて太陽を拝み、拝むたびにそのネックレスの勾玉を一つずつ動かしたことだろう。そういった話は『記紀』を読むと想像できる（拙著『私たちの体にアマテラスの血が流れている』）。そうすると三六五個の勾玉があれば、あるいは昔は盆も正月だったからその半分の一八三個の勾玉があれば、そしてその勾玉の色、形、大きさを量っておけば「今日が一年のうちの何時の日であるか」が瞬時に解る。食物の旬の時期なども具体的に知ることができる。そういう日々の太陽を観察する行為を、昔は「日読み（カヨミ）」といった。日という字は単数だとヒと読むが、複数時にはカと発音するからだ。とすると、カヨミは「日本の暦」だったのである。そしてそのネックレスは羽明玉（はかるたま）という神がスサノヲに与え、スサノヲがアマテラスに与えたとされるが、それはハカルタマという名が示すように「物を計る玉」だった。何を計るかというと、いま述べたように一年のうちの今日という日が何時に当たるかを計るのである。

そういうことを物語った日本神話がある。あるときアマテラスが弟のスサノヲの暴虐な行動を怒って天の岩屋戸に隠れたら世の中が真っ暗になった話だ。それは気象学的に世の中が真っ暗になったのではなく、カヨミをするアマテラスがいなくなったので人々の間から暦が失われてしまったことを意味するだろう。人々は具体的に狩猟、漁労、採集などを何時やったらいいのかがわからなくなってしまった。であるから世の中が真っ暗になったのだろう。そういうことから、日本の神様の大本であるアマテラスがいつも勾玉を首にかけていたことがわかる。のち勾玉は天皇家の三種の神器の一つに加えられたが、それも「太陽」のせいだろう。また加えられただけではない。のち三種の神器のうちの鏡や剣は伊勢や熱田に行ってしまったが、勾玉だけは天皇が死守した。そしていつも傍に据え置かれていたことを見てもその重要性が解るといっていい。

木質とは何か　以上「日本建築七不思議」なるものの概略を述べたが、じつはそれが本書の大きな柱である。いいかえると「日本の家は神様の家である」ということだ。大黒柱のような太い木の柱はそのシンボルなのである。

そしてそうなったのには木という建築材料の本質を考える必要がある。というのは、木とりわけスギやヒノキなどの針葉樹は建築の構造材料としてみると、いろいろの特性があるからだ。

まずその第一は、木は鉄や石、コンクリートなどに比べて比重が軽いことだ。大雑把にいうと一〇分の一ぐらいである。であるから日本の木の家は機械などを用いなくても、何人かの人がいれば簡単に建ち上がる。それは建前というものをみればわかる。一日で建築の架構ができ上がる。つまり木の第一の特性は軽いということなのだ。

第二にその軽さにもかかわらず、木を立てたばあい縦方向つまり繊維方向の荷重負担力は鉄と変わらないぐらい強い。というのも縦方向の断面を拡大して見るとわかるがそれはハニカム状になっているからだ。見事な美しいハニカムである。であるから木は、上手に使えばとても強い建築構造材なのである。

そして第三に、先に述べたように太い木は火事に遭っても火が内部にまではなかなか到達しない。木は火事に弱いと考えられているが、じつは木にそこその厚みがあれば火熱はなかなか内部にまでは浸透しないのだ。焼けた部分が断熱効果を発揮し、それより内への熱伝導を抑えるからである。皮付きの黒木であればなおさらだ。

そうして大切な第四だが、木つまり木質というものはどんな動物も食べないことだ。パール・バックが書いた小説『大地』では飢饉に遭遇した貧民たちが家の壁を食べる話があるが、それは壁土に混ざっている高粱の切れっぱしを食べたものだ。つまり草なら食べることができるが木質というものは不可能なのである。ただし白アリが縁の下の木材を食べたりはするが、それは湿度により木が腐った場合などで、一般的には木を食べる動物はいないといっていい。

そういう木にたいし、最近では木質材の積層技術が発達し、その将来にいろいろの可能性が出てきている。それらの論は専門の方々に譲るが、ここではそういう木質というものがどうして生まれたのか、という歴史を考えてみたい。

マナはどこから来たか

ここから先は私が考えた「壮大なお話」である。前にもある本に書いたことだが、ことは「シダ植物と恐竜の没落」そして「針葉樹と哺乳動物の発生」という話につながるからだ（『ウッドファースト』）。そのなかでとりわけ恐竜と針葉樹の争闘については「お伽噺」として聞いていただいてよい。それについては今日もなお学問上、不明なことばかりだからである。

まず地球は今から四六億年前の誕生以来いろいろと変遷を重ねてきたが、二億五〇〇〇年前に地表の巨大大陸が割れて地下のマグマが噴出し、それまであった多くの生物は死滅した。しかし、そのあと大気中の火山灰が少なくなって太陽光線が復活すると地球は次第に温暖化していった。陸上ではシダやイチョウなどの裸子植物が繁茂し、動物ではそれらを食料とする爬虫類が姿を現し、二億三〇〇〇年前にはとうとう恐竜が現れて世は恐竜の天下となった。

ところが七〇〇〇万年ほど前のこと、その恐竜が突如、消滅したのである。その消滅の謎は今日も不明で「隕石衝突説」などが語られるが、隕石との衝突なら地球各地に普遍的に存在した恐竜だけが一斉に滅びるわけがない。ほかの生物だってみな滅んだっていい。がそういう事実はなく、恐竜だけが滅んだ。いったいこれをどう考えたらいいのか？

私も長年その謎に挑んできたが、その答えは「木の出現」である。この世に木すなわち「木質なるもの」が現れたことが原因なのだ。では木質なるものとは何か？　針葉樹などの幹は成長すると芯以外の廻りの細胞は内容物を放出して死んでしまい、あとに細胞壁だけを残す。いわば幽霊屋敷のような口腔状態になる。その口腔の細胞壁はセルロースだがそれは鉄筋を束ねたようにスカスカで、そこへリグニンというバいわばコンクリートが流れ込んでいき、さらにヘミセルロースといういわば針金がそれらをしばりつけて強固な「鉄筋コンクリートの塊」を作り上げるという。それが木、木質つまり樹木の本体なのだ。そしてその木質はどんな動物も食べない「岩石」のようなものである。つまり針葉樹の幹はその中心部だけは生きているが、周りは岩石といっていいものなのだ。

では何故そんな岩石ができたのかというと、どうやらそれは恐竜のせいと考えられる。恐竜が地球上にはびこってシダ植物を始めとする植物を食べつくしてしまったからだ。実際、体重が四〇トンもあるスーパーサウルスなどは一日に〇・五トンもの植物を必要としたという。といっても当時、草などがなかったから、シダ類がなくなると、残るは木々の小枝や葉っぱなどを食べただろう。

そこで危機を感じた木々は恐竜に食べられないためにその幹の外側の部分を木質化していった。つまり「鉄筋コンクリート化」していった。それはとてつもなく硬く、美味しくもなく、消化もできないのでどんな動物も食べない。それは食べられないだけでなくとても頑丈にできていて、どんな動物も噛み砕くことも押し倒すこともできない。そこで木々は幹を木質化し、さらに空中に向けてどんどん背を高くしていった。そうして恐竜が幹の上方の小枝や葉っぱを食べる事態を防いだのである。つまり植物の幹の木質部分がいわば城壁になり、その上にある宮殿である葉っぱを守った、というわけである。それが針葉樹の出現なのだ。

しかし、それにたいして恐竜も負けじとばかりにどんどん背を高くしていった。最終的には恐竜のディプロドクスなどは体長三〇メートルにも達したという。かれらは二足歩行だったので二足で立ち上がると三〇メートル近くの高さの葉っぱを食べることができたのだ。が、針葉樹はさらにそれ以上に背を伸ばしたので最後に恐竜も追いつけず彼らは「背高競争」に負けて滅んだ、というわけである。

今日、人類が出現して二〇万年とも七〇万年ともいわれるが、恐竜にとってはそんなものはものの数ではない。かれらはこの地球上に二億年も栄えたのだ。しかし今から七〇〇〇年ほど前に、突如、滅んだ。それについては先に述べたように隕石の落下説などがあるが、隕石落下なら恐竜に限らずほかの動物だって被害を受けたはずだが、そういう事例は報告されていない。とするとそれは隕石落下などではなく、このように恐竜が針葉樹との背高競争に負けた、という特殊な理由からではなかったかと考えられる。とすると「樹木は偉大なり」とりわけ「針葉樹は神様」という話ではないか。

木の柱は日本文化である

そう考えると、諸外国にも国作りが柱から始まった話がたくさんあることに気づく。古代エジプトや古代ギリシャの神殿の柱などはその典型だ。日本神話にも『古事記』の冒頭に、イザナキノミコトとイザナミノミコトが高天原の神々から「浮いた脂やクラゲのように漂っている国々を修め、作り、固め、成せ」と命ぜられて、オノコロ島に降り立ち、天の御柱を建て、その柱を中心に八尋(やひろ)殿を建ててその周りを廻って国作りを行った、という話が述べられている。

それだけではない。日本では縄文時代には各地の海岸に巨大な柱を建て、次の弥生時代には巨大な宮殿と宮柱を建て、古墳時代には古墳上に高柱を建て、歴史時代には宮殿に棟持柱を建て、お寺の五重塔には巨大な心柱を建て、そして一般の家々でも大黒柱を建ててきている。そのためか日本では昔から神様の数を「柱」で数えている。また神前に「榊の木」を供えたりもする。

という風に見てくると、木の柱は時代を超越した日本の重要な建築文化であることがわかる。

ところが現状では木造建築の耐用年数は二五年とか三五年とかいわれ、あっという間に「粗大ごみ」扱いされている。それは「古いものを次々に捨てて新しいものを次々に建てよ!」という資本主義の要請に奉仕するものだろう。実際、古い民家が二〇〇年、三〇〇年経っているのはざらだし、社寺なら五〇〇年、一〇〇〇年経つのも普通である。

そこで今日、新しい積層材技術の進歩も含めてこれからの木造あるいは木質建築の大いなる発展を望みたい。日本の木造建築の歴史もそういった視点から見直し、「木」さらには「柱」といったものの価値を再評価し、そのうえで今までそういったことを考慮してこなかった日本近代の学問技術の姿勢を反省し、これからの日本の木造建築の未来、さらには木造建築を中心とする日本の未来というものを考えたい、とおもう。

(上田篤)

I イエ

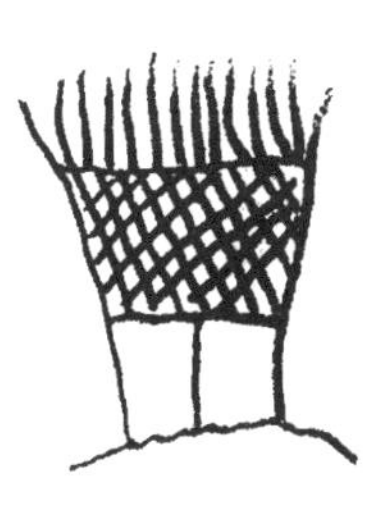

01 縄文百姓

縄文人は泥海の高みに一万年以上住み「士農工商」の何でもやる、いわば百姓だった

砂山と泥海

日本列島の構造は一口にいうと「砂山と泥海の連続」である。泥海については上田が「はじめに」で述べたが、砂山については地質学者の藤田和夫が『日本列島砂山論』で詳しく論じている。つまり長年月の間、日本列島を構成する岩石が地球内部で東西南北のいろいろの方角から圧縮を受けて粉砕され、盛り上がり、割れ目だらけになった。お陰で日本列島の山々は砂山になったというのだ。

ところがその砂山のお陰で日本列島ではちょっと大雨が降ると各地で土砂崩れが起き、山麓一帯を泥海化していく。その結果『日本書紀』では「国稚くして浮かべる膏のごとく漂える」といっている。つまり日本列島は「砂山と泥海の国」になったのだ。

そしてそういう形はついこの間の二〇〇〇年前まで変わらなかった。ところが「日本神話」によると、アマテラスなる人物がそういう葦が生い茂っていた泥沼の地を「豊葦原」と呼んで稲の生える土地にしようとした、つまり「泥海日本」を「稲作日本」に変えようとして「日本の国づくり」が始まったといっていい。それが縄文時代から弥生時代以降への転換である。

百姓とは何か

百姓はこれから述べるとして、本章での問題はこの砂山と泥海の日本で縄文人がどのような活路を見出したか？　ということだ。多くの歴史学者は「縄文時代は二五〇〇年前ごろに弥生人が日本列島に入ってきて終わる」とするが、必ずしもそうではない。縄文社会の姿は色々な形でその後も残った。それは考古学的な遺物や遺跡のほかに、次の八つの人々の生き方に見ることができる。一は一三世紀までの琉球、二は一四世紀までのエミシ、三は一九世紀までのアイヌ、四は山に住みクマやカモ

シカを獲って生業を立てていた山人、五は日本人の祖先と出身地を同じくするアメリカインディアン、六は今もマナイズムに生きる南太平洋の海洋諸民族、七は『記紀』『万葉集』などの古文献に見る人々の姿、そうして八は現代に残る日本人の独特の生活様式、たとえばお餅を除くオセチ料理などだ。本稿は以上のような広い視点に立って述べる。

そこで「縄文人は百姓だった」と人は聞いて何とおもうだろう？　まず「百姓」という語だが、誰しもこの言葉から「農民」を連想する。がしかし元来は「百の姓」つまり「百の血筋や家柄をもった人々」のことをいった。いいかえると「土地に定着して生きるために何でもやった人」である。そういう生き方は縄文時代からすでに始まっていた。そういう百姓が農民つまり農を専業とする人でないことは、歴史学者の網野善彦（一九二八～二〇〇四）がつとに指摘している。網野によれば、百姓とは山で鳥獣を狩るだけでなく、海で魚介を捕るだけでなく、木を伐って家や舟を作り、その舟で交易し、その合間に米や野菜を作り、さらに土器などを焼き、鍋や釜、槍や刀までも鋳た。そのうえで歴史時代には書や絵を愛する自由人だった。つまり百姓は「百業に従事する者」だった。しかしのち「信長の楽市楽座」で商人や製造業者の道を閉ざされ「秀吉の刀狩り」で武人であることを廃され、明治の新政府以降、彼らの仕事を農林省のほか、水産庁、通産省、運輸省、建設省、内務省などが管轄し、この国から百姓という存在が消えてしまったのである。

そういう百姓というものは、じつはエジプトや中国などの大文明には見られない。そこには極端にいえば王朝人と奴隷しかいない。しかし、世界を見ればそのような百姓と百姓精神が今も生きている国がある。たとえば産業革命の口火を切ったイギリスのヨーマンリーという独立自営農民がそれで、かれらの土地に根ざす生き方は今日のイギリス人に受けつがれている。たとえばイギリスのほとんどの村や町や都市にあるパリッシュとよばれる地域コミュニティーがそれだ。日本の町内会に似た住民の自治組織だが、町内会と違う点は法律と議員と議会を持ち、地域行政もやっていることだ。であるからそういう村や町や都市では、人々は家の窓を一つ作るのもパリッシュの許可を得なければならない。実際、私もイギリスでそれを経験した。

またスイスという国はもっと百姓精神に富んでいる。簡単にいうと、国民みんなが主人公だ。であるから事を決するときは国民みんなが何らかの形で参加する。つまり「直接民主主義」だ。その証拠にスイスにはデモやストライキというものが一切ない。なぜなら国民みんなが主人公で、召使いや労働者というものがいないからである。であるから、政府というものは町内会を大きくしたようなものといってよい。町内会の運営に対してデモやストをやる人はいないから、文句があるなら町内会に出かけていって発言すればいい。みんな聞いてくれる。ために政府の大臣といえども一つも偉くはなく、みな電車に乗って議会通いしている。町内会の役員が専用車などを持たないのと同様である。そういったことすべてがスイスの国の歴史、つまり「国民みんなが主人公」という思想に由来している。いまも王も貴族も官僚もいないいわば百姓の国なのである。

縄文人は「百姓」だった　じつは日本の百姓も、元来は上は貴族や官吏、下は部民や奴婢などを除いて、土地に定着して自立自営する人民すべてをいった。そしてそれは縄文時代の人々の生き方を受けついだものといえる。そういう縄文人はいま述べた今日のイギリス人やスイス人に似ている。その証拠に、縄文人はその一万年の歴史で戦争や争いというものがほとんど見られない。同じ古い時代といってもその後の弥生時代とはまったく異なる。というと「資本蓄積も武器も発達しなかったからだ」といわれるかもしれないが、それなら同じ古い時代のエジプトやメソポタミア、古代中国などのいわゆる「四大文明」の地で壮絶な戦いが演じられたのをどう見るか？　つまりそれらの国々だって始めは資本蓄積がなかったのになぜ資本が蓄積され、武器が発達したのか？

たしかにいまから三〇〇〇年前あるいは一万年前の縄文人を考えるのは至難のことだが、いま述べたイギリスやスイスの例に倣って「かれらはじつは百姓だった」と考えると理解しやすい。まずかれらの家は、そういう百姓と同様にとてつもなく長く存続した。考古学的資料の発掘から知られることだが、かれらの一ヶ所の家や村が五〇〇〇年、一〇〇〇〇年、ときには三〇〇〇〇年も続いたことが知られている。たとえば福井県の鳥浜貝塚のある周囲の家々は、七〇〇〇年間にわたって営まれていた。一つの村の歴史がエジプトやメソポタミアあるいは中国の王朝などと同じぐらいに、あるいはそれ以上に長いのだ、というのも、それらの家では自立し、自営し、そして連帯する人々の安定的行動があったからとおもわれる。

そこでそのような縄文人の家を中心に、男と女がどういう生活をしたかを、現在、知りうる考古学的資料のほかに、先に述べた総合的な視点から考えてみたい。

縄文の男は勇気ある力仕事に生きた　私は縄文時代の男の生き方は、基本的には先史時代の何十万年もの間の大動物を狩った男たちの伝統を受け継いでいた、と見る。それはいまもカナダの保留地に生きるイヌイットの男達がそうだからだ。かれらは日頃は何もしないが「カリブーがきた」と聞くと入院中の男達までもが武器を持って出ていくからである。そういう血を持っていたであろう縄文の男たちの主な仕事を、私は「八勇」と見る。その中身は狩猟、漁撈、焼畑農、石器作り、骨角器作り、木器作り、柱立て・家作り、舟作りなどだ。いずれも勇気のいる力仕事で、それらのことは『古事記』などの記述からも想像できる。たとえばそこには「猪狩り」や「大魚釣り」、「オノゴロ島の柱立て」や「八尋殿（やひろどの）の建設」や「天の鳥舟作り」などなどの話があるからである。それらはみな勇気ある男の力仕事によるものだ。

なかでも狩猟は危険がともなうが、男たちは家を何日間もあけて大動物を追ったことだろう。人類学でバンドと呼ばれる三〇人から一〇〇人ほどの集団を組み、熊を狩ったり鯨を捕ったりするのだ。グレート・ハンティングである。それもこれもかれらの祖先が大陸からやってきた遊牧民だったからだろう。そのことを想像させる記述が『古事記』の冒頭にある。それは最初に現われた人間を「七神の独神（ひとりがみ）」とし、後の人間を「十神の双神（たぐえるがみ）」としていることだ。つまりはじめに大陸からやってきたのは独身男子ばかりの集団だったが、のち原住民の縄文女性とカップルになったと考えられるからである。であるから縄文人になった男たちも、狩猟民の伝統を忘れずに集団で狩に出かけたことだろう。狩に出かけないときには山で木を伐ったり、家を作ったり、舟を作ったり、橋を作ったり、さらには石器や骨角器や木器を作ったり、また川の付け替えなどの土木工事までやったのではないか。みな『記紀』に書かれていることである。

またアメリカの人類学者ジョージ・マードック（一八九七〜一九八五）が世界各地の二二四種族の男女の労働を調査し、考古学者の都出比呂志がそれを整理した報告書（『日本農耕社会の成立過程』）があるが、それらを参考にして、私は「縄文の男は特徴的な八仕事をした」と見る。つまり「縄文男の八勇」だ。

縄文の女は自然に倣い知恵仕事に生きた

このように縄文時代の男たちは「八勇」に生きた、と見るが、一方、縄文の女たちは『記紀』や『万葉集』などに活写されているところを読むと「九智」に生きただろうとおもう。具体的にいうと、女主人の戸女（とめ）の日読（かよみ）に始まり、家の周りの、広さが小学校の校庭をいくつか合わせたぐらいもあるいわば「中自然」における採集、罠猟、火守り、土器・土偶作り、玉作り、そして衣作り、歌作りなどなどだ。それらはみな女の知恵仕事である。男との違いは、未知の自然ではなく、既知の自然での活動であることだ。以下に具体的に考えてみよう。

戸女と日読み　戸女(とめ)とは一家の女主人だが、ときには『記紀』にあるように、たとえ「夫孫族」であろうと外部から攻撃してくる男たちと死闘を演じたりしている。そういう女主人の日常の重要な仕事は日読みである。カヨミと発音する。日という字は単数ならヒだが、複数ならカという。

日本人はその国旗に象徴されるように太陽を愛する国民だが、じつはそれには訳がある。たとえば昔の正月の朝は、どこの家でも一家そろって庭に出て太陽を遥拝した、今も日本人は山に登ると次の日の朝にはご来光を拝む、漁民も昔から豊漁のときには船に日章旗を掲げる、沖縄の古神歌の『オモロサウシ』は世界の始まりをテダコ(太陽神)の出現と見る等々だ。それらは何百年、何千年もつづいた日本人の集団意識であり集団行動だ。世界には国旗に太陽をモチーフとする国は少ないがその色は殆ど黄か白である。ところが日本の国旗の日の丸は真っ赤だ。他にバングラデシュの赤があるが、ベンガル湾に向いたデルタ地帯の平らな国で毎朝どこからでも立ち昇る真っ赤な太陽を望められるからだろう。ところが日本は山国だからそうはいかない。がしかし、日本の子供が太陽の絵を描くと真っ赤に塗るように国民の意識としては太陽は真っ赤だ。「なぜか?」というと、縄文の女主人が毎朝、家の前の広場に立って東を向いて真っ赤な太陽の昇るのを見たと推測されるからだ。というのも、たいていの縄文の家の前の広場からは東の山々が見える。それは単に見えるだけでなく、毎日、太陽がどこの山の端から出るかがわかるようになっている。とすると、永年の経験で冬至や夏至、春分や秋分などの時期がわかる。そこから十日ごとの日数を数えると旬になる。じつは日本の自然は旬ごとに変化する。すると、旬ごとに何を獲ったらいいのかがわかる。その朝の太陽を見るのに使われた道具が「勾玉のネックレス」だったろう(上田篤『私たちの体にアマテラスの血が流れている』)。毎朝その玉を一つずつ動かすと、一年の旬も暦もわかるからである。その勾玉のネックレスの由来が『記紀』の神話にある。スサノオがハカルタマという神からもらった勾玉のネックレスだ。それがアマテラスの手に渡り、アマテラスがカヨミして人々は旬を知るようになった。旬ごとに家の周りの自然で盛りの草を摘み、木の実を拾い、ウサギやイノシシを罠に追い込んだ。海では貝を拾い、魚を獲り、厳しいがしかし美しいこの日本列島を一万年以上も生き抜いてきたのである。

こういう太陽観測は先に述べた「日読み」である。のちそのカヨミが訛ってコヨミ＝暦になったが、そういう太陽観察をやったことは弥生時代の唐古・鍵遺跡からも確かめられる。縄文の女主人の戸女だったろう。そのように毎朝、太陽の運行を見、それを暦として生産に結びつけた科学的な国は日本だけだった。のちその行為は天皇家に引き継がれ、天皇は早朝に起きて太陽を観測したことが中国の記録に見えている（『随書東夷伝倭国』）。「推古天皇のカヨミ」である。それも縄文の伝統を受けついだものだろう。

採集と罠　さて縄文の家々の跡を見ると、家々が互いに五〇〇メートルないし一キロメートルぐらいずつ離れていることが多い。つまり付かず離れずの距離で家々は連続している。いいかえると各家々は家の周りに、それぞれ半径五〇〇メートルか一キロメートルほどの敷地、いわば「自家の山野自然」を持っていた。小学校の校庭の一〇〇か二〇〇ほどの広さで、家と家の前の広場はその一部である。そうしてそこはすべて女の世界だ。その家と広場の周りにある自然で女たちは狩猟や採集をした。一方、男の世界は先に述べたようにさらにその外側の山野河海で、名づけるなら「山海」である。いわば大自然だ。今もオセチの箸袋に「山海」と書かれるのがそれである。しかしいま述べた家の周りの自然は女の世界だ。大自然と変りはないが、ただ家の近くにあって女たちはその中身を知りつくしている。それは大自然ではなく、また家の前の広場のような小自然でもなく、名づけるなら「中自然」といっていい（上田篤『ユーザーの都市』）。その中自然で女は罠、簗（やな）や筌（うけ）などを仕掛けウサギや小魚などを捕った。そういう罠の話は『記紀』にたびたび出てくる。それなら力の弱い女でもできる。そして驚くのはその落とし穴の数の多さだ。東京都と神奈川県にまたがる多摩丘陵一帯に作られた落とし穴の数は数十万にのぼる（大林太良編『山人の生業』）。すでに発掘された数は一万五〇〇〇基以上で、九割ぐらいは縄文早期の後半に作られた。その形も大きさも、仕掛けにもさまざまな種類がある。それらは多摩ニュータウンの一画にある「縄文村」でパネル展示されているが、学芸員は「調査地域の中にゴルフ場が作られて潰された落し穴の数は計り知れない」と嘆いた。

関東だけでなく、北海道南部から東北地方にかけても数多くの落とし穴が見られる。その落とし穴は女が管理するが、問題は男が、とりわけ妻問いにやってきた見ず知らずの男たちが誤って落ちることだ。であるから『記紀』にもあるようにツマドイに来る男たちは大声で歌を歌いながらやってきたようだ。家の女もそれにこたえて歌をうたって誘導したとおもわれる。ツマドイも命がけだったのだ。じっさい、今も沖縄の祭に女性巫女がイノシシに扮した男を落とし穴に落とす神事がある。女が知恵仕事で獰猛な動物を獲ったシンボル的神事といっていい。

火守りと土器・土偶作り　世界中の社会で、古くから「不絶火」つまり「火を絶やさない」行事が行われていた。それはたいてい女が行った。イギリスの人類学者のジェームズ・G・フレーザーはそれを「世界の未開社会に共通すること」とする（『火の起源の神話』）。そして日本の縄文社会では、火を守り管理するのは戸女の仕事だった。じっさい古い沖縄の家では「炉の火は太陽の子」とされ、太陽は縄文人にとっての「神様」であり、オリンピックの聖火のように大切に扱われた。マッチが普及した二〇世紀になっても、沖縄の旧家では「不絶火」の伝統を残していた。火を絶やしたときには主婦はマッチで火をつけず、実家から火をもらってきた。火が家の聖火である証拠である。そしてその火は食糧の煮炊きだけでなく、置火として床を暖め、家を暖め、草屋根の草を干し、また肉や魚の燻製化にも貢献したのだった。

縄文人はこのところ人類最初の土器を発明したことで有名になったが、それは今からおよそ一万三〇〇〇年前のことだ。そしてその土器は、古さと出土数の多さ、形式の多様さなどで世界に類例をみない。そういう土器の登場は人間の定住を意味する。旧石器時代のように動物を追って絶えず移動する生活には、壊れやすい土器は帯同不能だからだ。そこで縄文土器にはしばしばススキなどの植物繊維が混ぜられた。そこに含まれる珪酸体がガラスになって器を強固にしたからだ。また表面には「割れないように」と願いを込めて縄の模様などが施された。「縄文」である。さらに初期の縄文土器には、ソフトクリームのコーンのように底が尖っているものが多い。尖底土器といわれるものだが、それは炉の灰の中に突きさすためである。灰の中の埋火(うずみび)によって深鉢の中の食べ物を温かく保ち、どうじに腐敗防止にも役立つ。そういう深鉢の中に、山や川や海で採ってきた食糧を入れて熱く焼けた石を放り込むと煮物ができる。日本人の鍋料理好みは縄文時代からつづいている伝統なのだ。今日も日本料理人の腕は煮物によって決まるとされる。なお土器の用途は、この煮物のほか、食糧の保存、水の運搬、神様への供物などいろいろあった。そのため土器作りは女の聖なる仕事となった。

そのうえで土偶も女が作った、とみられる。みな女性像だからだ。その理由は考古学者のあいだで謎とされるが、編者の上田はアメリカインディアンのイロクォイ族の例にならい「土偶はそれぞれの家の伝説上の最初の母の元母(がんぼ)だった」という。実際、いろいろな点で縄文社会と酷似しているイロクォイ族では、その氏族つまり家というものの祖先は母から母へと遡り、最後に「一人の伝説上の女性」にいたるからである（ヘンリー・モーガン著、上田篤訳『アメリカ先住民の住まい』）。その彼女がその家の祖先の嚆矢なのだ。であるから以後の子孫の尊敬を集めている。そういう家の元祖ともいうべき女性を「元母」と名づけるなら、土偶は元母だろう。

歌作り　そのほか玉作りや衣作りなど多数の女の仕事があるが、省略してそういう行動をも視野に入れつつ文学者の丸谷才一がいう「日本文学の中心は歌であり、その中心のテーマは恋である」（『恋と女の日本文学』）ことを問題にしたい。その恋によって、言葉が違っても見知らぬ男女が結ばれたからだ。

日本という国は、北海道や沖縄など気候、風土がいちじるしく異なっているのに、土器も住居も言葉でさえも大きく違わない。日本列島は東西に三〇〇〇キロメートルもあるがその生活様式も似ている。言語もそうである。アイヌ語も、琉球語も、今日の日本語も「雨がザーザー降る」などといった繰り返しの形容語つまりオノマトペがある点で共通している。そういう言語は世界にあまりない。たとえば『古事記』に神々の妻問いの話がある。出雲の国の男の神々が越の国の女神をツマドイするのだが、早朝だったためか森の鳥たちがやかましくさえずる。それをウルサイとおもった男は「こんな鳥どもを殺して早くあなたと一緒になりたい」と歌う。すると家の中の女が「わたしも鳥ですからどうぞ鳥たちを殺さないで。夜になったらあなたに抱かれるのですから」とユーモアたっぷりに答える。見ず知らずの男女も、ときに言葉の違う国から来た男たちも土地の言葉を覚え、つまり日本語を覚えて歌を作るのだった。そういう物語を読んでいて、わたしは遠い国から来た男たちも、土地の女が使っていた縄文語で語りかけ、さらに歌をうたわなければ相手にされなかっただろう、とおもった。とすると、縄文・弥生時代に海外から多数やってきた男たちも必死になって縄文語を覚え、日本の歌をうたったことだろう。そうして縄文語が普及し、今日の日本語になった、とおもわれる。「日本語縄文発生論」である。

以上のように未開時代にあって縄文百姓は力を合わせ、知恵をこらして大地に生きた。そこには司祭も牧師も坊さんも神主もなく、助けになるものは男の「八勇」と女の「九智」だけだったろう。

そしてその姿は、老子が記す「小国寡民（かみん）」そのものではないか。つまり「小さな国で人民が少ないところ。いろいろたくさん便利な道具があってもそれを使わず、人民は自分の命を大切にし、遠方の土地に移動することのないようにしたら、舟や車があったところでそれに乗る時がなく、武器があったところでそれを見せびらかす時もないだろう。人々が昔に返って縄を結んで文字にし、自分の食べ物をうまいと思い、自分の着物を立派だと思い、自分の住まいに落ちついて、自分の習慣を楽しむようにしたら、隣の国は向こうに見えていても、鶏や犬の鳴き声が聞こえようとも人民は老いて死ぬまで互いに往来ゆききすることもないだろう」ということだ。

老子は華南の人だから、海人族から日本列島の倭人の情報を聞いていただろう、とおもわれる。

（田中充子）

02 縄文祭柱

縄文の男は夢と命を懸けてグレートハンティングし、祭事に柱を立て、一致団結した

柱穴発掘からの考古学

諏訪大社の御柱祭は、諏訪盆地の共同体である血縁社会の団結力によって成し遂げられてきたコミュニティの祭である。正式名称は、諏訪神社の「式年造営御柱大祭（しきねんぞうえいみはしらたいさい）」といい、式年つまり干支の寅（とら）と申年（さるどし）の数え年七年目ごとに上社と下社の宝殿が建て替えられてきた。その起源は不明とされるが、縄文時代の柱立にその源流があるとみられる。昔は御柱祭の式年造営の費用を賄うため神社の護符が発行され、式年に当たる年には信濃の国中で家の新築や結婚式等の出費を抑えた、といわれる。ただしこの一大イベントも、現在は社殿の造営はその一部となり、御柱祭が中心となっている。

諏訪大社は上社に本宮と前宮、下社に秋宮と春宮があるので、それぞれその周囲に立つ四本の御柱は合計すると一六本必要になる。ちなみに四本の柱を立てるのは神地の境界を示すためで、建御名方命（たけみなかたのみこと）が出雲から逃げてきたとき「この柱の内より出ないこと」とした結界説、神を招く場であったという説、中国の四神の「青龍・白虎・朱雀・玄武」を祀ったという説、相撲を奉納した四本の土俵柱説などいろいろの説がある。

御柱は、その周囲の長さ三メートル前後、高さ一六メートル以上、重さ一二〜一三トンという樅の巨木である。下社の場合は約一〇キロメートル離れた山から伐採され、木皮を剥がれ、急傾斜の山から大平の棚木場まで搬出され、四隅に白樺の枝を立てられ注連縄を張られる。棚木場で冬を越した御神木は綱曳きの穴を開けられて山出しを待つ。

祭りは時間をかけて行われる。綱渡り式の神事に始まり、車もコロも使わず、人の力だけで急坂を曳き落とす「木落し」や、川を曳き渡す「川越し」などを経て、上社の御柱は御柱屋敷へ、下社の場合は

［写真］諏訪大社御柱祭、上社山出し曳行（出典：諏訪地方観光連盟）

注連掛へと曳行される。それらは荒く勇壮な行事だ。そして五月に入ると「里曳き」が行われる。山出しとはうってかわって短い距離をゆったりと進み、騎馬行列や花笠踊りなどの華やかな出し物も出現する。それぞれの柱は一日から三日をかけて各宮に運ばれ、冠落とし、建御柱という手順を踏んで祭は終わる。

縄文時代の人々は、地面を掘り下げ、床を築き固め、五本の柱を建て、一本は中心の床柱とし、四本は屋根をかけるための側柱とし、床の中心に石を並べ、炉をつくり、家をつくった。炉の形や屋根を支える柱穴の配置、大きさ、深さ等からも様々な建築様式を想像することができる。

尖石（とがりいし）遺跡のすぐ近くに中ッ原遺跡があり、謎の柱穴「方形柱穴列」の八本の巨大な御柱が立っている。この遺跡では柱穴の内側から踏み固められた床や目立った遺物は見つからないが、しかし八つの穴から幅八〇センチメートルの柱痕が見つかったので、謎の柱穴として、柱の長さはわからないままに四本は高く、四本は低い柱として復元している。五〇〇〇〜四〇〇〇年前の古代文明としては、古代エジプトのピラミッドやメソポタミアの都市ウルクがある。それと同じころ日本でも「三内丸山」集落が築かれていた。それは賛否があるものの巨大木造建築とされ、一五棟の竪穴住居と二五二平方メートルの巨大竪穴住居、三棟の高床倉庫、物見櫓と思われる大型掘立建物（柱穴直径二メートル、深さ二・五メートル、柱間四・二メートル×八・四メートル×三層、軒高二〇メートル）などがあったと推定されている。サンナイとはアイヌ語で「山（後）から海（前）へ開けた川」という。そこで人々の長期間の定住を可能にしたのは、集落の北方、数百メートルのところにある魚貝の豊富な海で、すぐ近くには川があり、南側には豊かな森林と台地が続き、食物の生態的な連鎖が成立していたからだろう。

一万年以上続いた縄文時代は採集経済で、大きな戦争が起こらなかったところから、大きな集落もできなかった。望楼や環濠、高床式倉庫などの必要もなかったといわれている。三内丸山遺跡の復元に当たって太い六本柱が発掘されたが、非建物説や建物説に分かれている。ただ、そのいずれであったとしても、編者の上田はここに縄文の「男の仕事」を見ている。大きな柱根と柱穴はその証であると。

男の仕事　縄文文化というと誰しも思いだす土器だが、その土器を使って煮炊きをするために鳥獣魚貝を集めて料理をしたのは女性だろう。それに対し男というものは屋作りや落とし穴作りなどの力仕事に加え、旧石器時代以来続いた鯨や猪などを獲るグレートハンティングを行っていた。男の仕事には、もう一つ、高い柱立てがある。柱は高ければ高いほど地域のランドマークとしての効果を発揮する。各地の縄文遺跡からその多くが発見されている。さらに時代が下がってその次に取り組まれたのが「宮作り」だ。これらの柱を中心に宮、つまり高床の建築を作るのだ。鉄剣を持ったと思われる「天孫族」が、銅剣しか持たない出雲族を打ち破り、出雲族の王の大国主は降参し、宮殿を建ててくれれば国を譲ると言った。

出雲と諏訪の文化交流　今から二三〇〇年前に日本列島では縄文時代から弥生時代への画期的変化が起こった。それは①稲作の始まりで採集経済から農耕社会へ農業革命期を迎えたこと、②銅や鉄器の利用が始まって農耕を可能にしたこと、同時に戦争の武器も得ることになったこと、③農耕は大定住集落を生み、それまでの家族的小集落社会から大集落の定住社会となって生産性を飛躍的に向上させたこと、④紡織や銅器、鉄器の普及で衣服や建築にも大きな変化を可能にしたこと、⑤人間生活にも格差や支配・被支配関係が生み出されたこと等々によりゆとりが生まれたと同時に、土地や穀物等の略奪や戦争が起こり、ために集落には環濠や望楼が必要になり、新しいコミュニティの必要性も生じたこと等が起きた。これによって日本列島の人口は三〇万人を上限とする一万年の平和な時代が終わり、弥生時代と称する人口二〇〇～三〇〇万人の一〇〇〇年間が始まった。

　そしてその中心には出雲の国があったと見られている。しかし「天孫族」と称して山を下りてきた一派との争いに負けた出雲族の一集団が、縄文時代の中心であった諏訪地方にやって来た。その拠点が前宮と聞いたので、わたしは平成三一年八月、八ヶ岳周辺の縄文遺跡を調べてみた。それらは霧ヶ峰周辺の黒耀石原産地、茅野市北山浦の尖石、中ッ原・棚畑遺跡、原村の阿久遺跡、富士見町の井戸尻遺跡、北杜市の七里ケ岩台地遺跡などである。発掘された文化財はそれぞれの行政別博物館に展示・貯蔵されている。そのなかにあって諏訪神社上社本宮は諏訪市中洲に、前宮は茅野市宮川に、下社春宮と秋宮は下諏訪町にそれぞれ鎮座している。社伝によれば御祭神の建御名方神（たけみなかたのかみ）は出雲の大国主命の子で妃は八坂（やさか）売刀売神（とめのかみ）とある。鎮座の年代は『古事記』などから推定して二〇〇〇年前ごろ。日本最古の神社の一つとされ、その分社は一万有余あり、その総本社とされる。御神体である守屋山（もりやさん）（標高一六五〇メートル）の山麓の小高い場所に御社殿があり、八ヶ岳山麓の多くの遺跡を見渡すことができる。その四隅に御柱山（御小屋山、標高二一三六メートル）から伐り出された高さ一〇〜一七メートルの大木が、三〇メートル間隔で四本立つ。四本の柱を建てる理由については諸説があるが、神や祭事にまつわる柱には違いない。出雲からやってきた大国主命の息子達がこの柱間を結界としてこの地に鎮座し、当地の洩矢の神に率いられていた人々との交渉に入った場所といわれる。近くに湧き水が流出していることなどからも、生身の生活がこの場所で行われ、次第に融合同和していっただろう。それが諏訪族でその首長を大祝と称した。大祝は前宮を本拠とし、洩矢の神の協力を得てこの地を治めたとある。

諏訪本宮と前宮の御柱八本は一五キロ程離れた八ヶ岳の御小屋山の樅の大木（樹齢一五〇〜二〇〇年）から選ばれる。この柱と中ッ原遺跡の御柱とはどのように関係しているのかわからないが、出雲からやって来た一族が当地で縄文時代から住んでいた人々とどのように交流したかはともかく、当地では平和に受け入れられて弥生時代に突入し、徐々に採集経済から農耕社会に移行したために、人々の生活には大きな変化がなかったようである。竪穴式住居のほか、御柱を神とする祭事によりコミュニティをつくったことは確かである。

前述した四本の御柱で囲まれた、この三〇メートル四方の結界から、茅野市の北山浦の尖石遺跡、中ッ原遺跡、棚畑遺跡さらには阿久遺跡が一望できる。この豊かな縄文社会にやってきた出雲族が、国見の望楼としてこの前宮の地を選んだとすれば、諏訪神社前宮の四本柱で囲まれた結界地こそ国見の望楼地であったのみならず、この地が縄文社会から弥生時代への国づくりを平和的に推進した遺跡と考えてもよいだろう。

そこでこの地から一望できる縄文時代前期の阿久遺跡のある原村の八ヶ岳美術館を訪ねると、この時代の生活様式を模型で再現していた。環状石組の中央に据えられた立石から回廊状の列石の間を通して蓼科山を眺望できるようにつくられた祭祀場の祭壇には、採取された獲物等が積まれていた。

それはこの地に縄文時代の大きな集落があったことを示すのみならず、縄文社会から弥生社会に至っても、竪穴住居の集落を維持するコミュニティの中心に御柱が継承されてきたことは明らかである。弥生時代の三大復元遺跡の一つと考えられる壱岐島の「原の辻遺跡」で見た王の館は桁行九・七メートル、梁間六・七メートルの伏屋根構造でかつ寄棟の茅の逆葺き屋根だったが、それも屋根飾りがついている竪穴式だった。

また平成二二年にリニューアル・オープンした登呂遺跡でも祭殿や倉庫群は高床式であったが、住居群は竪穴式だった。一大テーマパーク化した吉野ヶ里遺跡でも、政(まつりごと)が行われた主祭殿等は高床式高楼で最上部までの高さが約一六メートルあったが、周囲の住居群は竪穴式で、縄文時代のそれと変わらない構造だった。

高く太い丸柱は日本建築の神髄

平成一五年、わたしは岐阜県でハイブリッド型住宅の実証研究を行った。日本古来の建築様式をイメージして末口三〇センチ相当、高さ一〇メートルの四本のヒノキ丸太による通し柱を四メートルの正方形状に設置し、垂直力を負担させて中央の大空間をつくった。その周りに二メートル四方のL字型のヒノキ集成材による耐力壁を設けて水平力を負担させ、さらに開口部にはガラスと紙で緩衝空間を設けた。この構造物に五六度相当の合掌屋根をかける構成とした。一階外部にはその屋根の軒部分を支える支柱が列となって連なった。地元産のヒノキ丸太は岐阜県加子母村の森林組合で素材から製材・建築用材にしてもらった。この機会に森林を案内してもらって驚いたのは、三重県内では江戸時代中期より伊勢神宮の備林が不足し、その一部を当地が供給していたことだった。

平成二二年一〇月に「公共建築物における木材の利用促進に関する法律」が施行され、平成二五年には「公共建築物における木材のガイドライン」が出された。日本の国土は毎年一億立方メートルずつ増加する膨大な木材資源をもちながら、その利用が三〇パーセントとあまりに低い。わたしが座長をつとめた次世代公共建築研究会で平成三〇年に「木の国 日本の新しい空間と技術」と題するガイドブックを出版した。そこに平成二三年の東日本大震災後、独自に木造仮設住宅を建設した住田町が平成二六年に新築した住田町木造庁舎の樹齢八〇〜一四〇年の杉丸太柱が四本、象徴木として設置されていることを記した。これは町民の寄贈によるもので、構造体と切り離して自立させることにより品位ある空間を演出している。

もう一例として公共建築賞（国土交通大臣賞）を得た亀山市立関中学校の木造校舎がある。この学校は旧東海道で唯一、重要伝統的建造物群保存地区に指定された関宿にある。そこに「町並」と「豊富な森林資源」とを生かして「木の学び舎」が設計された。全校生徒が日々の給食などで一堂に会することのできる多目的ホールには、秋に伐り出され、現地で春まで葉枯らしし、室内乾燥後に皮むきと背割りを行い、さらに室内で乾燥後にできるだけ自然の形状を生かし、象徴的に構造体として地域の杉丸太八本が配列、施工された。校舎全体が完全木造だったため効果は予想以上に大きく「この感触好きやねん」と言いながら丸太の柱に抱きつく子供もいた。

確かに杉の磨き丸太は美しい上に強い包容力があり、わたし自身が設計し、体験したことからも、日本建築の神髄は大丸太の構造材にある、といえる。

古来、日本建築の大きな丸太にはマナ（超自然力）が宿るとされた。出雲大社に使われた四〇メートルを超える杉や檜の大木、さらに諏訪神社に見る御柱祭りの大木には神様が宿っている、とする信仰は、日本人には古くからあった。だから学校の校舎に使われた大木に子供たちが抱きついて安らぎを感じるとすればそれは当然なことである。「木の学び舎」や「木の公共建築」がそれだけで価値を持っても不思議ではない。

縄文の掘立柱穴が列柱状にあるのを見ると、その方向に信仰の対象としての神の存在が窺える。また四本の掘立柱のある諏訪神社前宮では、高い御柱一七メートル、低い御柱一〇メートル、柱間隔三〇メートル、というのを見ると、その内側の領域では国見の地の高楼にも相当するものを感じる。

なお屋久島の縄文杉、立山弥陀ヶ原の立山杉、戸隠山の随神門杉並木など、日本各地の神社仏閣にみる御神木に親しんできた者として、編者の上田がいう「高木来神、木にはマナがある」というのは日本人のDNAにもなっているとおもう。縄文時代から弥生時代、さらに平安・鎌倉・室町になっても多くの日本人は掘っ立て式の床柱などをもつ竪穴住居で生活してきた。近代にいたっても民家や神殿の建築に使われてきた材料は木が主体であり続けた。確かに産業革命以降の都市にあって、耐火や耐震、高層化などにより木は主役から交代したかにおもわれるが、昨今は科学的に木が加工され、再び生活に密着するウッドファーストの時代になっている。日本の伝統的木造建築、とりわけ縄文時代からの祭柱としての木の活用は今日にもなお継承され続けていると考えてよい。

（尾島俊雄）

03 民家不変

縄文以来、日本の民家は自然に適応し、今日までその姿や形をほとんど変えていない

今なぜ民家について考えるのか？

今日、日本各地にある古い民家といわれるものは、高床である点を除き、太い柱や屋根の形、棟木や垂木などの構成において縄文の竪穴住居の伝統をかなり残している。私自身は住宅もつくるものの、どちらかというといわゆるビルものの現代建築をつくる建築家であり、必ずしも建築物の歴史や、保存や、修復の専門家ではないのだが、しかし民家には興味を持って観つづけてきている。なぜ普段の仕事には一見、直接関係がないような民家に興味を持ち、観察を続けているのだろうか？　それは至って簡単でつまらない理由から、功利主義的な、つまり自分の仕事に役に立つと考えての理由からである。といっても「民家の形をうつした建築」を私がつくっている訳ではない。ただ現代のはげしくうつりかわる社会情勢の中で建築を考えるとき、民家から得られる様々な「教え」がおおいに役立つ、というよりもむしろ不可欠なものではないかと考えているからである。実際、本章のタイトルにあるように民家は変わらない姿を保っている。また民家というものには世界的に見ても共通な要素が多くある。何やら掛けことばのようだが、民家は「不変」であると同時に「普遍」でもあるのだ。この不変で普遍なものの中に、私たち建築家が現代の逼塞した状況を打ちやぶる、というよりしなやかに解きほぐすためのヒントがあると見ている、いや確信しているのである。

ところで本題に入る前段として、現在「ハコモノ行政」という言葉が税金の無駄遣いと同義であるかのように否定的に揶揄する言葉として使われているように、近年、評判の悪い世界であるが、ここで今一度建築をつくることの意味を考えたい。

建築とは何か？　建築は芸術である、と言う人は多い。たしかに西洋美術史の本には建築は芸術である、と書いてあるし、ミケランジェロもダビンチも芸術家であると同時に建築家である。しかしながら人類はいにしえより、第一義的にはやはり何かの必要があって、すなわち用を足すために建物を建ててきた。言い換えれば何らかの問題の解決策として建物を建ててきた訳で、となると、建築は今時いうところのソリューション・ビジネスでもあったことになる。天皇は宮を作り、武将は城を築き、民衆は民家を建てて生活を成りたたせ、用に応えるように環境をつくりかえてきた。つまり建築は歴史的には生活上のかなり有効な解決策、唯一とはいえないまでもかなり数少ない有効な解決策のうちの一つであった訳だ。

現代でもコロンビアのメデジンにおいてはファハルド市長の施政下で、「公共建築を建てるという施策によって市内の殺人率をわずか一〇年足らずの間に一〇分の一にした」という事例に見るように、建築は正しく使われれば依然として社会の素晴らしい解決策になることができるのである。お金の無駄遣いの象徴にまで堕した建築の地位を非常に有効な解決策という往年の立場へ復権するためには、まずは我々の基本的な考えあるいはスタンスを正す必要があるし、そのための重要なヒントが民家から学ぶことで得られる、と私は確信している。

私は現代社会の根本的な問題の一つはその「不寛容さ」ではないか、と思う。現代人はささいなことでよくキレる。道を歩いていても、家でテレビやパソコンや携帯でYouTubeを見たりしていても、よくよくキレている人を見かける。しかもその原因はというと、結構些細なことであったりする。空いている電車の優先席に座っている若者にキレて怒鳴り付けている人がいたり、テレビでは世間に土下座での謝罪をしろという話が盛んに流れている。しかもその原因は世間には関係ない話がほとんどであったりする。むやみに不寛容であり、その不寛容さが社会全体の生産性を低くするまでに至っている。私はこのような不寛容さの原因はそれぞれの状況の中での一過性のものというより、もっと普遍的なものであって我々の基本的な考え方やスタンスの中にまで組み込まれていると考えている。そしてこのような考え方やスタンスは、二〇世紀初頭におこった近代主義といわれるようなものによってもたらされたもので、それゆえこの不寛容さを克服するためには近代主義の持つ問題点を克服する必要があると思っている。この辺りの考えについては、本書編者の上田が編集し、執筆者も多く重なっていて、いわば本書の前編と呼ぶこともできる「ウッドファースト！〔建築に木を使い、日本の山を生かす〕別冊『環』21」の拙稿でも触れているのでご興味の方はあわせてお読みいただければと思う。その「ウッドファースト」では、現代社会の問題について、木材の利用をしていくこと、つまり木と付き合うことで体得される思考方法によって解決できるのではないかと論じている。本稿では基本的に同じスタンスで、今度は民家について、あるいは特にその屋根について考えることで中庸さ、(良い意味での)良い加減、塩梅／案配、等々といったこの不寛容な現代社会をつくっている近代主義を乗り越えていくための有効な考え方を体得していけることを示そうと思う。であるから、民家のそれも茅葺き屋根に関するトピックを取り上げながら、そこから得られる考え方をを逐次関連させながら述べていくこととする。

さて前述の上田は、本書冒頭でも触れているように、その著『日本人とすまい』等において、土間は縄文文化(竪穴式住居)、高床は弥生文化(高床式住居)にルーツがあり、今も「玄関等に土間があり、居室等の床は地面から四五センチメートルほど持ち上げられたすまいはその縄文と弥生のハイブリッドである所にそのユニークさがある」と看破している。ではその屋根は何で葺かれていたのか？　この問いに答えるのは考古学者の仕事かと思われるであろうが、実は化石といった「直接証拠」を必要とする考古学よりも、「状況証拠」から推定ができる建築学の方が容易に答えにたどり着けることもある。この場合、建築学の立場からは「縄文文化であれ、弥生文化であれ建屋の屋根は植物の葉や茎を葺いたいわゆる茅葺き屋根であったはずである」と私は考える。植物の葉や茎といった素材は化石等として残らないから考古学的な確定は難しいかもしれないが、建築学の立場から考えれば必然であることをここで少しだけ説明をしてみよう。

屋根に限らず建築の材料はまず雨風を防ぐ性能のあるものでなければならないし、屋根のような直接雨風にさらされる部分に用いる材料には相応の耐久性能が必要で、我々のいる緯度帯やさらに緯度の低い、つまり日差しの強い地域ではしっかりとした日射遮蔽の能力が必要で、また特に寒い地域では断熱性能も重要である。さらにこれらの性能上の要求とは別に、製造あるいは生産する上で必要な条件としてreachable（直訳すると「手が届く」すなわち手にはいる）それも大量に手にはいるものである必要があり、加えて部品の一つ一つはなるべく軽いことが望ましい。

茅葺き屋根はといえばその材料となる薄や葦、稲藁、麦藁、笹などは多くの地域で大量に手に入り、軽量で運搬が容易であり、十分な厚みをもって重ねることで雨風を防ぎ、日射遮蔽もでき、断熱性能もある、という材料である。さらにいえばメンテナンスが容易なので耐久性を保ちやすい。このように考えれば、縄文であれ弥生であれ屋根はまず茅葺きである、と考えてほぼ間違いないということになるのである。さらにいえば、茅は土に還る、つまり完全なリサイクルが可能な材料であるから、廃棄物という社会全体への負担も無くてすむ訳である。

ところで読者の皆さんは「コンクリートの屋根は必ず雨が漏るが、茅葺きの屋根は漏らない」と聞いてどう思われるだろうか？　おそらく多くの方には「そんなバカな」といわれるだろう。がしかし、これは一面の真実である。そしてこの話の一節とそれを巡る議論の中に先ほどの話の不寛容さを克服するヒントが隠されているのである。

すこし建築学的になってしまうがこの話を検証してみよう。意外に思われるかもしれないが、コンクリートは、結構、吸水性がある、すなわち防水性の低い材料なので、鉄筋コンクリート造（以下ＲＣ造）

の建物では防水性のある材料で膜をつくってその膜から先への雨水の浸入を防いでいる。我々が建築の図面を書く場合、この雨水の処理を見るために重要なのは、建築物を縦に断ち切った状態を描く図面、いわゆる断面図である。断面図でどのような材料がどういう風に重ねられているかを見ることができ、どのように建物の中に水が入るのを防ぐかを見ることができる。防水層は先ほど述べたように膜なので、もちろん実際には厚みはあるのだがＲＣ造の断面図では概念的に幅の無い一本の線（これを我々は止水ラインと言ったりする）である。そして計画の基本としては、断面図上ではこの線はつながった一本の線であることが必要であり、この線に途切れが無ければ雨は入ってこない、という道理なのである。誰にでもわかる単純明解なロジックである。そう、近代主義は無駄の無い単純明快なロジックを好むのである。近代主義において、無駄は犯罪的なのである。一方、茅葺き屋根の断面図では、屋根の茅(カヤ)（薄(ススキ)や葦(アシ)）の厚みは、地域や材料によって異なるがだいたい四〇～六〇センチメートル程度もあるのだが、その中のどこにも先ほどのＲＣ造のような止水ラインというものはない［図１］。それもそのはずで

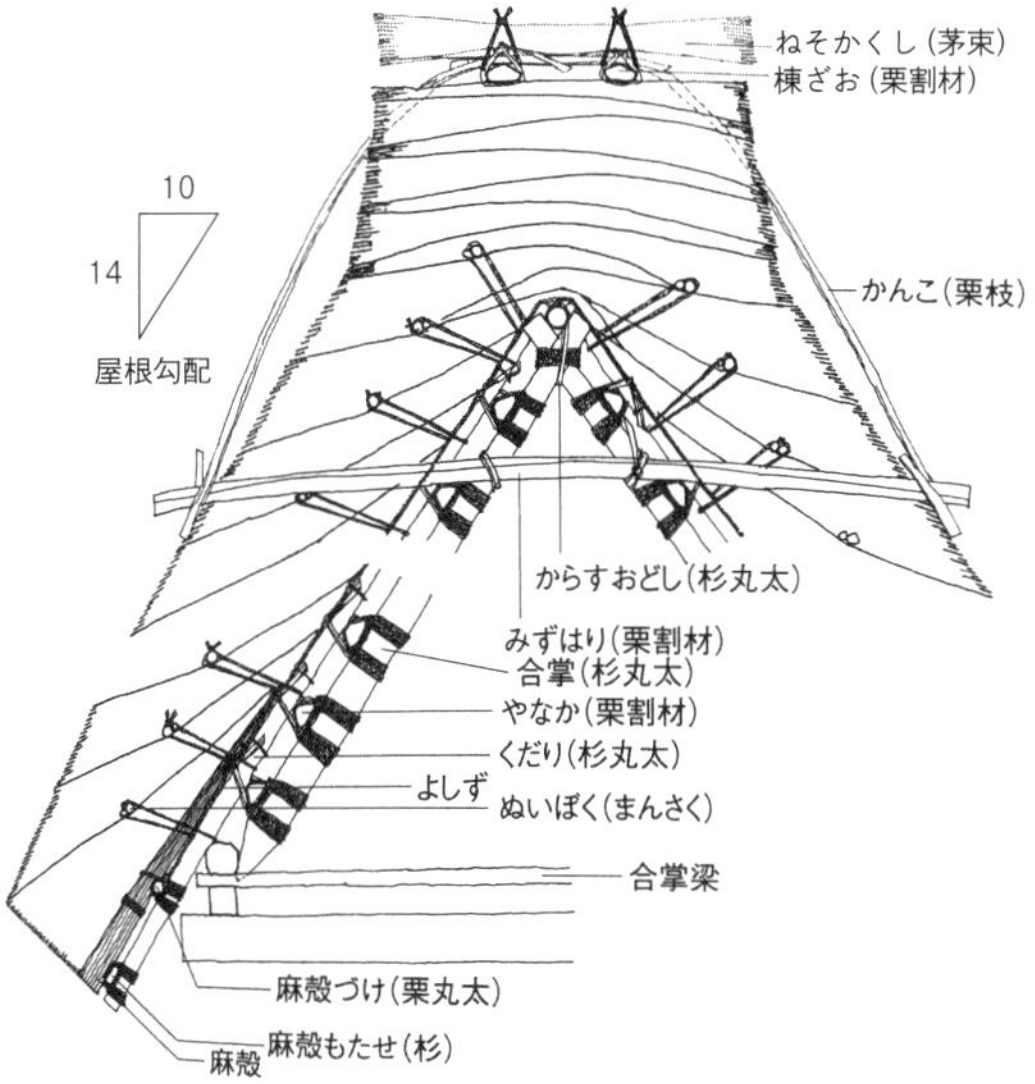

［図１］ 屋根断面詳細図（岐阜県白川村、出典：安藤邦廣『新版 茅葺きの民俗学 生活技術としての民家』はる書房、2017年、p.178）

［写真1］　雨の後、茅を1本引き出したところ（先端から数センチしか濡れていないことがわかる）

材料の茅は膜を形成している訳ではなく、個々にバラバラの材料が重なっているだけなので、理屈の上では水が止まる場所はないのである。が実際には「適度に締めた茅を、適切な勾配をもたせて、ある程度の厚みで重ねれば水は止まる」のである。この方法だと、先ほどの近代主義的な単純なロジックのように水が止まることを証明もしくは保証できない。がしかし、実際には必ず水は止まるのである。事実、雨に濡れた屋根の茅を抜いてみると、濡れているのは先端のほんの数センチメートルであることがわかる［**写真1**］。大部分の雨は、濡れた部分がいわば水槽になって、その上を流れて下に落ちていくのである。

しかし、これは見方によっては表面数センチ以外の茅は無駄な存在ということになるかもしれない。これだけを見るとRC造の方が優れた防水方法のような気もする。が、よくよく考えてみると、実はRC造の方がアブナイのである。「何故か？」先ほどの一本の線がつながっている限り水は絶対に入らないという論理は、裏返せば、その線に途切れができれば必ず水は入ってくる、ということなのである。RC造の防水は想定外の事態が起こらなければ漏らないのであるが、現実の世界では想定外の事態は往々にして起こるし（というより何かしらの想定外の事象はほぼ必ず起こるといった方が正しい）、一旦、想定外の事態がおこれば「必ず」雨が「漏る」ことになるのである。一方、茅葺きの屋根（とその背景にある思想あるいは半ば無意識な知恵）では、部分的またはミクロ的に見れば水が止まる理屈があるようには思えないのだが、理屈はわからなくても茅を一定数重ねると水は確かに止まる。説明は出来なくても水の進入を防ぐ、という本来の目的が果たせる訳である。建築の中で屋根は雨風から守ってくれる最も重要なパーツの一つ、いわば頼りになる用心棒のような存在なのだが、理屈は通っていて保証はしてくれても雨が止まらないＲＣ造と、説明がつかないけれども確かに雨は止めてくれる茅葺きとではどちらが信頼できる用心棒だろうか？

しかし、このＲＣ造の屋根と茅葺き屋根の防水性能の話を見ていると、なにかコンプライアンスの問題に追いまくられて、謝罪に明け暮れた結果の生産性の低い今の日本の社会を見ているような気がするのは私だけだろうか？　あるいはパッとわかる説明を過度に重用するあまり、物事の本質的な内容については軽く見る今の社会そのものといってもよいかもしれない。

あるいは別の視点からいうとこうだ。皆さんは茅葺き屋根の一つ一つの茅が屋根にどうやって留めてあるかをご存知だろうか？　茅葺き屋根はまず木材や竹で屋根の構造をつくり、この上に茅を葺き並べて、竹や雑木でつくったおしぼこ（押鉾、関西ではぬいぶちなどともいう）と呼ばれる部材を下地と結わえて茅を挟み込むように押さえつけ止めてあるのである。つまりすべての茅は摩擦で留まっているだけなのである。それでいて風などで抜けてしまうことは無い。ただし鳥が引っ張れば抜けるし、手の届く所にあれば子供でも引き抜くことができる程度の力でとまっている。近代主義的な考え方からすれば、この「鳥に引っ張られて茅が抜ける」という「事故」を防ぐために、全ての茅は下地材に結わえつけられないといけない、という帰結になるが、もし全ての茅が結わえつけてあれば、一本の茅が腐ってしまったとき、これを補修するために大変な手間がかかることになる。そしてそれを避けるためには一本一本の茅も腐らない性能の高い茅（それはもはや茅とは呼べないものであろうが）であることを要求されることとなり、どんどん大掛かりな話になっていくのである。一方、基本的に結わえられていない茅で葺かれている、というシステムであれば茅の差し替えが簡単にできるのでメンテナンスは容易であり、それゆえに一本一本の茅が腐ることに対して神経質になる必要も無くなる（許容度が高くなる）。いわば茅の性能に対して寛容になる、ともいえるのである。このように容易に茅が着脱できるシステムは材料の軽さとあいまって屋根のメンテナンス性を飛躍的に高めることとなり、屋根全体の生き残る性能（サスティナビリティー）を飛躍的に高めるのである。そうして水分を含んだ茅葺き屋根は、その下の板敷きの間にしつらえられた炉の火によって少しずつ乾かされていくのである。つまり人が住んで生活することにより、屋根は乾いてゆくのだ。ために（？）人が住まない伊勢神宮の内外宮の社殿では二〇年おきに建て替えなければならないのである。

また仮に茅葺き屋根で水が入ってくる等の異常がある場合も、茅が減っている所から水が入ってくるので浸入してくる地点がわかりやすく「おおむねそのあたりに茅を足す」ことで補修ができる。ところが、じつはＲＣ造屋根の漏水補修は大変難しい。ＲＣ造ではそもそも細かい亀

［写真2］ 右側の屋根のみ葺き替え（手前側の屋根は既存のまま）

裂を水がつたって入ってくることが多いので、水が入り込んでいる地点からは遠い、思わぬ所から水が出てくることが多く、水の浸入地点が見つからないことがしばしばおこる。さらに浸入地点が運良く見つかっても本来一体である筈の防水層に穴があいているわけで補修をしても完全な一体化は難しい等々のことがあって、結局防水を全面的にやりかえるというような大がかりな話になりがちである。翻って茅葺き屋根の場合は茅を差し込むだけでできる「さし茅」をするので補修する範囲も、その量も自由自在である[**写真2**]。

[**写真3**] Tij-The egg(オランダ/福山夏映撮影)

もう一点だけ、屋根の構造的な強度についてのべる。

建物の中で、屋根面は構造力学的には壁と同様に地震に抵抗する能力(耐震性)を支える重要な部位である。この屋根面をつくるにあたって、筋交いが設けられていたり構造用合板でできたりする面(屋根構面)はとても強いが、しかしこれらは無駄のない、いいかえれば余裕のないシステムなので、部材が一つでも壊れると屋根構面そのものが完全に壊れてしまう。一方茅葺き屋根の構面は数百数千の結び目でできており一つ一つの結び目の変形を押さえる力は弱いがそれが何百何千とあるので全体として十分に強いのと、そのうちの一つの結び目が壊れても全体にはほとんど影響がないのである。

以上見てきたように、民家の屋根しかも茅葺き屋根について考察するだけでも、現代社会の不寛容さに対抗するための処方箋がいくつか見えてくる。民家はまさに「汲めど尽きせぬ泉」であり、現代の我々を導くテキストブックであるとの思いを強くするのである。また冒頭で述べたように茅葺き屋根は日本の民家だけではなく世界中の民家に見られる普遍的なものである。ミクロネシアのヤシの葉葺きやデンマークのレス島の海藻葺き等は有名だが、私が昨年、一昨年と過ごしたメキシコでは全国いたるところでヤシの葉葺きの屋根が見られた。

そして今、オランダのような現代建築の最先端の国で現代建築に茅葺きが使われるケースが見られるようになってきているのを見ても［**写真3**］、民家を見ることでやはりこの現代社会の問題に対する回答を探す本稿のアプローチは有効であると確信するのだ。日本の現代建築でも茅葺きをもっと取り込んで行くことが必要だと思うのである。

（河井敏明）

Ⅱ
ムラ

04 日本海帯

東の青森から西の下関までの「日本海千キロ」は縄文・弥生時代の情報交通ベルトだ

誰が「裏日本」といったのか　山陰という言葉を聞くと「日陰の国」をおもい「暗い土地」というイメージを抱いてしまう。たしかに日本海岸は雪国であり、雨や曇りの日が多く、関東平野のように空っ風が吹き、晴天が何日もつづく土地柄とは異なる。しかし、考えてみると日本列島は東西に魚の背骨のような山脈が走っていて北の日本海側と南の太平洋側とに分かれるため『日本書紀』の成務記にも「山の陽を影面という。山の陰を背面という」とあり、山の南北で陽のあたる側を「山陽」といい、陽の当たらない側を「山陰」と呼んだのもうなずけるが、実際に日本海沿岸を訪れてみるとそういう印象はない。ただ一般的に平野に乏しく、その分、山が近いといえる。問題は冬季にシベリア大陸からやってくる高気圧による雨や雪だろう。

もう一つ「裏日本」という言葉がある。それは昔にはなく、明治二八年（一八九五）に地理学者の矢津昌永が『中学日本地誌』に使用してからのことで、それまでは「内日本」と呼ばれていた。そこで一九六〇年代末ごろ、新潟ＮＨＫに「裏日本という言葉は侮蔑的だ」という苦情がよせられ、一九七〇年代以降には、ＮＨＫも「日本海側」と呼ぶようになった。

その「日本海」という名称をめぐって韓国から異論が出ているが、イタリアの宣教使のマテオ・リッチ（一五五二～一六一〇）がつくった世界地図『坤輿万国全図』にすでに「日本海」と漢字が書かれている。また江戸後期の蘭学者の山村才助も「日本海」という名称を地図に書き込んでいる。それ以前は北陸地方一帯を「越」とよび、そのあたりの海を「越の海」と呼んでいた。もっと古い時代には「北海」ともよばれた。神功皇后が新羅出兵のため敦賀から出雲まで船旅をしたとき「気比神宮の下社である常宮神社から北ツ海の沿岸を西に回り、山口県豊浦の宮にて仲哀天皇と再会された」とある(『日本書記』)。

そこで改めて日本地図をみる。すると青森から下関までの直線距離一〇〇〇キロメートルほどは縄文・弥生時代のころから本州の交通中心であり、日本文化の先進地域だった。そこでこの日本海沿岸地域を改めて「日本海ベルト」と呼び、以下、その日本海ベルトについて述べる。

日本海ベルトに縄文の巨木が立った　一九八〇年ごろ、その日本海ベルトで考古学的発掘が相次いだ。その決定打が青森の「三内丸山」である。一九九四年六月、日本海につながる青森湾の内陸から縄文時代の巨大な六本柱が発掘されたのだ。以後、縄文時代が脚光を浴び、その六本柱についてさまざまな論争が起きた。神殿説、展望台説、祭祀場説などにである。そうして全国にある数多くの「縄文立柱」も注目されるようなった。

縄文時代のそういう立柱の分布をみると、じつはこの日本海ベルトに集中している(植田文雄『古代立柱祭祀』)。たとえば青森県の三内丸山、新潟県の寺地、井口、境A、北野椎土など、富山県の桜町など、石川県のチカモリ、真脇、米泉、中屋サワ、藤江C、白山、六橋、大津くろだの森など、福井県の坂井西鯉、正楽寺など、滋賀県の金屋などだ。縄文・弥生時代の立柱は日本海帯のシンボルといっていいのである。

しかし、なぜ立柱が日本海ベルトに集中するのか。それは日本海特有の気候によると考えられる。大陸の高気圧が南に張り出し、日本海を渡ったときその水分を吸い上げ、日本列島の脊椎山脈にぶつかって雪や雨となる。ために山の木々は豊潤な水を吸って太く真っ直ぐ伸びて巨木になる。その巨木の立柱はじつは古墳の上にも立てられた。島根県の弥生遺跡、西谷墳墓群の四隅突出墳丘墓上などには四つの巨大柱跡がみられる。また、場所は大和になるが『日本書記』に「推古天皇が亡き父の霊を祀るために稜墓の近くに小山のような土を盛り、諸豪族に命じて大きな柱を立てることを競わせた。すると倭漢坂上直（あたえ）という者が立てた柱がずばぬけて高く立派だったので人々から〈大柱直〉とよばれた」とある。立柱は先王の霊を慰めるために立てられたのだが、高ければ高いほど喜ばれたようだ。

とすると、日本海ベルトでも海岸の高木は当該地域の一大モニュメントだったろう。

日本海ベルトで舟が作られた　編者の上田は、かつて三内丸山遺跡を歩いたとき「ここは造船所だった」といったら館の学芸員はキョトンとしていた。三内丸山を「都市」といった人はいたが「造船所かもしれない」といった人はいなかった。もっとも丸木舟には軽いスギが向いているが、スギがなかったのだろう、カヤ、クリなどが使われた。そして晴天のときに自由に乗り廻れる舟は、古代人にとって今日の飛行機のように夢を運んだだろう。

地勢的に道路が発達しない日本では、古来からモノの運搬はもっぱら舟だった。福井県鳥浜貝塚遺跡からは長さ六メートルの丸木舟が出土している。直径一メートルをこえるスギの木を縦に二つに割って中を刳りぬいたものだ。また鳥取県青谷上寺地遺跡からも約五〇点の舟の木片が見つかり、長さ八メートルの丸木舟や長さ一五～二〇メートルの「準構造船」が復元された。準構造船とは丸木舟の舳先に板を継ぎ足して波除けにしたものだが、近海に出るときには丸木舟を、外洋に出るときには準構造船を、と使い分けしたとおもわれる。さらに木片に六隻の舟を描いた絵があることなどから、船団を組んで日本海を航行したとおもわれる。

青森市の「みちのく北方漁船博物館」には、ムダマハギ型漁船をはじめ二〇〇隻以上の木造船が収蔵され展示されている。ムダマハギとは船の構造をいい、東北地方北部から北海道にかけて多く分布する。船底部分にムダマという部材を使うのでその名がある。ハグとは造船のことで、ムダマハギは丸木舟を進化させた構造船である。造船は船大工の仕事だが、部材は漁師が雪山で探し、雪の上を滑り下し、春先の増水を利用し、川流しで里まで運ぶ。そののち船大工が仕上げる。つまり船というものはほとんど山でつくられるのだ。山と海は舟でつながっているのである。

日本海ベルトで「港」を拓いた　考古学者の森浩一は「日本海沿岸地域には〈潟湖〉が多数あって、その周辺に大きな弥生集落、巨大な前方後円墳や円墳、奈良時代の巨大寺院址や一宮がしばしば集中している」(森浩一編『シンポジウム古代日本海文化』)という。ラグーンとも呼ばれる潟湖(せきこ)は海岸線にほぼ平行に伸びる細長い砂州の背後に横たわる水域で、海水と淡水が混じっている。しかし砂質海岸のため永続性はなく、絶えず動く一時的なものだ。潟湖ができ始めたのは二五〇〇〜二〇〇〇年前ごろとされるが、弥生時代から古墳時代ごろにかけては潟湖の壮年期だったとおもわれる。

鳥取県の青谷上寺地遺跡に見る弥生集落は、かつては潟湖の古青谷湾だった。内湾に面した三角州の先端に営まれ、潟湖を交易の拠点にしていた。その潟湖のあったところは現在は市街地になっている。また人間の手によって水が排除されて消滅した潟湖もある。その嚆矢が仁徳天皇が掘ったとされる「難波堀江」の結果の河内湖だ。しかし石川県の河北潟、鳥取県の湖山池、島根県の神西湖などは今もかつての水域の姿をとどめている。なお砂州によって塞がれた潟湖で規模の大きいものとしては、今日の出雲平野(島根県)、邑知(おうち)潟平野(石川県)、国中平野(佐渡島)などがある。ところで江戸時代から明治時代にかけて日本海ベルトを往航した北前船の主な港は、青森から下関まで七〇余を数える(中西聡『北前船の近代史』)が、そのなかに天然の良港である潟湖を利用してつくられたものが数多い。環境庁自然保護局の調査では、全国の七八〇湖のうち一五五湖が潟湖である。

東行きは沖乗り、西行きは地乗り　昔の日本の東西交通は日本海が中心だった。日本海は太平洋にくらべて冬を除くと波は穏やかで、風や雨の日以外は安定した航海ができる。それに比べて太平洋側は波が荒く、危険を伴う。台風シーズンともなると太平洋沖に熱帯性低気圧が発生し、その多くが台風に変わるからだ。それらは次から次へと日本列島に上陸し、そのたびに人々は被害を受ける。また瀬戸内海は波が静かで安全だが、しかしこの海域には昔から海賊が跋扈し、沖ゆく船を襲ったからあまり安全とはいえない。このように太平洋側も瀬戸内海側も危険となると、日本海をゆくしかない。その証拠に日本海沿岸には弥生集落がたくさん営まれたのだった。

船の航法には「沖乗り」と「地乗り」がある。沖乗りは陸地の見えないような沖で、太陽や星などを頼りに航海することだ。航海日数は短いが、高度な航海術が必要である。地乗りは陸地の山々を頼りに沿岸を航行する。距離は長くなるが安全で、昔からあったものだ。天候が悪化したときにはすぐに入江に避難することができ、安全性は高いが時間はかかる。ただし日本海を行くばあいは、西から東へと流れる黒潮ないし対馬暖流があるから、そのときには沖に出れば早く行ける。沖乗りである。しかし東から西へ行くときには黒潮の流れと逆になるから、沖には出ずに海岸に沿っていく。岸部は黒潮の影響が少ないからだ。つまり地乗りである。ただ、地乗りは丸木舟でも可能だが、沖乗りには準構造船以上が必要だったろう。

日本海ベルトに美石が流通した　この日本海ベルトのお陰で古代には玉が大いに流通した。日本の玉（宝石）には碧玉（へきぎょく）、鉄石英（てっせきえい）、翡翠（ひすい）、メノウなど多くの種類がある。なかでもヒスイは昔から人気の石だった。青緑に輝く半透明の石で、その美しい色と光沢に魅せられた弥生人は「石には霊力がある」と信じ、富と権力を象徴するものとされた。しかしヒスイは極めて硬く、加工するには技術を要する。ヒスイを加工して宝石としたのは、世界の石器時代人のなかでも縄文人が最初といわれている。

ヒスイの原石は長崎県、岡山県、鳥取県など日本列島の各地に産するが、製品となると新潟県糸魚川市青海町産のヒスイが圧倒的に多い。この青海産の原石を加工してつくった玉は俗に姫川ヒスイとよばれ、北海道から沖縄まで列島全域で発見されている。また中国大陸の各地にも輸出されたとおもわれる。

またヒスイを産しない地域でも玉作りは行なわれた。とりわけ北陸は玉作りの文化圏といわれるほど玉作りが盛んだった。そういう玉作りは風光明媚な山麓で行われた。山々のマナつまり精を受けるためではないかとおもわれる。北九州の有力者の墓とされる甕館墓には北陸産の碧玉製の管玉が多数、副葬されている。日本海沿いの長瀬高浜遺跡(鳥取県)や奈具岡遺跡(京都府)からは水晶の工房跡も見つかった。鳥取県の青谷上寺地遺跡では、石川県小松市菩提から碧玉の原石を入手し加工して北九州まで運んで鉄と交換したといわれる。なお東アジア文化研究者の門田誠一は、古墳時代には朝鮮半島から金と鉄がもたらされ、日本からの交易品としては硬玉製勾玉が流出した、という(『海からみた日本の古代』)。

日本海ベルトに木器が流通した　青谷上寺地遺跡からの出土品は豊富だ。なかでも鉄斧、ヤリガンナ、刀子、鑿、穿孔具など木材の加工に用いられた工具類が多い。中に木製の「花弁高杯」がある。緩やかなカーブの花の浮き彫りは現代人も目を見張る。ノミや刀子などの鉄の工具がなければできない技だ。その花弁高杯と同様のものが、石川県や兵庫県、島根県、福岡県などからも見つかっている。ここには制作工房とおもわれる跡があり、できあがった製品は交易品や贈答品として運ばれたと考えられている。

土器が流通した　五〇年ほど前まで、縄文土器は日本美術史では扱われなかった。ところがそれを見た画家の岡本太郎が「なんだ、これは!」と絶句し、そうして縄文土器は日本のみならず世界の注目があつまるようになった。

今日、縄文・弥生土器は北海道から沖縄まで、日本全土で数えきれないほど発見されている。その種類もデザインも多様で、考古学者たちはそれらに九州の西新式とか、近畿の庄内式とか、吉備の坂津式などいろいろの名前をつけている。土器は壊れやすいからあまり移動をしないとおもわれるが、じつはそうではない。二世紀末に倭国動乱が終息すると一斉に土器が移動し始めた。朝鮮半島からも入ってきたことがわかってきた。奈良県の纏向遺跡では尾張や伊勢などの土器がたくさん出土し、かなりの土器が移動していたことがわかっている。

そういう中で、燃え上がる炎を象ったような火焔型土器は中部地方の日本海沿岸の限られた地域で出土している。とりわけ信濃川、阿賀野川流域の福島県西部からが多い。また北陸の富山県や東北の南部山形県、群馬県・栃木県からも少数だが出土している。それらは約五〇〇〇年前からあとの三〇〇〇年間につくられたものだ。火焔型土器のダイナミックな形を岡本太郎は「爆発だ！」と呼んだが、なぜそのような変った形をしているかについては誰も発言していない。編者の上田は「女性神を祭る土偶に替る男性の祖先神で、日本海ベルトには大陸からの渡来民が多かったからではないか」というが確証はない。

鉄器が流通した　従来、鉄の文化というと北九州や瀬戸内海がクローズアップされてきたが、最近、日本海沿岸地域から鉄器の発見があいつぎ、日本海ベルトは弥生時代に日本文化の先進地域だったことが分かってきた。というのは、鋳造鉄斧などの大陸産の鋳鉄製品の破片や鍛冶炉の跡が、日本海沿岸地域の弥生中期の遺跡からたくさん見つかっているからだ。

前漢の歴史書の『漢書』には「東夷の王が珍しい宝を贈ってきた」とある。この時代につくられた素(そ)環頭太刀(かんとうたち)という鉄剣で、それが発見されたのも日本海地域である。また『魏志倭人伝』の中の朝鮮半島・韓半島南部の「弁韓」の条に「漢、濊、倭、争って鉄を取る」とあり「朝鮮半島の人々だけではなく日本列島の倭人も鉄を取りにくる」と書かれている。

じじつ、島根県の木次町平田遺跡からは弥生時代後期の鍛冶炉跡が見つかっている。また安来節で有名な島根県の安来市の塩津山跡からは鉄製品が三一点、鳥取県の青谷上寺地遺跡からは同じく七〇点以上も出土した。京都府の岩滝町の南大風呂遺跡からは鉄剣一四本が、同じく京都府奈具岡遺跡でもかなりの鉄片が出土した。さらに鳥取県の妻木晩田（むきばんだ）遺跡では四〇〇点をこえる鉄器が出土し西日本で屈指の出土量を誇る。その七割以上はヤリガンナ、穿孔具、斧などの工具類である。これに加えて鉄鏃といった武器や鎌、鋤などの農具などもある。従来、弥生時代の鉄の文化といえば北部九州ばかりが注目を集めてきたが、じつはそうではない結果がいま出ているのだ。

なお鉄ではないが、中国前漢の新王朝時代に王莽（おうもう）という人物がつくった銅貨が京都北部の久美浜海岸の遺跡や、鳥取県の青谷上寺地遺跡、そして島根県の青木遺跡、さらに対馬のシゲノダン遺跡などからも発見されている。日本海沿岸地域が中国大陸の王朝と何らかの関係があったことを物語っているのだ。

日本海ベルトに異国の物語がもたらされた　広い目で見れば日本海は内海で、向かいは朝鮮半島である。日本とは目と鼻の先の距離だ。ために京都府丹後地方には朝鮮半島からきたとおもわれる異国人との交流伝説が多い。

「浦島太郎」は雄略天皇時代のころの話である。丹後の筒川の嶼子（しまこ）（浦島太郎）が小舟にのって釣に出て五色の亀をえた。眠っている間にその亀は美しい女性となり、浦島太郎が目を覚ますと海のなかの大きな島の楼殿にいた。三年が経ち、故郷に帰ろうとすると、女性から櫛箱を手渡され「あなたが私を忘れないのなら、この櫛箱を開けないで」と言われた。しかし開けてしまったら、太郎はたちまち老人になったという(『丹後国風土記』)。外国人との交流譚だろう。

また「羽衣伝説」は天女と老夫婦の話である。丹後の国の比治山の沼で八人の天女が水浴をしていると、和奈佐という老夫婦が一人の天女の羽衣を隠し、ために帰れなくなったその天女を養女にした。天女は酒作りが上手で老夫婦は金持ちになった。しかし一〇年たったある日、老夫婦は天女を追い出した。天女は「天の原ふりさけ見れば霞立ち、家路まどいて行く方もしらずも」という歌をよみ、竹野郡の奈具の社にたどり着いた。そこは今では伊勢の外宮である豊受大神の地とされる(『丹後国風土記』)。編者の上田はこの豊受大神をアマテラスを生んだであろう菊理媛と見る。そうでなければ内宮に匹敵する下宮という立派な宮殿が与えられるはずもないだろう。また日本歴史学者の宝賀久男も菊理媛＝瀬織津媛＝天照大神の荒魂説を示唆する。これは大きな問題だが、今のところは判断のしようがない。

また「大江山の鬼」の話がある。昔、京の若者や姫君が次々と神隠しにあうのは大江山の鬼の仕業とわかり、源頼光が征伐した話である。鬼は大の酒好きで酒呑童子と呼ばれ、延暦寺から追われて大江山に逃げてきたところを頼光が毒酒を振る舞い、寝ている隙に首をはねて持ち帰って、宇治平等院の宝として祭ったという(『大江山絵詞』)。

北陸には外国由来の地名も多い。福井県の敦賀(つるが)という変った地名もその一つだ。『日本書紀』の垂仁天皇の条に「意富加羅国(おほからのくに)の王子の都怒我阿羅斯等(つぬがあらしと)が北海より廻ってきて、出雲をへて日本へ渡ってきた」と書かれている。日本語読みのツヌカンは韓国の最高の官位であり、敦賀の語源になったとされる。

以上のような伝説や地名などからも、日本海ベルトの人々は古くから異国と交流し、その文化を先進的に受け入れてきたことがわかる。

日本海ベルトは日本の交通のみならず情報の中枢だったのである。

(田中充子)

05 弥生戦国

大陸難民が日本渡来。九州、瀬戸内、近畿、日本海で次々動乱発生。豪族国家誕生す

中国大陸の動乱と難民の発生

日本は縄文時代のおよそ一万三〇〇〇年間、平和な島国だった。ところが今から二八〇〇年ほど前に中国大陸の動乱の影響で、大量の人々が日本列島にどっとやってきた。そして弥生時代が始まった。そのころ中国の越と呉が激しく争い、結果、呉が滅亡した。中国大陸の戦争では敗者のリーダーたちは皆殺しにされるから、敗れた王や皇族、富裕層たちは逃げるしかなかった。どこへ逃げたか？　というと、ベトナムや朝鮮半島そして日本列島である。そうして今から二四〇〇年前ごろ中国大陸で戦国時代が始まり、至るところで戦いが繰り広げられた。大小の豪族が群雄割拠し、いわば戦闘トーナメントが繰りかえされた。それが五〇〇〜六〇〇年もつづいた。ために周王朝が隆盛だった紀元前九世紀ごろ一八〇〇あった国が、春秋時代の紀元前七世紀ごろには一二〇〇国あまりに激減し、戦国初期の紀元前五世紀には十数カ国になり、紀元前二二一年にはとうとうたった一国になってしまった。秦始皇帝が天下を統一したのである。そうして敗れた多くの人々が日本に逃げてきただろう。

また中国大陸だけでなく、朝鮮半島からも難民がやってきた。秦が滅んだあとに中国全土に覇を唱えた漢の武帝が朝鮮半島に進出したからだ。その目的は朝鮮半島南部の山岳地帯で見つかった磁鉄鉱か、とおもわれる。そうして今日の北朝鮮にあたる地域に玄菟郡、衛氏朝鮮の故地で今日のソウル付近に楽浪郡、その南の真番部、東海岸に臨屯郡の四郡を植民地として朝鮮支配に乗り出した。それにともなって山東や河北、遼寧地方などの文化が朝鮮半島に広がった。その結果、半島の戦火を逃れて多くの亡民が北部九州にきたとおもわれる。

民族学者の小山修三は縄文晩期の日本列島の人口は七万五八〇〇人だったが弥生時代には爆発的に増

えて五九万四九〇〇人になったという（『縄文学への道』）。とすると人口が増えた原因は海の向こうからやってきた大量の亡民だったろう。縄文人は一般に山に住んだが、海外からやってきたこれら弥生人たちの多くは山の下の低湿地に住んだ。縄文人と弥生人は始めのうちほとんど接触することがなかったし、接触したとしても互いに協力しあったのではないか。縄文人は武器というものをもたなかった平和な民だから戦争にはならなかった。しかし弥生人が本格的に稲作を始めると、縄文人も山から降りてきて稲作を始めた。また弥生人は一般に男が多く、ためにしばしば縄文人の女たちを妻問いしただろう。

もちろん縄文人とよばれる人々も複雑で、北方シベリアから来た原縄文人たぶん沖縄人がそれに近い。のち南方から来た海洋民族のコシ族、さらに北からやってきたモンゴル系のヒナ族、南から来た中国江南系のアマ族、さらに北方ツングース系の天孫族などその出自はさまざまだ。日本人は単一民族といわれるがじつはそうではなく、民族的には複合民族というしかない。であるから一口に弥生人といっても、その出自も人種も多種多様で互いに言葉もほとんど通じなかった、と思われる。そういう弥生人の間で争いが起きたのも当然だろう。しかし天変地異が多いこの土地で生きていくためには、弥生人は土地の習慣を知り、縄文人の言葉を覚え、この国の風土と文化に従って日本人になっていかざるをえなかったとおもわれる。

稲と鉄が入ってきた

弥生時代を決定的に代表するものは稲作である。じつは大麦・小麦等も入ってきたが決定的食糧にはならなかった。日本人には定着しなかった。生産性の点で稲に及ばなかったからだろう。一方、稲作は今から七〇〇〇年ほど前に南中国の長江（揚子江）の中・下流域で始まり、日本では二八〇〇年前ごろに、玄界灘を望む福岡県や佐賀県あたりにその第一歩が刻まれた。その稲作発祥地の板付遺跡は福岡平野のほぼ中央に位置し、御笠川と諸岡川に挟まれた低い台地上にある。ムラの周囲に濠と土塁を築き、濠の外側に水田がつくられた。一区画の大きさは三〇〇~五〇〇平方メートルぐらいで、取排水のための水路や井堰などの灌漑施設もある。稲穂を摘み取る石包丁、両端に刃のついた諸手鍬、水田面を平坦にならす木製農具などが見つかっている。稲とともに朝鮮半島から銅剣・銅鉾・銅矛などの武器も入ってきたが、銅は柔らかくて武器には向かない。ただ権威の象徴として有力者の墓などに副葬された。なお銅鐸は豊年を祈願する祭器として用いられたとおもわれる。

しかし、もうひとつ決定的に大きな出来事は鉄がもたらされたことだ。人々はその鉄で木を伐った。石斧では力も時間もかかって間尺に合わないからだ。そういう鉄が威力を発揮したのは斧杭と矢板においてである。それらは灌漑用水路作りに欠かせない。稲作ができたのはこの杭と矢板のお陰といっていい。その証拠に、のち神武天皇は三島溝橛(みぞくい)耳神の娘の姫踏鞴五十鈴媛(ひめたたらいすずひめ)と結婚している。山の水を引いてきて、杭と矢板で水路をつくって、稲作をするという日本的農業者の娘である。編者の上田はその江南の稲作を日本的に改良したのはアマテラスである、という(『私たちの体にアマテラスの血が流れている』)。つまり栄養分のある日本の山の水で稲を育てることによってその生産が飛躍的に上がったのだ。いわば「山水稲作」である。これに対し平地の多い北部九州では雨水に頼る「雨水稲作」だったろう。つまり揚子江からきた稲作技術がそのまま使われたとおもわれる。

鉄器は弥生時代の紀元前四世紀の前葉中ごろに北部九州周辺で使われ始めたようだ。しかし中国ではすでに紀元前六世紀に鉄の生産が始まっている。日本への鉄器の伝播は漢の植民地だった楽浪郡からのほか、中国大陸の北方にあった燕という国から朝鮮半島南部を経由してきたものか、あるいは直接に入ってきたものだろう。鉄剣・鉄矛・鉄戈(てつか)などは各地の遺跡から出土しているが、そのほとんどが朝鮮半島からの舶来品で、とりわけ鉄剣は王の墓から多く出土する。しかしある時から自前で鉄器を作るようになった。日本には砂鉄はあっても鉄鉱石はなかったから、当初、輸入した鋳造鉄斧や鉄板を熱し、柔らかくなったところを叩きのばして形をととのえて鍛造鉄器を作っただろう。つまり舶来品をリサイクルして農具や工具としたのである。そういう鉄加工の工房跡が北部九州や日本海ベルトのあちこちの弥生の遺跡で見つかっている。しかし、その鉄は最初は農具や工具に使われたがやがて武器を作るようになる。そうして世の中は騒然となったのである。

北部九州の時代　実際、水田開発が進み、鉄の武器が発達するにつれて土地争いや水争いが頻発するようになる。それは近隣のムラどうしの争いだけでなく、外来勢力からの攻撃もあった。そこで弥生人たちは「環濠集落」をつくって防禦した。環濠の外側には土塁をめぐらし、環濠の内側には逆茂木とよばれる先端を尖らせた多数の杭などを打ち込んだ。日本史上、ムラやマチの周囲に濠や土塁、柵などといった防衛施設をめぐらしたのは、戦国時代のほかにはこの弥生時代だけだったろう。

実際、弥生時代の埋葬遺跡からは青銅の鏃(やじり)や剣などの武器が突き刺さった人骨、頭のない人体などが多数見つかっている。それらは内部抗争によるものか、外部から襲撃されたかは不明だが、環濠集落というもののルーツを調べるとそれは中国大陸にあった。今から八〇〇〇年前の中国の農村ではムラの周りを環濠で二重、三重に囲ったからだ。長江流域でも黄河流域でもまた中国東北部でも同じような環濠集落がつくられた。なかに、今から七〇〇〇年前につくられた黄河流域の姜寨(きょうさい)遺跡は、日本の弥生時代の環濠集落とまったく似た形をしている。

そういう環濠集落の規模はどのくらいかというと、大阪府の池上・曽根遺跡では六〇ヘクタール、佐賀県の吉野ヶ里遺跡では約四〇ヘクタールつまり四キロメートル×一〇キロメートルという巨大なものだ。実際、吉野ヶ里遺跡を訪れてみてその大きさに驚いた。歩いては廻れないため遺跡巡回バスが走っていた。復元された環濠の内側には高くそびえる物見櫓、周囲を圧する大型の高床建築、そして数多くの竪穴住居などがあった。縄文時代には見られなかった風景だ。平成元年（一九八九）の地元の新聞に、そういう吉野ヶ里を「邪馬台国時代のクニである」という見出しで大々的に報じられた。『魏志倭人伝』や『漢書地理志』などには倭国に三〇余国あるいは一〇〇余国のクニがある、と書かれているがその一つだろう。もっとも邪馬台国の候補地は全国に九〇余ヶ所もあるそうだからその判断は難しい。

北部九州で溢れた人々が瀬戸内海へ　北部九州は朝鮮半島に近いという地の利や、中国大陸や朝鮮半島から来た人々がもたらした文物などによって文化の花が開いた。その結果、北部九州は日本列島一番の先進地になった。そういうところに本拠をおいた筑紫政権は、当時、圧倒的な力をもっていただろう。その背景には漢の武帝の存在があったとおもわれる。筑紫政権は漢の植民地の楽浪郡を後ろ盾にして鉄を入手したのだった。

じっさい、鉄がなければ稲作はなかなか進まない。農具だけでなく灌漑用水路の建設ということがあるからだ。続いて江南や朝鮮半島からも移住者がやってきて北部九州は人々で溢れ返った。溢れた人々の一部は北部九州一帯の山々に向かった。ために地元民たちは高地性集落をつくって抵抗したようだ。しかしそこにも居場所を見つけられない人々は瀬戸内海へ向かった。瀬戸内海は波が穏やかで気候は温暖である。大陸から来た人間にとっては天国のようだったろう。しかし平地が少なく雨も少ないため稲作も大変だったろう。そういうところに北部九州で溢れた人々が侵入すると地域は大混乱したとおもわれる。地元の人々は山に高地性集落をつくって避難した。その高地性集落なるものはいろいろだ。二〇メートルの高さの丘陵もあれば、海抜三〇〇メートルの島の頂上であったりもする。しかし、そういうところは遠くまで見晴らしが効いた。

その高地性集落に共通しているのは稲作ができないことだ。山の上には水がないからである。あってもせいぜい雨水を溜めるぐらいだ。ではなぜわざわざそんな山の上にムラをつくったか？　有力な説は「逃げ城」である。またそれらが一定の距離を置いて分布することから敵が来れば狼煙をあげて相互に知らせる情報のネットワークだった可能性もある。ずっと後の戦国時代に日本に山城や平山城などが何万もつくられたが、高地性集落もそれに似ている。

その高地性集落は、弥生中期には北部九州を初め瀬戸内海や大阪湾岸に、弥生後期には近畿とその周辺に数多く見られる。さらに山陰、北陸などからも多数見つかっている。全国で発掘された高地性集落の数は七〇〇ほどもあり、うち二〇〇ヶ所ぐらいには住居跡がある。しかし、集落の構造がわかっているものは数十ヶ所しかない。

北部九州、瀬戸内海から日本海ベルトへ　一方、日本海ベルトには、北部九州を追われ、瀬戸内海も入れなかった人々、さらには大陸から日本海を渡ってやってきた胡族たちも点々と集落を作っただろう。その一つが青谷上寺地（あおやかみじち）遺跡で、鳥取県東部の日本海岸に立地する。次に述べる妻木晩田（むきばんだ）遺跡とともに天然の良港をもち、漢帝国の植民地だった楽浪郡や倭国の北部九州と出雲、北陸さらに越を結ぶルートとの中間にあって、交易の拠点として繁栄しただろう。遺跡からは木製品九〇〇〇点、骨角製品一四〇〇点、獣骨二万七〇〇〇点、人の脳三点が見つかり「弥生の宝箱」とも呼ばれている。その大量の遺物のなかに朝鮮半島製の鉄器や土器、中国製の青銅鏡や銅鐸、新という国を建国した王莽が発行した貨泉、北陸のヒスイなどの数多くの交易品が発見され、舟による交易の隆盛がうかがわれる。また銅の矢じりが四〇トン以上も出土しており、これはわが国では五指にはいる出土量である。ほかに約五三〇〇点に及ぶ老若男女の人骨が出土し、うち一一〇点には鋭利な刃物による傷痕が残っている。内部抗争によるものか、外部から襲撃されたのかは分からないが、壮絶な殺戮行為があったことは確かである。そういう発掘はまだ途中にある。その凄さに、わたしも驚いた。

青谷上寺地遺跡からさらに五〇キロほど西へ行ったところに妻木晩田遺跡がある。それは大山山系や孝霊山から続く晩田山上を中心に、標高八〇メートルから一八〇メートルの丘陵に広がっている。丘陵の上に立つと、眼下に弓を描くような美保湾と日本海が一望できる。そういう妻木晩田遺跡は吉野ヶ里遺跡の数倍の広さがある。弥生時代後期から古墳時代前期まで三〇〇年間という長期にわたって営まれ、四五〇棟の竪穴住居跡、五一〇棟の掘立柱建物跡、三四基の墳丘墓などが発見された。また湾に面して米子平野がつづき、そこにも越敷、青木、福地、陰田といった大きな集落遺跡がある。さらに平野を流れる日野川右岸の尾高浅山や日下寺山などの環濠集落跡が次々と見つかった。これらも高地性集落といっていい。妻木晩田の学芸員は「この遺跡は『魏志倭人伝』にいう〈倭人は帯方東南大海の中に在り。山島に依りて国邑を為す〉という記述を彷彿とさせる」という。また「鳥取県内にはほかに、平野、丘陵を中心に発見も発掘もされていない遺跡が相当数ある」という。

日本海ベルトの中枢である北陸の高地性集落は、西は福井県の中央から東は新潟県の中央に至るまで広く分布している。それらは平野部に面した急峻な独立丘陵または尾根の上に位置し、平野部との比高差はおおむね四〇メートル以上で、空堀状の環濠を巡らせているのが特徴である。石川県の鉢状茶臼山や杉谷チャノバタケ、大海西山(おおみにしやま)、新潟県の斐太や八幡山などの大規模集落の遺跡からは弥生時代後期の土器や住居跡が多数見つかっている。環濠集落ではあるが高地性集落ともいえる。また新潟県上越市の裏山遺跡は高田平野を眼下に見下ろす丘陵の上に作られ頂上部に住居跡がある。環濠を掘るために鉄の刃先の道具で岩盤を掘削した痕跡もある。このように高地性集落は地形、地域によってさまざまだが、じつは研究者のあいだでも環濠集落と高地性集落の違いがはっきりしないという。いや、できないのだろう。石川県の八日市地方遺跡は高地性集落ではないが平坦な沖積低地に形成された大規模環濠集落で、弥生人がムラを作ったのではなく、周りの縄文のムラムラが集まって新しいムラ作りをはじめて、やがてそれが弥生化しただろう、といわれている珍しいケースである。ともかく日本海ベルトでは、弥生時代の遺跡から多数見つかって、今やてんやわんやの状況にあり、その熱気にわたしも驚いた。

倭国動乱　その弥生時代はまた戦争の時代でもあった。縄文人と弥生人も対立しただろうが、多くは弥生人どうしの対立だったろう。後から後からやってきた弥生人どうしが、生産と居住する土地をめぐって対立したとおもわれる。稲作は太陽光線が得られ、かつ、山の水の豊かなところでなければならない。そのために北部九州の人々も、また瀬戸内海の人々も東をめざして移動したとおもわれる。そうして各地に戦争が起きた。そういうなかで彼らを東へ追いだした地域の豪族たちから縄文人あるいは弥生人の王が生まれた。小さな国ができた。古代史家の山尾幸久は「一世紀代のツクシ政権を最初とし、その後の二世紀間に地域国家の結成があいついだ」という。なかに有力なのは山陰の出雲、中部瀬戸内海沿岸の吉備、西部瀬戸内海の安芸、近畿中部の大和、伊勢湾沿岸の尾張などだ（『古代王権の原像』）。

しかし、彼らの多くは江南からきた海人族だったろうから、舟行には慣れていただろう。ところが同じころ北方からも遊牧民とおもわれる人々が日本海ベルトにやってきた。彼らは馬を乗りこなせても舟を操るのは苦手だったろう。日本海には黒潮のほかにリマン海流も流れて経験のない人々に舟行は難しい。黒潮は西から東に流れるが、リマン海流はロシアの沿海州から間宮海峡を抜けて南下し、朝鮮半島の東側に達する。そういうところを丸木舟で突っ走るのは容易ではない。したがってその数は南方からの海人族には及ばなかっただろう。また男が多い戦士集団だった可能性も高い。そうして中国の史書にいう「倭国動乱」の時代が始まったのだった。中国人も「倭国はどうなるだろう」と思ったことだろう。

（田中充子）

06 東西出雲

胡族と海人族の子の天照が高天原で稲を知り西出雲と大和で泥海日本を稲田日本にす

アマテラスが「豊葦原の瑞穂の国」の建設を宣言した

日本建築は縄文時代の竪穴住居に始まるが、弥生時代以降そこに高床建築なるものが現れる。それは一万年以上も続いた縄文のすまいの歴史を変革するものだった。その高床建築の誰にでもわかる象徴的な現象は「家内脱靴」ということである。日本人が床に上がるときに靴を脱ぐことだ。この世界に稀な国民的生活様式は二一世紀の今日も守られている。では家内脱靴という行為を今も続かせている高床建築とはいったい何だろうか？

じつは高床建築は稲を収納する倉庫から始まった。そもそも稲作は二五〇〇年前ごろ、まず九州に入ったと見られる。そうしてそれ以来二五〇〇年間、日本人の最大最高の食糧であり続けた。しかもそれは単なる食糧に留まらず、社会に流通する「貨幣」であり、人々の「財産」であり国家にとっての「資産」である。コメなくしては日本の歴史は語れないほどのものになったのである。

しかもそういうコメは二一世紀の今日、なお日本人に愛されている。そのことはコンビニに行ってみるとわかる。どこのコンビニでもたくさん商品が並べられている中で、もっとも売れ行きのよいものは棚に並んでいるオニギリだからだ。若い人たちの間ではラーメンやピザが好まれているが、コメはその価値をなかなか減じないでいる。さらにスシは、今日世界中で愛されている。

そこで考えてみる。そういう「稲作国家日本」という方向を打ち出したのは日本神話によれば今から二〇〇〇年ほど前の高天原の縄文人と見られるアマテラスである。アマテラスはあるときコメの生産力の高さに驚いて子孫たちにその生産を国家の中心に据える「豊葦原の瑞穂の国」の建設を命じた。子孫たちを豊葦原の瑞穂の国に行かせて稲作国家日本を構築させた。そうして紆余曲折はあったものの最終的に大和で成功し、以後「二〇〇〇年の稲作国家日本」を確立させた。とすると、アマテラスは日本国家なるものを築き上げた最高のリーダーといっていいのではないか。

出雲を目指した

その辺の事情は『記紀』に詳しく描かれている。が、問題はその中で「豊葦原の瑞穂の国」の候補になった出雲の国である。つまりアマテラスが住んでいた高天原ではなかった。というのも高天原は山中で、水生植物である稲を植える水面などなかったからだろう。アマテラスは高天原の神々からも「地上のクラゲなす漂える国、つまり湖や海などの湿地帯を修め、理り、固め、成せ」と命じられていた。そこで出雲の国が候補に挙がった。現在の島根半島はまだ島で、その間に海があったのを地元の人々が田園地帯にしたからだ［図1、2］。アマテラスはそれに加わろうとしたのだがことは順調に運ばなかった。いろいろ先遣隊を出してみたがうまくいかない。最後に建御雷なる人物を送り出してやっと出雲の王の大国主命を降伏させることができた。そこで出雲の国を譲るように命じ、大国主はそれに従ったが、ただ「自分もあなた方の一族に加えてほしい。その証拠に、私のために天つ神の御子の天つ日継ぎであることを証明する太い宮柱と高い千木を持ったテダルアメノミスを建ててほしい」といった。しかし、その大国主のいったテダルアメノミスなるものは今日、誰もその意味がわからないでいる。

そこで編者の上田は過去の沖縄調査の経験からいう。「沖縄では太陽をテダというからそれはテダルアメノミスで、つまり太陽の宮殿だ」と。そして建てられたのが出雲大社だ、とした。今日、その姿を残しているのはその何代目かの子孫と見られる。

先年、その出雲大社が調査されて巨大な宮柱が出てきた。社の高さはかつては四八メートルなどといわれたがそれはともかく、私はその巨大さから縄文の立柱を思い出す。三内丸山などの巨木群だ。それ

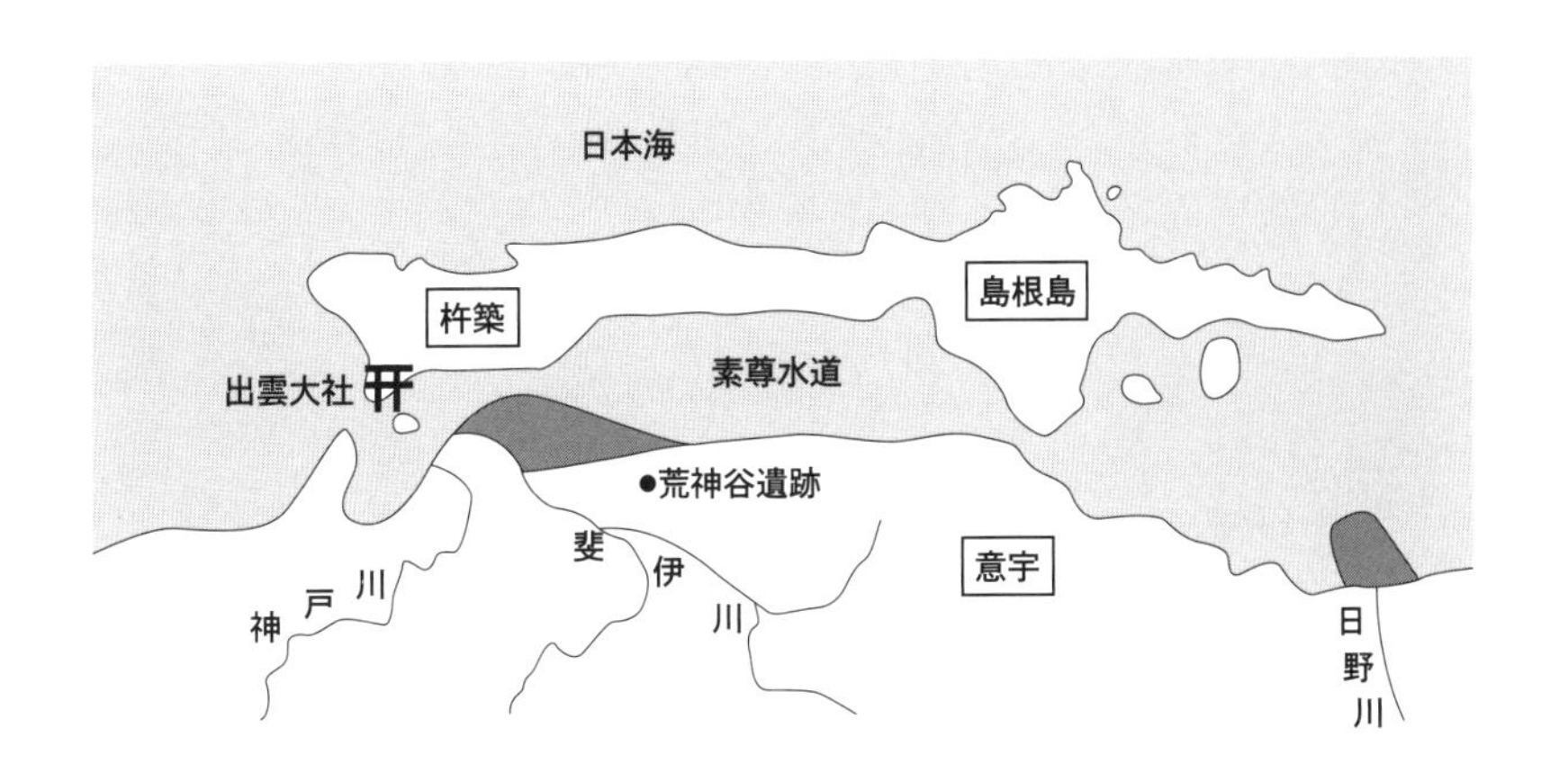

［図1］古代の出雲地方（宝賀寿男『越と出雲の夜明け』法令出版、2009年、p.5の図をもとに作成）

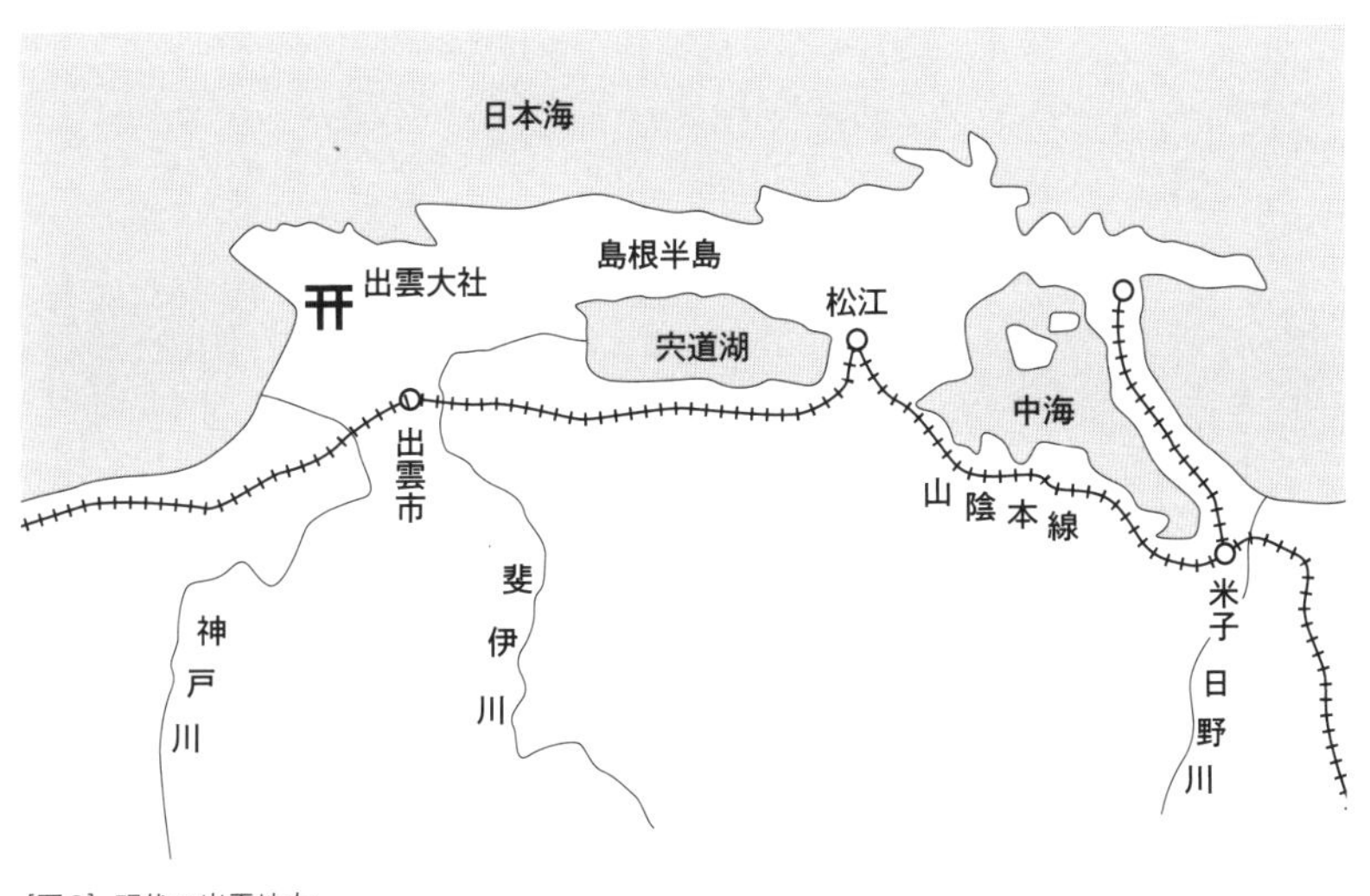

［図2］現代の出雲地方

がのちに宮殿の中心柱になったのではないか。実際、縄文の巨木立柱からはのちに富山県の桜町遺跡のようなホゾ穴や栈穴(えつりあな)などをもったものが出てくる。木柱を蔓などで縛るのでなく構造的に組み合わせるのだ。今日の木造建築のスタイルである。それはいってみれば木の高柱が木の建築に変わったということだ。その完成した姿を今日、出雲大社に見ることができるのである。

何のことはない。縄文時代に立てられた木柱は弥生時代に宮殿の中心柱になり、古墳時代に古墳の円丘上の立柱になり、飛鳥時代には五重塔の心柱になり、そして歴史時代には庶民の家の大黒柱になったのだ。つまり柱は日本建築の背骨といっていいのである。と考えると、高天原にはすでに高度の木工技術があった。何故かというと、高天原には鉄があったからだろう。「記紀神話」を見ると、青銅文化の頂点を極めた出雲にはそれがなかった。だから鉄を持つ天孫降臨種族に負けた。鉄が銅を制したといっていい。前章に述べたように漢王朝の滅亡(二二〇年)のせいで、鉄は朝鮮半島から日本海ベルトのところどころに直接に入ってきたのだ。しかし出雲はそれに一歩遅れた。そのことがこの一連の物語に示されている。ということで、『記紀』はそういう鉄の技術を持って高天原から地上に降りていった人たちを「天孫族」と呼び「出雲の国の征服譚」として描いているのである。

ところが古代出雲の地理や社会を詳しく書いた『出雲国風土記』には、天孫族の出雲征服など一つのことも書かれていない。となるとこれは架空譚ということになる。だがまったく架空譚とみなされない事実もある。それは先の出雲大社だ。『記紀』をはじめとする古文献にも、途中いろいろの変遷はあったが今日までその姿は受け継がれてきた、とする。となるとこの「出雲征服譚」も架空の話とはいえない。またアマテラスが派遣した天孫族は出雲を征服したあと出雲にとどまらずに九州に行ってしまう。あれほどアマテラスや高天原の人々が恋い焦がれていた出雲なのにこれはいったいどうしたことか?

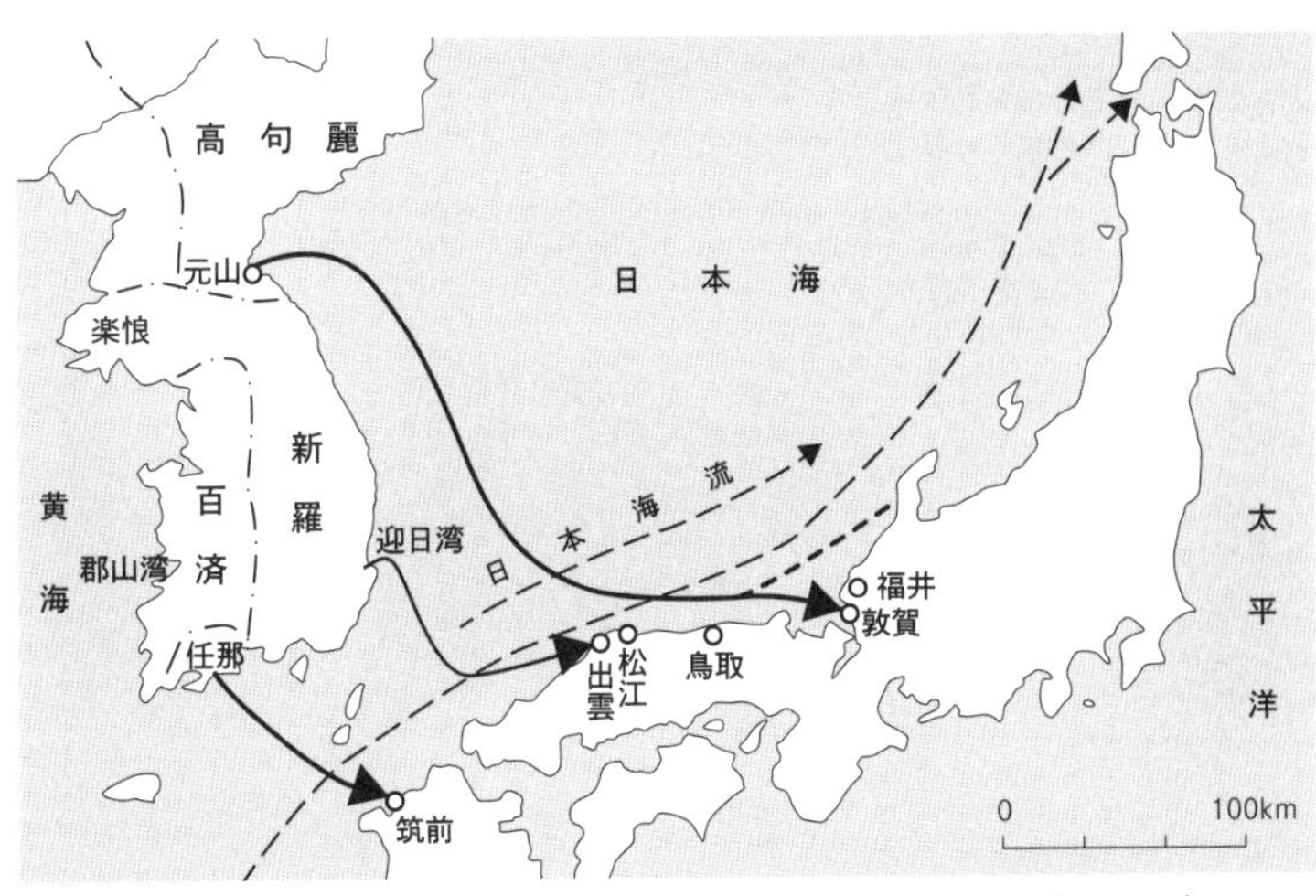

[図3] 古代朝鮮とのルート（出典：司馬遼太郎・林屋辰三郎『歴史の夜咄』小学館、1981年、p.91の図をもと作成）

出雲は大きかった　そこで出雲という国を考える。いったい出雲の人々はどこから来たのか？　まず考えられるのは地元の縄文人だが、かれらは元来が山中の民だったから平地にはなかなか降りなかっただろう。つぎに南中国の江南の民の海人族だが、たしかにその可能性は大きい。銅の文化や、妻問いなどの古習俗があるからだ。がしかし、じつは朝鮮半島からやってきた公算が高いのである。朝鮮半島の人々の多くはかつては遊牧民だったろうが、かれらが舟に乗って日本海を南下してきた可能性があるのだ。だが日本海の西から東に流れる黒潮の影響で舟は少しずつ東に流され、朝鮮半島の西海岸の百済や任那からきた舟は筑紫に、東海岸の迎日湾あたり、つまり新羅からきた舟は出雲に、そうして朝鮮半島の東北の元山から来た人々つまり高句麗の人々は敦賀に到着するのが一般的だったろう[図3]。とすると、日本海ベルトにおいて筑紫と出雲と敦賀とが大いに発達することになる。そういうことを歴史学者の林屋辰三郎と小説家の司馬遼太郎がいっている（司馬遼太郎・林屋辰三郎『歴史の夜咄』）。

　そう考えると、筑紫に来た人たちが北部九州一帯に拡がり、敦賀に来た人たちが敦賀から東方の越前、加賀、越中などに広がることになるが、出雲に来た人たちもまた出雲を起点に東に拡がっていったのではないか。そしてその拡がった範囲がじつは出雲圏ではなかったか？　つまり実際の出雲は今日いわれる出雲とは違ってもっと大きかったのではないか、という話である。これは林屋、司馬の両氏がいっていることだが説得性に富む。そうすると古代出雲あるいは古代出雲圏は、伯耆、因幡、但馬、丹後、丹波にまで広がっていたことになる。実際、いまでも京都の人はしばしば「西山の老の坂を越えればそこは出雲である」という。事実、老の坂を越えたところの亀岡に出雲神社がある。

　ところが、古代出雲には東西二大勢力があった。北方から来た「胡族出雲」つまり東出雲のほかに、南方から来た「海人族出雲」つまり西出雲である。胡族出雲は馬術は巧みだが造船や操船には不慣れで、東部の意宇(おう)地域を拠点として小さな舟に乗って出雲から東に向かい、いま述べたように伯耆、因幡、但馬、丹波、若狭、越に広がり、各地に古墳などを作ったが木造建築はあまり発達しなかった。一方、操船に巧みな「海人族出雲」は出雲大社のある西部の杵築地域を拠点として、立派な木造舟を作って出雲から東ではなく西へ、石見、長門、そして瀬戸内海を通って安芸、播磨、浪速そして大和に向かい、最終的に纏向や伊勢に本格的木造建築を作ったとおもわれる。

　その東西出雲は出自だけでなく、その存在を記す古文献も異なる。胡族出雲のことは『風土記』に詳しく書かれているが『記紀』には一言の記述もなく、海人出雲については『記紀』に詳しく書かれているものの『風土記』には、一切記述がない。『古事記』によると、オオクニヌシは始めのうち、北方系の胡族と見られる高木神が「私の掌(たなごころ)から漏れた子」というスクナビコナと一緒に国づくりをした。しかし国づくりがうまくいかなくなったあるとき「海を光(てら)して依りくる神」があり、その神が「吾を倭の青垣の東の山の上に奉れ」といった。それは「大和の御諸山すなわち三輪山」である。その結果、出雲族は出雲を去り、大和をめざしたことが述べられている。ということは出雲の国づくりは、土地の人間が最初、北方系の人間、すなわち胡族と行ったのだが、のちうまくいかなくなって「海から依り来た神」すなわち南方系の海人族と行なうことに切り替えた、ということである。海人族であるから舟に乗って大和に行くのは簡単だったろう。

イ族が住むところ　そこで考える。出雲はもっと広く大きかったのではないか？　実際、近畿地方には熊野、河内、神戸(かんべ)、賀茂、犬上、茶臼山などといった変わった地名があるが、それらはみな出雲にある。奈良の桜井市には出雲という名さえある。とすると、そういう地名は出雲人が持ってきたものだろう。奈良の三輪山の神の大物主も「天孫族」が来る前にすでに大和に来ていたが、じつは出雲の神だった。またアマテラスの意向を受けた天孫族も最後に大和を目指したが、すでにその前に出雲の饒速日命(にぎはやひ)も大和にやって来てその地のリーダーの娘と結婚して大和に定着していた。とすると近畿地方もかれらにとっては出雲だったかもしれないのである。

そう考えると、出雲という変わった地名は何を意味するのだろう。司馬遼太郎によれば「それは元来が人名というか部族名で、つまり「イドゥモ、イという者ども、あるいはイ族つまりイ族が住むところであって地名ではない」という。なるほど地名でないのなら近畿地方に広がっても不思議ではない。たしかに古代日本語には「紀」や「曽」のように一字名呼称の部族名が多いのである。

大和も出雲か　そういう出雲族のことだから「天孫族」の一行が実際に出雲に来てみると『記紀』に書かれているように出雲のリーダーたちの多くはすでに大和へ脱出を始めていた。稲作という視点から見ると出雲は日照条件が悪いからだ。であるから出雲に行くはずだった「天孫族」も出雲を見捨てて九州に行った。しかし北部九州に来てみるとその河川に塩害が多く、ために周辺一帯は稲作に不適である。一方、南部九州もこれまた火山灰台地ばかりで同様に稲作不適である。

結局、「天孫族一行」は大分道草を食ったが、最後に日向から筑紫、宇佐、瀬戸内海を通って、安芸、吉備を経て浪速に行った。しかし一行は浪速において長髄彦との戦いに敗れ、紀伊の国の山奥深くに逃げ込む。そこで熊野の高倉下なる土地の豪族に助けられたが、その背後には建御雷の神つまり出雲ないし高天原関連の人間がいた。そうして建御雷から授かった横刀をもらって息を吹き返した。また大和に近づいたとき先の饒速日命がやって来たが彼もまた物部氏の祖神で出雲人だった。とすると、その辺の人間はたいてい出雲あるいは出雲関連の人間だったのである。ということはかれらにとって大和も出雲人の土地だったのだろう。実際、彼らのリーダーの神武天皇は大和の橿原に着いて都を作って正姫を迎えたのはいいが、その正姫は媛踏鞴五十鈴媛といって出雲の大国主の子の事代主神の娘だった。何のことはない、大和も出雲だったのだ。

大和湖を蹴裂く

こうして天孫族一行は大和に来たのだが、初代の神武天皇から数えて一〇代目の崇神天皇のときにようやくアマテラスの夢が実現した。崇神天皇の姑に当たる倭迹迹日百襲姫が、中国の皇帝から「鬼道」と呼ばれた術を発揮して大和湖の水面を一挙に下げたからだ。つまり大和川の亀の瀬の岩石を蹴裂いた、とおもわれるが、詳しくは別章（第08章「裂岩拓野」）に譲る。その結果、今まで水面だったところが湿地帯になった。その湿地帯に排水路をつければ辺り一帯はたちまち沃野になる。するとそれらは、大和の山々の栄養分豊かな水を受けて良田になることが目に見えている。

ここに「湖変じて良田になる」現象が生まれた。つまりヒミコならぬモモソヒメが「鬼道」を発揮したからだ。そうして人民をその良田に入植させた。もちろん人民は大喜びしただろう。のちの「租庸調」のような見返りにも応じたとおもわれる。しかも人民はそうして土地を与えてくれたモモソヒメが死んだとき、みんなが一列に並んで山から手渡しに石を運んで大きな墓を作った、という。それが今も存する「箸墓」である。こうして大和国家の財政的基盤が確立したのであった。

そこで崇神天皇は「農は国家の本である」と宣言し、各地に灌漑用の池を掘った。また米の運搬用の船を作った。しかもそういうことを大和に留めず全国に広げた。北陸、東海、西海そして丹波に四道将軍なる者を派遣したからだ。将軍たちは各地の湿地を蹴裂いて沃野とし、その沃野に人民たちを入植させた。各地に屯倉（みやけ）なるものを作り、収穫の何割かを収納させて大和朝廷のものとした。しかし、土地を貰った人民たちは大喜びしてそれにも応じただろう。

それだけではない。人民たちはモモソヒメの先例に倣って、土地々々のリーダーたちの古墳をも作った。もちろん土地のリーダーたちも大喜びした。大和に対して不平を言ったり反乱したりすることもなくなったとおもわれる。こうして湿地帯を拓くたびに古墳もでき、あるいはできることが約束された。そうして日本中に一六万基といわれる大量の古墳ができ上がった。その多くは今日もその姿をとどめている。それは今日、ピラミッドや万里の長城に並ぶ人類の一大遺産になっている。そうして大和国家の財政は安定し、纏向（まきむく）に諸宮を作って天下の富を集めたのであった。

纏向の諸宮の特色は、よくいわれるように九州から関東、日本海沿岸地域などの各地の土器が出土することだ。それは『魏志倭人伝』にいう「倭国動乱」を治めたせいだろう。湿地を蹴裂いて、いわば水を止めている岩を破壊して沃野を作る、という先の「鬼道」によってである。すると各地の物資が纏向に集まり、纏向一帯は、いわば都市のようになっ、というわけだ。

蹴裂きが各地に拡がる　さて、卑弥呼の鬼道つまり蹴裂きによって大和湖が沃野になった話を述べたが、その蹴裂きつまり岩を割る技術を連想させる話がある。称徳天皇のころ（七七〇年）、西大寺の東塔の心礎のために人々が東大寺の東の飯盛山から三メートル四方もの巨石を運んできた。ところが「この巨石には祟りがある」と一人の巫女がいったので、人々は「柴をつんで石を焼き、その上に三〇石あまりの酒をそそいで細かく砕いて道路に捨てた」という（『続日本紀』）。つまり「石を長時間熱して酒や水をぶっかけ表面を急冷却すれば、石の内部は膨張したままだが表面は収縮するので、石の内外に亀裂が生じて石を割ることができる」のである。また神功皇后も北九州の那珂川の上流で「岩の上で芋殻を焚いた」といわれる（本書第07章「川分作村」参照）。このように火を焚いて石を割ることは、焼畑の経験などからも縄文人は知っていたのだ。

じつは民俗学者が「蹴裂伝説」と名づける説話は日本列島の各地に存在する。それは「神、仏、鬼、龍、大蛇、巨獣、巨人、異人、巫女などの〈怪獣〉たちが、超能力によって湖を蹴ったり裂いたりして沃野をつくった」とする話だ（拙共著『蹴裂伝説と国づくり』）。京都府の亀岡盆地は、昔、湖だった。あるとき出雲からオオクニヌシをはじめたくさんの神々がやってきて、舟を浮かべて湖の下をのぞきながら「この湖の下に田んぼがある」といった。そして神々たちは近くの黒柄山という山の山麓に集まって相談し、みんなで樫舟にのって請田というところに行って鍬でその土を取り除いた。すると湖の水はみな保津川に流れ出て後に沃野が現われた。そのあと神々は鍬を山のように積み上げたのでそこに鍬山神社ができた（『丹波志桑田記』）という。また請田にも請田神社があり、同じような伝承がある。

またむかし亀岡盆地が巨大な湖だったころ、それらの水は、大阪平野の安威川や猪名川とつながり、直接、大阪湾にも流れ出ていた。さらに北に向かって由良川から日本海に流れていた。歴史時代においてさえ亀岡の水は南や北へ流れていたのだ。それを今日のように京都盆地に流したのは人間の力である。

関東平野の利根川の源流は東京湾河口から三二二キロも上流にある群馬県水上町である。この水上町の一つ下流に沼田市がある。ここに古く「ヤマトタケルが沼田の湖を蹴裂いて田んぼを作った」という伝説がある。昔、沼田は東の赤城、西の大峰、南の子持、北の武尊（ほたか）の山々によって東西南北を囲まれた巨大な湖だった。ヤマトタケルは父の景行大王に命じられて関東に来て、沼田の大峰山から巨大な沼田湖を眺め、赤城山と子持山の山隘の地を切り割って湖の水を流し、さらに諏訪明神の助力を得て湖の主の大蛟（おおみずち）を退治して水を干しあげた。するとしだいに沃野ができあがっていったという（『上毛傳説雑記』）。

現在、群馬県神社庁に登録されている百三社の群馬県の神社のうちの三二社がヤマトタケルを祭神としている。タケルは沼田にたった半年、滞在しただけだが、このようにタケルを祭る神社が多いのはその辺り一帯を蹴裂いたからだろう。あるいは「蹴裂きの方法」が確立したからか。

さらに長野県の松本平はかつて天武大王が都をつくろうとしたところだが、この地に竜の親子が岩を蹴裂いて沃野をつくったという「小泉小太郎伝説」が残っている。松本盆地は景行大王の御代まで、安曇・筑摩の平野一帯が湖で、犀竜が棲んでいた、という。また近くの東高梨の池には白竜王も棲んでいた。そして犀竜と白竜王が交わって日光泉小太郎が生まれ、小太郎が成長すると、母の犀竜は自分の姿の醜さを恥じて湖の底に身を隠した。小太郎は母の行方を尋ねて再会すると、母竜は小太郎を背中に乗せて湖の北の端の明科から三清寺まで川を下り、水内橋の岩山を突き破って千曲川とし、そして越後の海へ水を流したという。すると安曇平に広大な土地ができた。人々はそこに田地を拓いた。そして小太郎が母の犀竜の背に乗った犀乗沢から千曲川と落ち合うところまでを犀川というようになった。小太郎の母は諏訪大明神の化身の犀竜で、父は安曇族の神の白竜だったからだ。これは縄文人の諏訪の神と、安曇族という海人族の神の協力で蹴裂きが行なわれ、里を作った話と考えられる。同じような小太郎伝説は信州各地に多く残っている。すべてが「蹴裂き」が行なわれた話である。

またよく知られるものに難波の堀江の蹴裂きがある。四世紀末ごろ、大阪平野の東にある茅渟（ちぬ）の海といわれた湖沼がしばしば氾濫を起こすので、仁徳大王は難波宮の北の野に水路を掘削させ、南の水を大阪湾に排水できるようにし、その水を堀江と名づけた（『日本書紀』）。その切られた人工水路は「難波堀江」とよばれ、今日も大阪市内を流れる大川として存在している。それもいわば蹴裂きの結果である。土木学者の小山田宏は古代河内平野の亀井遺跡を例にとって「築堤開田」つまり湿地の水を落として田を作る話を述べるが、そのために作られた堤の底幅は八〜一〇メートル、高さが一五メートルもあったという。日本の治水技術の典型といっていい。その起源もこの「難波堀江」にあったのだ。中国の洪水防御とは異なる日本の治水事業である。

「蹴裂伝説」なるものは、私の知るところ全国に二〇以上もある。例を挙げると北海道では「旭川上川盆地の開削とクマ伝説」、東北では「岩木山の水路とオオヒト伝説」、「最上小国の開削とヘビ・カニ合戦」、中部地方では「越中別所七山開削と龍蛇伝説」、「胆沢の淡水とヒトコノカミ伝説」、「庄内の泥沢開拓とアコヤヒメ伝説」、「越前三国の湖水落しとオホド王伝説」、「甲府盆地の開削と穴切り・蹴裂き・瀬立ちの神伝説」、「信州上田平の開拓と唐猫伝説」、「伊豆白浜の幽谷開発とイコナヒメ伝説」、近畿地方では「大堰（おおい）川の開削と松尾神伝説」、「余呉湖の干拓と坂口郷の山切りの鉛練比古（えれひこ）伝説」、「姉川瀬水の滝落しと覚然法師伝説」、「但馬出石の泥海開削とアメノヒボコ伝説」、中国地方では「播磨の美奈（みな）志（し）川付け替え神話」、九州では「薩摩迫戸（さこと）の開門と隼人神伝説」、「湯布院盆地の開削とウナキヒメ伝説」、「阿蘇カルデラの開削とタケイワタツ伝説」などなどだ。

弥生時代に稲作が日本全国に広がったのは、この蹴裂きによって数多くの湖や湿地帯が沃野に変えられたからだろう。それも縄文人の知恵を受けついだものといえるのである。

（田中充子）

07 川分作村

神功皇后は那珂川上流で川を分け、雷神を呼び、岩を蹴裂いて神の田と村とを作った

本章の話は、古代日本の大和朝廷が王権の拡大を担った開発事業についてである。つまり、湖や湿地を拓いて田園にしたり、また縦に流れる川を横に流して新たに田園を作ったりする話だ。縄文から弥生期にかけて機械工具の類が発達しないなかで、当時の土木工事はそれこそ自然の地形との戦いであった。それらのことが日本全国に「蹴裂伝説」として残る（上田篤・田中充子『蹴裂伝説と国づくり』）。そのなかの一つ、筑紫平野を訪ねてみた。

一の井出　博多湾に面した福岡市は行政機関や経済、文化が集積する九州の中心である。その歓楽街の中洲の夜景には見覚えのある方も多いだろう。両岸の華やかなネオンが川面に映る。那珂川である。南の佐賀県との県境に連なる背振・九千部山系に源流を持ち、筑紫平野の那珂川市から福岡市にかけて北上し、『魏志倭人伝』に出てくる奴国（なのくに）のち の儺県（なのあがた）を流域とし、そして博多湾に注ぐこの川の河口は、古くから大陸との交流が盛んな港で、那の津と呼ばれた。

福岡市街から車で小一時間も走ると谷あいの上流域に達する。そのまま背振山を越えると、平成初期に環濠集落などの弥生後期の遺構の発掘で注目を浴びた吉野ヶ里遺跡までわずかだ。大小の岩が疎らに転がる渓流を筑紫平野に向かって北上すると、両岸の段丘が大きく開かれ谷底平野が始まる。大字山田地区の伏見神社の手前あたりで急に水嵩を増す。堰が設けられているのだ。堰き止められた水の一部は取水口より本流から分けられ、下流域へ灌漑用水として導水される。この人工の用水路と流域こそが蹴裂伝説の地、すなわち神功皇后が新羅出兵の際に現人神社の神田を墾くために開削したといわれる〝裂（さく）

田の溝（たうなで）〟である。『日本書紀』巻九 神功皇后紀に、

……さらに神祇を祀り自ら西方を討とうと思われた。そこで神田を定められた。那珂川の水を引いて神田に入れようと思われ、溝を掘られた。迹驚岡に及んで大岩が塞がっており、溝を通すことができなかった。皇后は武内宿禰を召して、剣と鏡を捧げて神祇に祈りをさせられ溝を通すことを求められた。そのとき急に雷が激しく鳴り、その岩を踏み裂いて水を通じさせた。時の人はそれを名づけて裂田溝といった。

（宇治谷孟『日本書紀（上）全現代語訳』）

とある。夫である仲哀天皇の崩御直後の仲哀天皇九年四月の条に記されている。この神功皇后の事業が約五キロメートル余の行程のなかでどのような実像をもって今日に伝わるのかを確かめたるため、〝川を分けた〟場所から徒歩で辿ってみた。

そこにある井堰は〝一の井手（一の井堰）〟と呼ばれる。宝永六年（一七〇九）に福岡藩士貝原益軒が編纂した『筑前国続風土記』には、裂田の溝について『神功皇后紀』を引用し、地元で〝唐戸〟と呼ばれる取水口を持つ一の井手に関して「長さ八十間にも及ぶ大きな井手はこの筑前国では最大なものである」、と記している。現在は鉄製の可動堰に改修されているが、昭和六三年まではこの旧来の石堰が使われていた。今も水面上にその一部の痕跡を飛び石状に見ることができる。いつごろ築造されたかについては解明されておらず、現地の案内看板には、昭和二四年の水害の際に〝正徳四年（一七一四）〟と刻まれた水門が見つかったことが記されている。

平成一四〜一六年度にかけて、那珂川町（当時）が実施した総合調査の報告書（那珂川町教育委員会『裂田

溝 那珂川町文化財調査報告書第六十五集』）のなかで、林重徳（佐賀大学名誉教授）は、「河川を分流」した灌漑遺構として、紀元前二五〇年頃の中国の〝都江堰〟挙げ、一の井手のように「河川を斜めに横切る堰」は土砂の堆積対策と解説し、慶長三年（一六〇八）、熊本県甲佐町の緑川に治水・灌漑のために加藤清正が築いた〝鵜の瀬堰〟を先例と示した上で、一の井手は、「清正以降に改修されたものと考えるのが妥当」とまとめている。

さらに、取水口・井樋を河の断面のうちの下の方に設けたことも、このあとにつづく流路の設定と合わせて工夫された高い技術だ、と考えることができる。

高度な技術が用いられていた

この一の井手の西側に伏見神社が鎮座し、淀姫命、須佐之男命、大山祇神、神功皇后、武内宿禰を祭神として祀っている。淀姫命は正式には豊姫（ゆたひめ）で神功皇后の妹である。社伝には、「淀姫命は神功皇后の姉姫（通説は妹）で千珠満珠を求め給う神徳の姫で、欽明天皇二五年一一月朔日 佐賀の県に川上大明神（與止日女神社）として鎮座されたが、託宣によって此の地に遷座され、のち異国襲来にそなえ、神功皇后、竹内宿祢と共に京都の伏見御香宮を合祭して伏見神社と称す」とある。また拝殿には白い鯰の絵馬が掛けられている。神功皇后の新羅遠征の際、鯰が船を先導したことで無事帰還することができた、というこの地に残る伝説を表している、という。

一の井手から分れた裂田の溝の流れは国道を越え、開けた田圃を左岸に望みながら山田の集落を緩やかに取り囲むように時計回りに弧を描きはじめる。その川幅や流れる水音、幾つかの石橋が架かる風情に、私の居所に近い京都上賀茂社家町の明神川の風景を想起した。その流れが半円ほど弧を描いたところで、裂田の溝は左へ直角に曲がって北東へ向きを変える。右手には裂田溝公園が広がる。ジョギングレーンや遊具を備えた多目的グラウンドと駐車場、休憩所などが設けられている。併せて裂田の溝の護岸も整備され、およそ三〇〇メートルの区間の歩道脇の所々に四阿や、花壇を備えた緑地、親水護岸などがある。

ただし、流形、勾配などは旧来とさほど変わっていないように思われた。北東向きの流れは直線ではなく緩く蛇行し、田圃が広がる左岸側に対して集落も存在する右岸側（山側）は、当然ながらわずかに護岸が高いことがわかる。

阿蘇山の火砕流が堆積したこの辺りの地質は、川が絶えず流れてその位置を変え、蛇行の跡が三日月湖などに残りやすかったのだろう。前掲の調査報告書のなかで、下山正一（当時、九州大学大学院理学研究院）は「裂田の溝は途中までこの放棄河川跡を利用した」可能性を説いている。どうじに私は、尾根の延長にある段丘の端部つまり平地部のエッジでもある部分を、取水口の高さを起点にして再び那珂川に合流するまで精密に結ぶ高度な土木技術が用いられたように思った。航空写真を見るといずれの考えも実感できる。

ここで前述の京都の上賀茂を再び重ねてみた。賀茂川から取水した明神川は、社家町を東向きに流れる。流れの一部は鑓水として屋敷内へ引き込まれ池泉となり、再び川に戻る。明治維新まで旧神職の禊ぎの場に用いられた。そして社家町を過ぎると、往来田と呼ばれる社領の給田のための用水となる。わたしが社家住宅の改修に関わった際、「明神川は自分達の先祖である賀茂（鴨）一族が、大昔、渡来豪族の秦氏との関係で、真横つまり南北に流れる賀茂川に対し東西に水を通す技術を得たのではないか」と聞かされた。〝真横〟というと直線的な流形を想像しがちだが、実際の明神川は、わずかに折れ、さらにはクランクもしている。

明神川の例は時代が下るものの、古くから各地でさながら等高線を辿るように土地の高低差をシビアに感じながら精密な勾配を可能にする技術が活かされていた、と考えたい。

さらに二〇〇メートルほど北上するとこんもりと見える小丘の杜があった。裂田神社の社叢だ。祭神は神功皇后である。拝殿の横に「裂田の溝伝説」を小学生でも解かるような挿絵入り文体で大きな説明看板が立てられている。私もありがたく読ませていただいた。

この小丘を裂田の溝は時計回りに迂回する。神社の裏手ほぼ西側の遊歩道際の護岸に岩盤が顔を出している。発掘調査後に花崗岩の表面に保護処理を施したものだそうだ。その少し南にある草木の陰に隠れた高さ二・五メートルの巨大な岩壁は段状に水底まで続いていたという。また北側の田圃のなかの平地には段丘礫と呼ばれる地面の隆起があり、地中には花崗岩の岩盤が続いていたという。(前掲『調査報告書』、及び那珂川市郷土史研究会『広報なかがわ』連載記事)。その形から〝亀島〟と呼ばれたことも前述の『筑前国続風土記』に記されている。

この辺り一帯が『神功皇后紀』に記された「大岩が塞がって、溝を通すことができなかった」場所であり、「神功皇后が武内宿禰を召して神祇を祈らせたところ、雷が激しく鳴ってその岩を〝蹴り裂き〟水を通させた現場」なのである。露出した岩盤からは全貌が掴みにくいが、航空写真を見ると、岩壁や亀島、裂田神社が鎮座する小丘の全てが山から伸びた尾根とひと続きの細い段丘となって北側の迹驚岡と呼ばれた安徳の台地のすぐ傍まで延び、谷底台地を塞いでいたことが解かる。雷による蹴裂伝説として後世に伝えるべく大事業だ、と納得できた。

日本の削岩技術の正体　そこで気になるのが、『紀』に〝雷電霹靂〟と謳われた雷の仕業の正体である。天皇五代に仕えたとされる謎多き忠臣の武内宿禰から鉄器を与えられた百姓達が、一同に岩を斫り、その数と力によって発生した想像を絶する火花と粉砕音だった、と解するにはやや乱暴すぎる。そこで火を使うことに着目したのが編者の上田篤である。それは『続日本紀』に記された称徳天皇の時代のこと、西大寺東塔の心礎として運ばれてきた巨石にまつわる話を例に示し、「石を長時間、熱しておいて、酒や水をぶっかけ表面を急冷させれば、石の内部は膨張したままだが表面は収縮するので、石の内外に亀裂が生じて石を割ることができる（中略）というものだ。地元の伝承によると、神功皇后も祈念するだけでなく「岩の上で芋がらを焚いた」といわれる。梅雨どきだったからやがて雷が鳴り、雨が降りだし、そして岩が割れたのだ」（前掲『蹴裂伝説と国づくり』）と見立てている。

　那珂川市教育委員会によれば、実は調査委員会のなかでもこの花崗岩の急冷粉砕に言及されたという。けだし各地に伝わる「蹴裂伝説」の多くに同様の技術が用いられた可能性が高まる。火と水による発破はいわゆる〝焼石に水〟ではなく、れっきとした削岩技術だったのではないか。

　裂田の溝の流れはここから安徳地区に入り、安徳台を左上に見上げる地峡部を北東に進む。左岸には裂田神社からの整備された遊歩道が続く。三〇〇メートルほど進むと両岸が狭隘に切り立ち、蛇行した流れに沿って歩行者用のデッキが架かっている。空中散歩のような気分で裂田の溝を眼下に見降ろしながら一〇〇メートルほど歩くとカワセミ公園という休憩スポットに辿り着いた。一方、右岸の崖上の集落を通る道は直線であるが、下流側に向って上り勾配であるため河床との高低差が顕著となる。阿蘇火砕流の堆積物からなるこの地峡部も工事の難所だっただろう。

『神功皇后紀』に迹驚岡（とどろきのおか）と呼ばれた安徳台の名は、平氏と共に都落ちした安徳天皇がこの地を一時の行宮とした所縁によるが、巨大な竪穴式住居跡をはじめとする大集落や土器、鉄器、勾玉、管玉といった多くの埋葬品とともに、甕棺墓が出土する弥生中後期の遺跡群がある。周辺の谷底平地とは概ね三〇メートル近い標高差があり、防御性も高く、奴国の都であった、という説が有力である。

　安徳台横の地峡から抜けると、再び段丘地の右岸、田圃の広がる平地の左岸という光景に戻る。安徳大塚古墳が遺る段丘の西側で、裂田の溝によって切断された小高い堤防のような土手を見た。〝サイフォン式の吹き上げ用水路〟である。段丘側からの導水施設であるが、昭和末期までは土手の天端からコンクリート製の細い懸樋が架けられていたという。古代と現代の灌漑用水が交差した貴重な遺構空間である。

そして裂田の溝は途中で城谷川(通称・古河)という支流を分けながら、仲、五郎丸という大字区域を北上する。宅地化が進んだ右岸の段丘も徐々に高さを下げていく。安徳台の端から約二キロメートルで農地がなくなり、旧流路は消え、住宅地のなかを区画された水路として流れて今光地区で、再び那珂川に合流する。

神田を授かろうとした現人神社はその住宅地の南端にあり、じつは裂田の溝からは離れている。相殿に神功皇后を祀っているが、底筒男命、中筒男命、表筒男命の住吉三神を主祭神とする神社としては最古であり、その起源ともいわれている。那珂川本流は近くに流れ、航海の神を祀ったというこのあたりから、那の津へ向かって出航したのだろう。

神功皇后はなぜ神田を求めたのか　裂田の溝を訪ねたのは一一月の初め頃である。稲刈りをとっくに終えた時期ながら、裂田神社周辺は穭が芽吹いて緑鮮やかな美しい田圃であった。

神功皇后はなぜ、このようにしてまでこの地に神田を求めたのか。

『日本書紀 神代上』(一書第十一)に〝顕見しき蒼生〟の話が記されている。保食神(うけもちのかみ)の屍から生れ出た諸々の食物を見た天照大神が、

人民が生きるための食べ物だ　(『日本書紀(上)全現代語訳』)

といって、高天原で作り始めた話である。そして〝水田種子〟を稲と定めてその種を天狭田に植えたところ秋に垂穂が稔って見事であった、という記述である。

我が国で稲作が始まったのは那珂川市のすぐ傍の筑紫平野の板付遺跡や、玄界灘に面した佐賀県唐津市の菜畑遺跡などといわれるが、当時はいずれも低湿地であったとみられている。編者の上田は、低湿地帯で「雨水に頼る稲作は生産性が低い」とし、山岳地帯の高天原などでの稲作は、山から流れてくる養分豊富な川の水を使うため「イネの稔りも平地の稲作とは比較にならないほど豊かだった」として「以後、山の水を使うことがアマツカミ族の稲作の基本となり、日本の稲作の生産力の高さの大きな秘密になった」(『私たちの体にアマテラスの血が流れている』)と述べている。同様なことを文化人類学者の嶋田義仁も「稲作は灌漑技術の発展にともなって自然の気まぐれから自由になりうる農業」であり、「肥料自体が灌漑水のなかに多量に含まれている」と著している。(『稲作文化の世界観』)。

では、そのような知識と技術を得た稲作はどのようにして広まったのか。これを大和王権の拡大に照らしてみる。

時代はやや遡るが、『日本書紀』(巻五 崇神天皇)に、

もし教えに従わない者があれば、兵を以って討て　(『日本書紀(上)全語訳』)

との強力な詔を発して大彦命を北陸に、武渟川別を東海に、吉備津彦を西海に、丹波道主命を丹波にと崇神天皇が〝四道将軍〟を派遣した話が記されている。このような稲作開発を行うことによって地方を平定し、土地や人民(労働力)を支配し、殖産に励み、さらに〝屯倉〟を置いて直轄地とすることで大和王権の拡大を図った。同じく『崇神記』に、

護岸に現れたままの花崗岩の岩盤

一の井手　旧石堰の一部が遺る

農は国の本である。人民のたのみとして生きるところである。（『日本書紀（上）全現代語訳』）

とあり、崇神天皇はのちに河内国の〝依網池〟なども築かせている。この話との因果関係は定かではないが、四道将軍の派遣先のひとつ丹波（当時は丹後も含む）地方の現京都府京丹後市峰山町二箇地区という東西を山に挟まれた山間の平地にも、豊受大神が天照大神のために稲作をしたという〝月の輪田〟伝説が伝わっている。神代に天照大神が目指した稲作を中心とする豊な国家建設への道として、各地に稲作継承の足跡が文化として残っているのである。

米づくりのための水をいかにして得たか　単なる川の堰であり、護岸の岩であり、郊外でよく目にする小川か用水路で、一見して素通りしてもおかしくないこれら裂田の溝の光景から、毎日あたりまえのように食卓で目にする米づくりが、神代の時代から私達の胃袋を満たすだけではなく、村を作り、国を作る上での糧であったこと、そしてそれを成し遂げるための水をいかにして得たかという歴史の一端を再確認することができた。米が日本の歴史のなかで、長く国家を支える経済の軸としての価値を持ち、近代の黎明を迎えるまで税制の一部にも取り込まれていたことは今さら述べるまでもないが、良田を墾くための技術は大地を拓く技術につながり、やがて都市や国家の建設や運営に必要な技術の礎となった。生産の三要素である土地、労働、資本のいずれにも深く関わる土木技術としてである。ここ裂田の溝も、遠い昔に手掛けられた河川・農業土木としての大規模な事業の跡でもあり、神代の伝説とともに現在に残るのは、その行為が象徴的で且つ多大な成果を上げたからに違いない。「蹴裂伝説」に目を向けた意味がここにあるといっていい。

兵庫県たつの市には石龍比古命(いわたつひこのみこと)と石龍比売命(いわたつひめのみこと)の男女の神が川の水を争奪した話が伝わる(『播磨国風土記』)。また、青森県の岩木山麓では、縄文人の血を受け継ぐ蝦夷につながるとの説もある「オオヒト」によって作られたという伝説の「逆堰(さかさぜき)」が、裂田の溝と同様に高い技術をもつ遺構として現在も使われている。

裂田の溝は現在では周辺環境が整備されて文化財散策ルートにもなっている。博多からもそう遠くないので機会があれば訪ねられてみてはどうか。

(永松尚)

Ⅲ ミヤ

08 裂岩拓野

大和纏向で一人の巫女が岩を蹴裂き湖面を下げ、杭を打ち沃野にする「鬼道」実践す

クラゲのように水に浮かぶ列島　筆者は普段、建築設計を行っている者だが、遠い昔を見つめることは、

これからの時代にふさわしい暮らし方や都市のあり方を見通す上でとても有用だと考える。日本の原初的な生活はいかなるものだったのか、人々はどのように協力しあっていたのか、最初の町や村はどんな姿をしていたのか。ここで、史書に収められた古い日本の国土についての記述を紹介したい。

「倭の地を参問するに、海中、洲島の上に絶在し、あるいは絶えあるいは連なり、周旋五千里ばかりなり」（『魏志倭人伝』）

「国稚く浮きし脂の如くして、クラゲなす漂える」（『古事記』上巻）

ともに日本列島が海上に不安定に連なっていた様子が描かれている。現代の日本においても水はとても身近な存在だ。例えば、東京など都市部においては、埋立地がもともと海であったばかりでなく、千駄ヶ谷、品川、神田など地名に谷、川、田がつく土地にはかつて水面に覆われていた例が多い。また、山地においても甲府盆地や亀岡盆地などはかつて湖水に浸かっていたといわれている。

そのようにかつて水面で溢れかえっていた場所を人の暮らせる陸地にするために、先人たちの絶え間ない苦労があったことは想像に難くない。その例として、仁徳大王による上町大地の開削が挙げられる。日本書紀の仁徳紀によると、河内湖の水を大阪湾に放流し干しあげるために、「浪速の堀江」なる水路を設けたとある。その水路は今日大阪城の北を走っている寝屋川に当たる。それと同時期に「茨田堤」

を築いたとあり、淀川の流路を安定させて大阪湾の塩水の逆流を防いだようだ。そのように、日本列島は早くから水と深く付き合ってきたのだが、そういった原初的な姿はほとんど忘れ去られている。

かつて存在したヤマト湖　実は、奈良にもかつて巨大な湖があったことをご存じだろうか？　現在の奈良市をはじめ、主要市が位置する奈良盆地の大部分が湖の底に浸かっていた、というのだ。京都に住む者にとっては、奈良という地域は近しく感じつつも、どこかミステリアスで侮れない存在だ。なにしろ京都より歴史が深い。平等院や醍醐寺など平安時代の古刹はあまた有れど、法隆寺や薬師寺の歴史には敵わないし、あまつさえ飛鳥の石舞台や纒向（まきむく）の箸墓古墳などには未だその全容が充分に解明されていない文明の跡がある。『日本書紀』や『古事記』の記述はその謎をさらに深めながら連綿と続く歴史があったことを確かに伝えている。そこへ加えて、巨大な湖があったとなれば、俄然、興味を魅かれる。

さて、改めて奈良盆地の巨大湖について説明したい。ここでは便宜上、その湖を「ヤマト湖」と呼ぶことにする。今日、奈良盆地にはかつてヤマト湖があったことについてさまざま語られるようになった。「奈良盆地は、地質時代には山城方面に口をひらいた海湾であったが、洪積期の終りごろから、湾口にできた奈良山丘陵の堆積によって大阪湾から孤立し、ヤマト湖（原文では大和湖）を形成するに至った。その後、亀の瀬付近で断層による陥没ができて、水は大阪平野に向かって排水されるようになった。大和湖の水面は、六〇〇〇年ほど前には七〇メートルの辺であったが、その後、だんだん低下して、二五〇〇年以前には、五〇メートル辺まで低下するに至った。そして、湖岸平野が形成され、弥生文化の時代になって、稲作がこの地域に発達することになる。一方、湖岸はさらに干上がって現在のような盆地底となったのである。」（千田正美『奈良盆地の景観と変遷』）

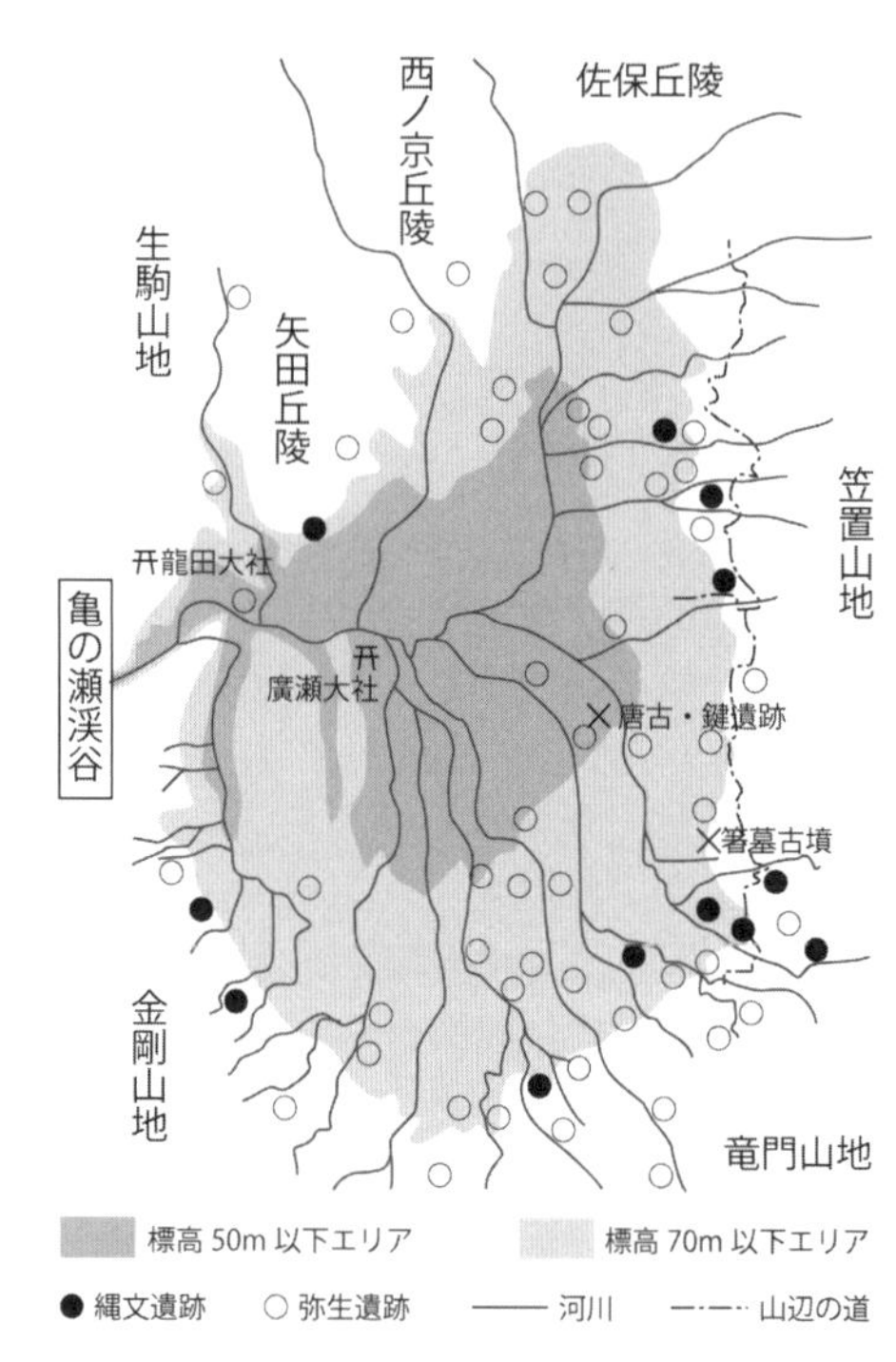

［図1］ ヤマト湖図

標高五〇メートルというと、現在の法隆寺参道附近や大和郡山市中心部あたりと同程度ということになる。この六〇〇〇年以内に盆地部が隆起するような地殻変動があったとは考えられず、弥生期においてもなお盆地の大部分が湖に浸かるか、あるいは潟を形成していたといえるだろう。ここで、六〇〇〇年前および二五〇〇年前のヤマト湖の湖岸ラインとともに、これまで発見された主要な遺跡の位置をプロットした図を見て欲しい［図1］。これによると、かつての縄文遺跡は全てヤマト湖の外側にあたる場所に位置している。縄文時代の人々は山で狩猟や植物採集に勤しむと共に、湖や川で獲れる魚介類も重視したと考えられ、縄文遺跡の位置はその当時の湖岸線にあたる可能性がある。また、弥生時代になるに従って盆地部にも居住の形跡が見られるようになることがわかる。さらには奈良盆地東部に位置し、古社寺や名所旧跡、古墳などを抱え、古代の面影をよく残している通称「山の辺の道」もまた、標高六〇〜七〇メートルの高度を保ちながら三輪山の山麓をめぐっていることがわかる。かつての湿地部分との水際に生まれた道といえ、この一帯はその後、王権の主要な場となっていく。

また『万葉集』に、舒明大王が六世紀に香具山からヤマトの国を褒め称えたとおもわれる歌がある。

「ヤマトには　群山あれど　とりよろふ　天の香具山
登り立ち　国見をすれば　国原は　煙立ち立つ　海原は　鴎立ち立つ
うまし国ぞ　蜻蛉島　ヤマトの国は」

この歌が示すように、六世紀当時の奈良盆地にも水面がたくさんあり、人の暮らしを示す「煙」と共に、水面を飛び立つ鴎が多く見られたのだろう。まさに水の都と呼んでも良い土地だったのではないか。

大和川と亀の瀬渓谷

それではヤマト湖はいつ消え去ったのだろうか。現在、奈良盆地には数多の池や大小の河川が残されている。そこでその河川に注目すると、奈良盆地を囲む笠置山地、金剛山地、生駒山地などから流れ込む川に「初瀬川」「葛城川」「富雄川」「菩薩川」などが挙げられるが、それら全ての川はやがて合流して大和川となる。大和川の水は金剛山地と生駒山地の間の狭い渓谷である「亀の瀬」を通って大阪へと流れて行く。現在の亀の瀬附近の標高は三〇メートル程度だ。古代のヤマト湖においても同様、亀の瀬を唯一の出口として蛇口のように排水されていた。ここで、かつての湖面高さが七〇メートルだったということは、ここ亀の瀬の排出部分の地盤高さも七〇メートルだったといえる。ヤマト湖は海から完全に独立している。また寒冷化により若干雨量が減少したとしても湖面の低下に大きな影響は与えないだろう。そうなると、かつて存在したヤマト湖が消滅した要因は亀の瀬部分の地盤が何らかの形で低下したためといえるだろう。七〇メートルから三〇メートルまで水面高さが低下した原因は、ひとえに亀の瀬部分の標高が下がったためといえるだろう。

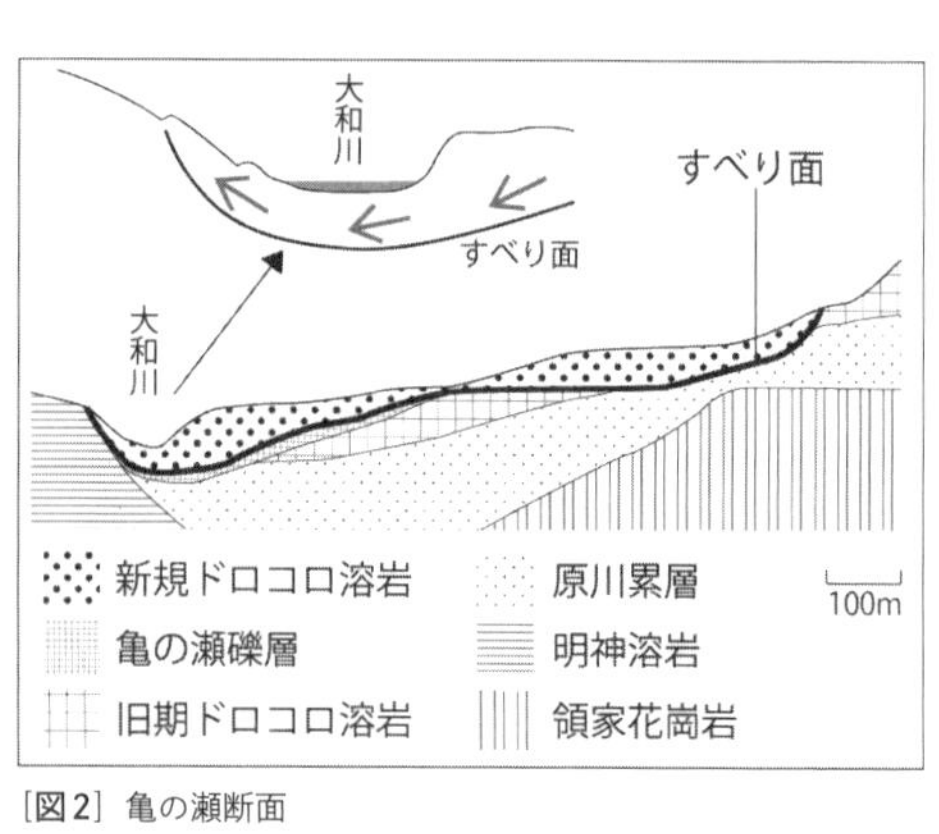

[図2] 亀の瀬断面

それでは亀の瀬とは一帯どのような場所なのか。亀の瀬は現在の大阪府柏原市と奈良県王寺町の間に位置し、古くから竜田越えとして知られ、船が往来するなど人や物の流れに大きな役割を果たしてきた。現在も国道25号線、ＪＲ関西本線が並行して走って、交通の要衝となっている。また、この場所は地すべり多発地帯であり、現在も国土交通省によって大規模な対策工事が続けられている。現地におかれている亀の瀬地すべり資料室によると、この地域は傾斜した地層の上に火山の噴火で流れ出た溶岩でできている。数百万年前に大きな火山活動が二回あり、一回目の溶岩と二回目の溶岩が重なるところがすべり面となったそうだ。ヤマト湖の存在した時代よりも昔から地すべりが頻発するエリアだったといえ、最古の記録としては四万年前の地すべりが記録されている。『万葉集』においてもこの付近は「畏(かしこ)の坂」と呼ばれて恐れられていたことが窺える。「大和殺すにゃ刃物はいらぬ、亀の瀬滑るだけでよい」という古い言い伝えもあるほどだ。近年では、昭和六年から七年にかけての大規模な地すべりによって大和川がせき止められ、上流の王寺町はすっぽりと水につかった。

そうなると、亀の瀬ではこれまでにも地すべりによって河道が何度も塞がれ、そのつどヤマト湖や奈良盆地の姿も大きく変えられてきたことだろう。大和川による浸食作用のみによって渓谷の標高が四〇メートルも下がってきた、とは考えにくい。

亀の瀬のすぐ北東に龍田大社という古社がある。「延喜式・龍田風神祭祝詞(のりと)」によると、前一世紀頃に崇神大王時代の創建とある。一方、亀の瀬の東方、複数の河川が大和川に合流する場所に廣瀬大社がある。「廣瀬大社縁起」には、崇神九年（前八九年）に一夜で沼地が陸地に変化したことをきっかけに社殿を建てられたとある。『日本書紀』の天武紀に、

「風神を竜田の立野に祀らしむ。……大忌神を廣瀬の河曲に祀らしむ」

とある。亀の瀬近くの両社は対になり「風の神・水の神」として風水害を治め、五穀豊穣をつかさどる神として古来より信仰を集めてきた。人々はこの地で、水とうまく付き合っていくことを祈ったのだ。やはりヤマト湖は自然に干上がったのではなく、人々の営為のもとで流し出されたのではなかったか。

沃野の稲作　ヤマト湖の水が抜けた部分には、未開拓の湿地帯が生まれたことだろう。奈良盆地と同様、かつての大阪の難波や河内の大部分は海面か、もしくは潟を形成していた。ただ奈良盆地の大きな特徴は、そこにある水は塩害を起こすような海水ではなく、盆地を囲む周辺の山々が生みだした栄養素たっぷりの水だったため、農耕に適した沃野が広大に広がっていたことだ。

田原本町にある唐古・鍵遺跡には、前二世紀～二世紀頃の弥生時代の環濠集落跡が残されている。標高は約四七メートルで大和川の港の機能を持っていたとおもわれ、集落全体で約九〇〇人が暮らしていたようだ。そこではいくつもの環濠が巡らされ、小河川から引き込んだ用水は灌漑用水、上下水道、さらには物資の運搬にも利用されていた。干上がって間もない湿地帯には多数の河川が乱流していたはずで、それらの網の目のような中に溶け込んでいた環濠のムラの様子を想像すると、共同体の原初の姿をみる思いがする。

一般に、平和な縄文時代に比べてその後の弥生時代は争いの歴史だった。人口の急増を背景に隣り合う集落との場所の取り合いも起こったことだろう。多数の山地と河川が地域を分断する日本の土地特性の中で多くの拠点が生まれていたことは想像に難くない。弥生後期の集落はその多くが見通しの良い丘の上部につくられた高地性集落であって、当時の緊迫した状況を物語っている。一方、ヤマトの地は四方を山に囲まれた安全な場所である上に、瀬戸内海側や日本海側、東方すべてに目が行き届いて防御力が高い。そのため古来よりヤマトの地を目指してきたと思われる出雲や九州の人々にとっては、ヤマトが「理想郷」のように映ったのだろう。

またヤマトで営まれた稲作も特徴的なものだった、と思われる。弥生時代初期の稲は揚子江の大平原で発達した「江南稲作」を輸入したものと考えられ、自然の水溜りなどを利用することから生産性があまり高くなかったのではないか。一方、唐古・鍵の稲作は、後の日本の稲作の基本となる「灌漑稲作」だった。そこでは栄養素を含んだ山の水を順番に田んぼに分け与えていくことで、収穫量が高まるだけでなく何十年、何百年という連作がきくようになった。海水が入り込まず四周を山で囲まれたヤマトの地は、稲作にもってこいだったのだ。

とはいえ、そのような稲作環境を維持するには相当な組織力と管理力が必要だっただろう。何しろ灌漑稲作においては、河川の上流から用水を引き込み下流から排水する必要があった。少人数の努力や個人の才覚ではいかようにもならず、そこには明確な共同体意識が求められたに違いない。

ヤマト王権による蹴裂と開拓　その後、ヤマトの地に王権が誕生し、古墳時代、飛鳥時代、奈良時代にわたってこの地が日本歴史上の主要な役割を果たすようになった。ヤマトでつくられた古墳のコピーは日本中に広がり、対外的にもヤマトが倭の盟主となった。しかし今振り返ってみて、それは必然的な結果だったのだろうか。当時、北九州や出雲では既に鉄器が用いられていたが、先述の唐古・鍵遺跡から鉄は発見されず、そのため当初からヤマトの地の文化水準が高かったとは言いがたい。先端技術を持っていたシナや朝鮮との距離の差はそのまま文明の差に直結したとおもわれる。

それではなぜヤマトが古代日本の盟主になりえたのだろうか。私はそこにヤマト湖の治水と奈良盆地の開拓の姿を見る。ヤマト湖という如何ともしがたい巨大な存在が中心にあり、奈良盆地の全ての水を集めた大和川はしばしば氾濫した。もしそれらを治めることができれば一大稲作地帯をつくることができる。そこでは盆地内の各集落どうしが争っている場合ではなく、それぞれが協力し合って自然の脅威に立ち向かい、その恩恵を最大限に享受する必要があっただろう。いわばヤマト全体で強固な共同体が生まれる必然性があったのである。

ここで、私は編者の上田の提唱する「モモソヒメ説話」の解釈を支持したい。モモソヒメ説話とは『日本書紀』「崇神紀」に記された三世紀ごろの神話である。モモソヒメの眠る纒向の箸墓古墳は三世紀後半に築造された最古の前方後円墳として著名で、近年では卑弥呼の墓に当たるのではないか、との指摘もなされている。さて、以下に説話を要約する。

「モモソヒメは三輪山の神のオオモノヌシの妻となるが、オオモノヌシは夜にしかやってこず、朝になったら帰ってしまう。そこで妻のモモソヒメが「夫のオオモノヌシの姿を見たい」と言い、オオモノヌシは「姿を見ても驚くな」という条件づきでその正体を見せる。それは一匹の小さな蛇だった。モモソヒメは大いに驚いたのでオオモノヌシは怒って姿を隠す。モモソヒメは悲しみのあまり後ろにのけぞり、その瞬間に箸が陰部（ほと）に突き刺さって死んでしまった。人々は悲しんで大坂山の石を運び、モモソヒメのために箸墓を作った」

上田は以上の伝承をヤマト湖の開墾譚の一種の暗喩と見る。たとえば「小さな蛇」というのは小河川にたとえられる。ヤマタノオロチの例をはじめとして川を蛇にみたてる日本説話は多い。一方、「モモソヒメ」はヤマト湖にたとえられる。湖や海に女性神を配する発想は「宗像三女神」や海幸山幸の「豊玉毘売」竜宮城の「乙姫」など数多い。さらに「陰を突いて死ぬ」という表現こそ大和川峡谷の開削と、その結果としてのヤマト湖の消滅と捉えることができるのではないか。ここで改めて亀の瀬について指摘すると、その表層地盤は板状節理に富んだ安山岩溶岩で出来ている。鉄器の無い時代に民がいくら協力しあっても人力で掘削することは難しかったとおもわれる。そこでは上田が指摘するように、「蹴裂き」による開削が行われた可能性は無視できないだろう。降雨前に、亀の瀬を塞ぐ岩頭を枯草や枯木を燃やすなどして熱し、雨で冷やされる際の岩の内外の温度差によって破壊したのでは、ということだ。

また、箸墓古墳の造営には実際に亀の瀬近辺の大坂山の石が使われたことが確かめられている。モモソヒメがその地にゆかりのあったことを示すと共に、彼女にまつわる事業の大きさを忍ばせる。何より新時代の幕開けを告げる大古墳がいよいよ誕生したのであり、その背景に時代を画す事件があったことは間違いない。さらにその造営が崇神大王による王権誕生と軌を一にしており、ヤマトの位置付けを決定的にするものだったのだろう。

すると、ヤマト王権はヤマト湖の蹴裂と沃野の開拓から生まれたのではないか、と考えられる。その過程で土木技術が高まり、民が増えて豊かになり、軍事力も整備され、共同体も広がっていったのである。日本の歴史はまさに土木と稲作から始まったのだ。

（中西ひろむ）

09 倭人造墳

倭の大王や海人族達が日本各地の岩を蹴裂いて湿地を拓き、古墳を作り、豪族化した

謎の記念碑——前方後円墳　古墳時代と呼ばれる倭国の三世紀中葉から七世紀末の約四〇〇年間に、北海道、東北地方北部の青森県と秋田県及び沖縄諸島を除く日本列島のほぼ全域に大小織り交ぜて約十六万基の古墳が造営された。この驚くべき数字は古墳時代に平均年間約四〇〇基、即ち一日に一基以上が造営された計算となる。国土が狭くしかも山地が七割を占める日本においてこの異常ともいえる古墳の多さは、中国大陸、朝鮮半島からユーラシアを見渡しても他に類例を見ない。古墳は日本古代史を解明する上でも最も重要な遺構であると言える。

一方世界文化遺産にも登録され、エジプトのピラミッドと中国の秦の始皇帝陵と並び、世界三大墳墓に数えられている大仙陵古墳は、他の多くの大和地方の巨大古墳とともに天皇家の陵墓とされていることから、宮内庁の管轄下にあってその発掘は固く禁じられている。古墳という名の日本古代史の鍵の多くは開けることができないままでいる。

古墳時代は初期の三世紀中葉から六世紀中葉までが前方後円墳の時代で、それ以降は徐々に作られなくなり、規模も小型化して形式も円墳、方墳、八角墳などに変化していった。最終的には七世紀半ばの大化の薄葬令をもって古墳時代は終焉を迎える。本章では日本古代史の原点ともいえる巨大前方後円墳の出現とその消滅の原因に焦点を当てたいと思う。

大仙陵古墳や上石津ミサンザイ古墳などの巨大前方後円墳は、明治初期の植樹により今は鬱蒼とした常緑樹の森になったが、造営当時は数段に及ぶ土盛りの上に葺石が敷き詰められていて一木一草生えておらず、遠方から見れば大団地の雛壇造成のように見えたはずだ。その向きも様々で、当初は私はこの

古墳の向きに一定の法則があるのではないかと調べたが、結論はそれぞれの地形において当時の海や陸路から最も目立つように造営されていることがわかった。

古墳の分布は日本列島の海岸線の水田地帯に多く見られ、内陸部にあるものは奈良盆地や松本盆地の安曇野などのかつての沼沢地や湧水地周辺に集中している。その土は主として周囲の掘割を作るときに出た残土が使用され、それでも足りないときには周辺の山から持ってきたようだ。中には既にある地山を用いた例もあった。そして水田開発の際の残土を用いたこともあったに違いない。それにしてもこれらの巨大古墳の被葬者は誰で、造営に参加したのは一体誰だったのか。

空白の四世紀と倭の大王の墓

現在宮内庁により天皇陵と定められているものの中で、神武天皇陵から天智天皇陵迄の三八基が古墳時代の造営とされる。そのほとんどが前方後円墳であり、江戸時代の山陵治定によって特定の天皇の陵墓に定められてきた。しかし欠史八代と言われる神武以降数代は実在が疑われており、その他の陵墓の江戸時代の比定にも疑義を挟む余地が多いことから、大仙陵古墳などもかつてのように仁徳天皇陵とは呼ばれなくなった。

全国に五〇〇〇基ほどもあるこの前方後円墳の出現とその消滅迄の時代にはある特徴があることがわかる。それはこの時代が中国華北の混乱期の五胡十六国の時代と一致していることである。史書を残す安定した漢民族王朝がなかったことが日本古代史の空白の四世紀を産んだ。しかしこの時代は後述するが決して空白であったわけではなく、東アジア周辺と倭国は激動の時代だったことがわかる。

巨大前方後円墳は、百済聖明王から蘇我氏を通じて伝来した仏教や、漢字の輸入、聖徳太子による仏教興隆と遣隋使の派遣、およびそれに続く遣唐使を通じた中国の律令制の導入といった大陸のグローバリズムに触れたときに忽然と姿を消すのである。古墳造営も、蘇我氏のような仏教系の国際派ではなく、より古くから居た神道系の物部氏が担っていたことが考えられる。物部氏は蘇我氏と排仏崇仏をめぐる論争で対立し、物部守屋は蘇我馬子によって西暦五八七年に誅殺される。これは大化の改新以前の極めて重要な日本古代史上の出来事として銘記されるべきものだと思う。その本質は東アジア情勢の窓口であった蘇我氏と内政的で国内統治に深く関わっていた物部氏との権力抗争であり、仏教と神道の宗教戦争でもあった。この頃から畿内の前方後円墳は造られなくなる。物部氏の盛衰はまさに前方後円墳の出現と消滅と軌を一にしている。

大化の改新によって蘇我氏が滅亡すると、百済再興に巻き込まれた天智天皇は白村江において唐と新羅の連合軍に敗れ、百済と共に滅びゆく道を辿った。この危機を脱すべく、すでに唐と疎遠になりつつあった新羅と同盟を結んで唐と距離をおき、伊勢神道を奉じ、国号を倭から日本に改めて天皇を自称した天武天皇が、壬申の乱を経て日本国の統治者になった。

もし日本に初代の国王という人がいたならば、大海人皇子から天皇に即位した天武天皇であったと思う。しかし天武は初めて天皇を自称しても、初代を名乗らず、王権簒奪の印を残すことはしなかった。自らを第四十代天皇とし、以前の倭の大王を全て万世一系の天皇と位置付けて、国史としての日本書紀の編纂を命じた。ヤマト王権の初期前方後円墳を、倭の大王の陵としてではなく日本国の天皇陵として鍵を固く閉ざしたのも天武天皇の亡霊のなせる技ではなかったか。

倭人の来た道　巨大前方後円墳が倭国の記念碑だとすれば、それを造った倭人とは何者であったのだろうか。中国の文献で倭人に関する最も古いものは『論衡』で、周代の紀元前一二〇〇年から紀元前一〇〇〇年の縄文時代晩期から弥生時代初期にかけて、倭人と呼ばれる集団が揚子江流域に存在していたことを古代史学者の鳥越憲三郎は指摘している。氏はその中で、周代初期の成王の時に天下太平の印として「越裳白雉を献じ倭人鬯草を貢ず」という記述があることに着目する。越裳（エッショウ）とは中国南部にいた部族のことで、鬯草（チョウソウ）とは酒に浸して香り付けをする薬草のことである。

鳥越は、ここで云う倭人とは日本列島にいた倭人ではなく、雲南の滇池周辺において稲作農耕を見出し、高床式建築物とともに中国北部の畑作牧畜民の南下に押されて徐々に揚子江を東に下り、三つのルートに分かれて渡海し、日本列島に移住した弥生人の祖先であると指摘している。

三つのルートとは雲南から揚子江を下り台湾を経て九州に至るルート。もう一つは揚子江河口付近のかつての呉から九州に渉るルート。三番目が揚子江下流から一旦北上し、山東半島から遼東半島を経て朝鮮半島から済州島経由で九州に至るルートである。呉は地理的に見て九州に最も近く、呉の滅亡時に大量の難民として九州に渡来して弥生人となった可能性が高い。倭人は呉の末裔である、とする伝承が九州に残るのも、日本語の漢字の音読みが古代の呉音と近いことを見ても、呉からの渡来人が多かったことを裏付けている。

西暦二三八年、楽浪郡と帯方郡を支配していた遼東半島の公孫氏は魏に反旗を翻して破れたのち、魏の敵国の呉と結んでいた嫌疑により魏将司馬懿によって七〇〇〇人の成人男子とともに遼東で斬首されている。以後楽浪郡と帯方郡も衰退して滅亡した。中国大陸では呉が滅亡し、魏の後を継いだ晋が中国を統一するが「八王の乱」と呼ばれる内戦に突入し、やがて北方騎馬民族を華北に呼び込む結果を招いて四世紀から五世紀半ばまで五胡十六国の群雄割拠の混乱期に入る。そして『魏志倭人伝』に記されている三世紀前半に生きた邪馬台国の女王の卑弥呼の時代から古墳時代が始まる。つまり日本列島における初期巨大前方後円墳の時代は、大陸では三国志で知られる魏、呉、蜀の漢民族の内乱期から、非漢民族の胡族の割拠する中国最大の動乱の時代に対応している。中国吉林省集安に高句麗広開土王の碑文が残されていて、空白の四世紀後半に朝鮮半島に渡海して攻め上ってきた倭を高句麗が撃退したことが記されており、四世紀の朝鮮半島もまた高句麗、新羅、百済と倭を交えた戦乱の場であったことがわかる。倭国で巨大前方後円墳が造営され始めた頃、玄界灘北方の黄海の両岸の半島と大陸では激しい動乱と流動化の時代を迎えていた。

こうした両岸の戦乱を逃れて流転を余儀なくされた難民が、黄海を南下して倭国に到来したことは想像に難くない。巨大前方後円墳の造営はこのような人の動きが活発化していた歴史の転換期と無関係ではない。人口が多くなければ、あのような巨大古墳をそもそも作ることはできなかったからだ。

江上波夫の「騎馬民族日本征服王朝説」は、四世紀から五世紀にかけて北方騎馬民族が倭国に来冦して騎馬民族征服王朝を建てた、とする説で戦後の日本古代史に大きな影響をあたえた。しかし、もともと農耕を行わず過疎の乾燥したユーラシア平原を支配した北方騎馬民族が、当時、湿地帯だらけの倭国に大挙して馬を伴って侵入し、征服王朝を打ち立てたとは考えにくい。また天皇家の大嘗祭などにも騎馬民族文化の痕跡が見当たらないことからも、この学説の蓋然性は低いように思う。鉄や銅の精錬技術などの高度な文明を、突厥系の騎馬民族が、またシルクロードを通じて多くの西方の文物を騎馬民族系の渡来人が日本に伝えたことは疑う余地のないことだが、こうした文化の流入と多数の難民を伴う人の流入とは分けて考える必要があると思う。

弥生系渡来人と縄文系倭人との交配　日本人の身長を各年代の人骨から調べた興味深いグラフがある。これによると男性、女性共に明治維新以前で最も高身長だった時期は古墳時代である。明治以降の伸びは明らかに従来の食糧事情に洋食の肉食が加わったことによるもので、海外からの民族の流入によるものではない。しかし古墳時代を頂点とする身長の伸びは流入した異民族と先住民との交配から来たものではないか。またこの身長グラフが古墳時代を境に江戸時代まで下降の一途を辿ったのも、この高身長の移民の渡来が古墳造営の一時期であって、その後は先住民と同化していったことを物語っている。

山口県に日本海に面する土井ヶ浜遺跡という埋葬遺跡がある。海岸沿いの砂丘の中から東に背を向け西を向いて胸で手を合わせる形で約三〇〇体の人骨が埋葬されていた。この中の七八体は平均身長一六三センチメートルと縄文人よりも三～五センチメートルほど高い体格の良い男性の遺骨で、体に石鏃が打ち込まれたものもあって戦士の墓と呼ばれている。この遺跡からは鳥を抱いた壮年女性のシャーマンと思しき人骨も発見されており、鵜が稲作農耕民にとって安産と豊穣をもたらす霊力を持つと信じられていたことから、四世紀頃、稲作農耕とともに中国沿岸部から渡来した半農半漁の弥生人と推定できる。

その後の調査により山東半島から出土した人骨と酷似していることが確認され、右腕に南方産のゴホウラ貝の腕輪をしていたことから、部族の出自はより南方であったことが考えられる。この戦士たちは先住民との抗争に巻き込まれたのであろうか。これは明らかに海人族と呼ばれる高度の漁法と航海術を持ち稲作農耕の知識も持っていた人々のことだ。海人族は閩越の漂海民に起源を持ち、東シナ海を北上し、山東半島、遼東半島を経てから南下し、朝鮮半島西岸を経由して玄界灘に到達したと推定される。これは前述した倭国への弥生人渡来の第三の経路とも同じであり、この経路のどこかで高身長とされる北方騎馬民族、即ち胡人の血と混ざり合ったのではないかと思う。

この第三の経路が海人族にとってなぜ重要であったかについては三つの理由を考えることができる。

一つは対馬海流が運ぶ暖流のために黄海から渤海湾にかけての水路は、カツオなどの南方系の魚とタラなどの北方系の魚の入り混じる極めて豊かな漁場であったこと。二つ目は遼東半島と山東半島の間の水域は波が静かであったために、港を設けず、内陸の危険にもさらされず沿岸の沖合に船を係留することができたこと。三つ目はこの二つの半島では戦乱が絶えず起きており、南部からの米をはじめ漁によって獲た魚などの食糧は兵糧としての需要が高かったことである。
シルクロードを通ってきた文化と文明や中国の文物が、日本列島にもたらされたのは、これまで朝鮮半島内陸ルートである、と考えられてきたが、実は中国沿岸部の黄海周辺海域に拠点を持つ海人族の船団ネットワークによるものではなかったか。私の見立てでは、三世紀から四世紀にかけて弥生系稲作農耕民と多数の胡族の難民を船で運んだのも海人族であったと思う。この渡海を通じて多くの難民は、家族、仲間と自らの安全を託した海人族との結束を強めたに違いない。この集団は単なる漁民集団ではなく、のちに安曇氏、和邇氏、三輪氏、尾張氏、宗像氏など多くの有力氏族を生み、銅鐸、銅矛文化を持ち、龍蛇と太陽を信仰し、稲作農耕とも深く関わったとされる。このようにして地方に定着した彼らは豪族となったと考えられる。

先にふれた物部氏は太陽神の饒速日（ニギハヤヒ）を祖神とし、その妻の三炊屋姫（ミカシキヤヒメ）は出雲の大国主命の息子の事代主神の娘である。国譲りの神話によれば、大国主命は天孫族の代理者から国譲りを迫られると、息子の事代主神が三保ヶ崎で漁師をしているので意見を聞くようにと云う。事代主神は国譲りを受諾し、船をひっくり返して青柴垣に変えてその中に隠れたといわれている。この奇妙な神話は今でも島根県の三保関町に青柴垣神事（アオフシガキシンジ）として残っている。漁船の上に榊の束を建てるこの不思議な神事こそ、海人族が天孫族に出雲を譲って漁業から農耕に切り替えたことを象徴してはいないか。出雲大社はその褒美として与えられたものだろう。

物部氏は鉄器と武器を掌管する氏族として知られるが、これは古代出雲の鉄の製錬法として知られるタタラと関係が深く、そこから山を越えて隣接する瀬戸内側の吉備の楯築遺跡には二世紀後半から三世紀前半とされる最古期の古墳があり、箸墓古墳と同様の大陸系の版築が用いられていることから、大和地方につながる前方後円墳の原点であったと考えられる。このことから父系の祖神が神武東征に従った饒速日であり、母系の祖神に海人族を持っていた物部氏こそが同胞の海人族と共に水田と前方後円墳を全国に広めたことが想定出来る。

松本盆地の美しい湧水地で知られる安曇野を拓いた海人族の安曇氏も穂高古墳群と呼ばれる円墳を数多く残しており、海から入った海人族が河川を遡上し、水源をおさえて水田を開発したことを示す貴重な証ではないかと思う。有力な海人族の安曇族が入植した場所には、安曇野の他にも渥美、熱海、厚見、安積、吾妻、安土などの地名が残されている。海と山が近接している日本では、農業と漁業の双方に必要とされる鉄製農具や鉄製漁具を製作する秀でた技術を持っていた海人族のような技能集団が必要だったと言える。

弥生時代全般の人の移動は一〇〇〇年以上にわたる緩慢なものだったが、東アジアが激動期に入った三世紀半ばから五世紀後半までは、集中して流民が発生した時代だったと考えられる。流民はすぐ隣に移動するのではなく、その移動距離は長い、という特徴を持つ。彼らを引き寄せるものは、戦乱のない平和と食の保証のある安定した生活ではなかったか。そのことはシリアからドイツを目指す難民の長い列を見れば明らかである。これと同様に三世紀中葉から空白の四世紀にかけての倭国もまた東アジアの流民が目指す新天地であったことが考えられる。戦乱を逃れてやってきた海人族が率いる渡来系流民集団こそが各地に割拠し、豪族化し、倭国の初期古墳造営の実質的な担い手になったのだと思う。

しかし豪族化した渡来系弥生人はなぜ古代閩越語をはじめとする自らの言語を放棄したのであろうか。このことは日本人のルーツを考える上でも重要なポイントである。縄文時代晩期の人口は七、八万人と言われるが、弥生時代中期には六、七〇万人となったことが知られている。この人口増は閩越から絶え間なく渡来する弥生系難民がもたらした稲作農耕による生産力の向上が多人数の集落の形成を可能にしたからだ。このように縄文系倭人と弥生系渡来人とは、土井ヶ浜遺跡に見られるような局部的な戦闘はあったにしても、両者は緩やかに融合していったのではないかと考えられる。そして言語については、列島内の倭人の母集団が間欠的に漂着する渡来民の小集団より大きかったために逐次、移民を内包していった結果ではないか。また農産物と海産物の交易をはじめ、古墳造営などの建設の集団的共同作業が行われたことこそが雲南から閩越にかけての多言語が倭語に収斂されていったさらなる要因ではないかと思う。家族の形成と交易と建設労働には尺度の共有をはじめ、言語の統一が不可欠だったからだ。

ヤマト王権と水田開発　古墳は土の移動を伴う「土でできたモニュメント」である。今でこそ土の大量移動は自然破壊の象徴とみなされるが、身ぐるみを剥がれて倭国に到来した難民にとっては、水田耕地を開拓し大量の土を運ぶことは生活の保障を得られたことの証であったに違いない。そしてそれに貢献した豪族はヤマト王権のお墨付きを得て前方後円墳造営の権利を与えられ、死後の世界を安堵されたのではなかったか。

　編者の上田篤と田中充子による共著『蹴裂き伝説と国づくり』には国土史の視点から古代の水田開発に関する貴重な踏査記録が記されている。ヤマト王権成立期の日本の国土は現在よりもはるかに湿地帯と湖沼が多く、藪蚊と虻の跳梁する住みづらい場所だった。

　奈良盆地の中心にはかつて大和湖と呼ばれる湖沼が広がっていた。倭迹迹日百襲姫（ヤマトトトヒモモソヒメ）という三輪山の支配者である大物主神の妻によって干拓され、水田農地となった。そして大物主神は出雲海人族と物部氏の祖でもある。これが物部系豪族の統率により大和地方の巨大古墳群が生まれた経緯と考えられる。また利根川の上流の沼田には、かつて中心に大きな沼が広がっていた。伝承によればヤマトタケルはこの地に半年間滞在し「ミズチを退治し大沼を干し上げ沼田を開き地元豪族の娘を娶った」と言われている。ヤマトタケルは四世紀前半の景行天皇の皇子で、熊襲征伐の後の蝦夷征伐の際の東征の時であろう。

これが古代の「蹴裂き」と呼ばれる治水・水田開発のことで、具体的には赤城山と子持山に切り通しを設けて水を流し湖盆を水田にした。タケルの副官に建稲種命というものがおり、そのイナダネという名が文字通り水田づくりの使命を帯びていたことを暗示している。こうした蹴裂き伝承はこれらの例に限らず全国に多数残されている。

しかし一六万基も造られた古墳も、律令国家を目指す「薄葬令」が施行されるといっせいに造られなくなった。これは豪族時代が終り、ヤマト王権の支配が強化されて律令制に従う中央から授けられる官爵がすべてものをいう時代となったからである。古墳時代の終焉は地方豪族の時代から中国風の律令国家の時代への移り替わりを象徴していると言える。

本稿の執筆にあたっては、先人たちの優れた日本古代史の研究に負うところが大きいことは言うまでもないが、その知見を糧に私自身の建築家としての建設に関わる視点を加えて、古代史の再構築を試みた。二十世紀のマルクス主義史観のもとでは、巨大建造物の背景には強大な権力が存在し、建設労働者をすべて奴隷とみなす短絡的な史観が主流となっていた。しかし建造物は権力と財力と奴隷だけで成り立つほど単純なものではない。それは人間と自然と時間の葛藤の中で産み落とされる文化的所産である。

歴史には建築のようにそれ自体が残ってこそという象徴的なものもある。一方水田開発や治水事業の場合、人為の歴史はのどかな田園の無為自然の中に身を隠している。蹴裂きによって水田に生まれ変わった倭国の土と、海の彼方からやってきて山野を跋渉した倭人の足跡とは、寡黙で謎に満ちた記念碑としての前方後円墳の中に静かに眠っているのである。

（團　紀彦）

10　飛鳥多宮

天照の超自然力を持つ大王は一代限りの王で、飛鳥各地に多数の宮を作っては消えた

飛鳥雫宮　奈良の飛鳥は、奈良盆地を南北に流れる飛鳥川の東から、寺川、大和川を越えて、三輪山の西北麓一帯にかけての今日では田園地帯となっている地、およびその上流一帯をいう。なかに東から西へ乱流する纏向川を含み、そのあたりは古代日本の歴史の中心舞台となったところであった。

であるからここには古い時代の貴人の家、とりわけ天皇あるいはそれ以前の大王の宮というものが、多数、存在している。ただし伝承上のものもあるが、在位が確実とおもわれる第十代の崇神大王から第三九代の天武天皇に至るまでのおよそ四七〇年間には二五宮にも及ぶ。

そこで少々乱暴だが、それら諸大王が飛鳥にいた年数の約五〇七年を単純に大王の数の二五で割ると、その宮のあった平均の存在期間は約二〇年ということになる。大王の宮といえば、中国では都城、西欧では王城などといってみなその壮麗堅固さを誇り、今日もなお多くが現存して観光地などになっている。そしてそこにおける王統の在位年数つまり諸王がその都城に居住していたとおもわれる年数を見ると、たいてい親子代々、受け継いで何百年という長いものになり、したがって王宮の存在年数も同様に長いものになるのだが、日本の王宮のそれはたったの二〇年なのだ。一国の王宮の寿命がたった二〇年とはいったいどういうことだろう？　それなら「飛鳥多宮」というより「飛鳥雫宮」とでもいうべきではないか。

大王の宮は一代一宮　しかし、雫宮といってもそれは『記紀』のなかに記載があるだけで、今日、その記載された地名を頼りに現地を訪れてみてもそこには何もない。あっても小さな社ぐらいで、傍らに

「〇〇天皇の宮跡」などといった石碑があればましなほうだ。それほどに大王の宮跡は存在感が薄い。では「その地名をもとに現地を発掘してみては？」といわれるかもしれないが、しかし宮内庁はそういう発掘を許してはくれないだろうから、したがって『記紀』には地名の記載があっても、いまだに大王の宮跡の実態は不明のままなのである。

それを宮内庁の秘密主義といってしまえばそれまでだが、ただ不思議なことに、それらの大王の宮は代々の大王に継承されることなく、ほとんど大王一代限りで終わったようなのである。そういった「一代一宮」とでもいうべき不思議な現象も含めて、その詳しい実態は現在、日本の歴史学者の間でも何もわかっていないのだ。

ただし、六世以前の大王の宮跡で偶然に発掘されたものに桜井市の脇本遺跡があり、発掘当時「雄略天皇の泊瀬朝倉宮か？」などと騒がれたのだったが、何も確定されなかった。ほとんど何も出てこなかったからだろう。

そういったことから考え合わせると、どうやら日本の大王ないし天皇のすまいは一代限りだったようである。そしてそういう「一代限り」といった事の重要さについては、これまで日本の学者もあまり詮索してこなかった。詮索してこなかった理由は、世界の歴史にそういうことがあまりないことと、さらに学者や研究者たちにとっては宮内庁がうるさいだけでなく、天皇家のことだから畏れ多いと遠慮したのかもしれない。あるいは学者や研究者たちにそういったことを考える見識がなかったといえばそれまでであるが。

マナイズム　そこでわたしは考える。というのはわたしが若いころに興味を持って調べたアメリカ・インディアンの生活事例や、沖縄の古習俗、アイヌの伝承、さらには現代インドネシアに残る生活習慣などから考え併せて、そこには文化人類学でいうところのマナイズムとも呼ばれる現象が働いているからではないか？　とおもわれるからである。

なぜそんなことを考えるのか？　というと、じつはかつての日本人にも不思議な習俗や習慣が色々あったからだ。否、かつてというより、ついこの間までそうだった。その一つは、もう日本人はみな忘れてしまったかもしれないが、明治に至るまで日本人は牛や豚や鶏や、あるいはその卵などをまったく食べなかったことである。では日本人は菜食主義者だったのか、というとそうではない。なぜなら一方ではイノシシやクマやカモなどの肉、またカモやウズラの卵などを喜んで食べていたからだ。それを大方の日本人は、現在、忘れてしまっているが、日本歴史を考える場合にはとても重要なことである。国民全部がある種の動物を食べない、という習俗をいったいどう考えるかは大きな問題だからだ。

わたしは、それは昔から日本人に根強くあったマナイズムのせいとかんがえる。マナイズムとは文化人類学で使われる言葉で、未開社会のみならず、ときには文明社会にもみられる一種の「威力信仰」とでもいうべきものだ。インドネシアやメラネシアなどの原住民の間に広く見られる生活信仰を調査したイギリスの人類学者のロバート・マレット（一八一〇〜一八八二）がいいだしたことである。つまりこの世の中には目には見えないが強力な威力を持つマナなるものがあって、そのマナの付着したものをもった人間はとても強くなる、というのだ。

じつはそういう観念は西欧にも古くからあった。ある種の剣や、王冠や、首飾りなどには強力なマナがあり、それを持った人間はしばしば王や王妃になったのである。であるから人々はそれらのマナを持つ品々の奪い合いをした。リヒャルト・ワーグナーの歌劇「ニーベルングの指輪」などは、そういったマナの奪い合いの話といっていいだろう。

大王はアマテラスのマナを受け継ぐ

どうように日本人にも、古くからマナを尊重する生き方があった。イノシシは人間などを吹っ飛ばす強力なマナをもち、カモは何百、何千キロメートルも山野河海を飛ぶ強力なエネルギーをもっているが、ウシやニワトリにはそういったものがない。であるから日本人はみなイノシシやカモを争って食べてきたが、ウシやニワトリは食べなかったのである。そういったものを食べたらウシヤニワトリ並に弱い人間になるだろう、とおもわれたからだろう。マナイズムである。

じつはそういうマナイズムという視点から見ると、日本の大王あるいは天皇の持つ力というものも考えさせられ、納得させられる。つまり天皇の古い呼称であった大王はアマテラスのもつマナを受け継いでおられたのだ。実際、大王は即位のときそういったことを思い起こさせる儀式をおこなっておられる。また大王家に伝わる三種の神器も、そういうマナを持ったものとかんがえれば了解できる。

であるから、アマテラスのマナを持つ大王は、強力な力を持って人々に君臨すると見られてきた。つまりマナによって国民を幸せにすると、信じられてきたのである。そしてそういう大王ないし天皇が死ぬということは、大王ないし天皇がそういうマナを喪失したことを意味する。それを死穢といって日本人はとても忌み嫌うが、大王家においては特に徹底している。であるから大王が亡くなられると、生前、大王が所有していたものは一切合切、破却ないし焼却されたのであった。それは住んでいた宮殿も例外ではない。であるから、亡くなられた大王の宮跡には何にも残っていないのである。

そういったことは、じつは一般の庶民の葬礼などにも僅かながら見られる。たとえば家に死者があって家からお棺が出てゆくとき、その死者が生前に使っていた茶碗などを喪主が玄関先で割る、という行為である。それを見ていると、廃絶された縄文人の住まい跡にしばしば破却された土偶が出てくることも了解される。土偶だけではない。割られた土器なども大量に出土する。それらはみな死者が生前に使っていたもののいわば抹消だろう。それらが残っていると、それらを依代にして死者が舞い戻ってくるかもしれない、という恐怖心があったのではないか？　人々はマナを失った死者の精は、もう欲しくなかったのである、というかそれは災いをもたらすのではないか、と恐れられたとおもわれる。

正月の本来のオセチ料理は、よく見るとそこには海で獲ってきた魚はあっても、牛や豚や鶏や、といった肉はない。なぜならそれらはみな家畜だからだ。であるから私は正月のオセチ料理のなかに縄文人の料理の伝統を見る、縄文人のマナ信仰を受け継いでいるのである。

つまり昔の宮には、焼却できないような瓦やレンガや石などは使われなかった。そういったことは建築にも及ぶ。代わって草や木や紙などが用いられた。瓦やレンガや石などを用いると、マナを失った死者の霊がそれらを頼りに戻ってきてこの世は大混乱するかもしれない、と考えられたからだろう。であるから、亡くなられた大王の身体はもちろん、その持ち物すべてがこの世から抹消された。そして長い殯の期間を経たのち、豪族たちによって選出された次の大王が、アマテラスの血を受け継ぐ長い儀式を経て、いわばアマテラスのマナを受け継いで大王になられたのであった。

大王の仕事　そういう大王の仕事というものは、アマテラスから受け継いだマナによって人民を幸せにすることである。そのためには大王も、あるいは天皇も必死である。たとえば「百人一首」で有名な天智天皇の歌に、

秋の田の仮庵の庵の苫をあらみわが衣手は露に濡れつつ

というのがあるが、これは天皇が神様に対して「わたしは稲の豊作を願って田んぼの傍の仮小屋に佇んでいますが、屋根から漏れる雨水で全身ずぶ濡れになっております」と歌った悲壮な歌である。しかし、

そうやって稲の豊作を願い、稲田の傍で稲を見守ることが天皇の仕事だったのだ。

そういう大王や天皇はそれぞれの宮を持たれたが、それらはたいていその大王や天皇を生んだ母方の豪族が作ったものである。その証拠に『記紀』には、それぞれの天皇を紹介する冒頭に「○○命。○○の宮に坐しまして、天の下治らしめしき」と書かれている。それが天皇を紹介する決まり文句になっているが、その地が母方の豪族の地、またはその近くだったろう。そうして大王や天皇が亡くなられると、その宮は後に述べるようにみな廃絶された。そして大王や天皇が生前にツマドイされた豪族の娘たちの生んだ男の子が、大王や天皇がそのときに歌った後朝(きぬぎぬ)の歌などを証拠に大王や天皇の子と認知され、次の大王や天皇の候補になった。そして多数の候補のなかから豪族たちの力関係によって次の大王や天皇が指名されたのであろう。

大王位や天皇位の承継は古くからそのようにおこなわれていた、とおもわれる(拙著『私たちの体にアマテラスの血が流れている』)。したがって大王や天皇の宮はみな廃絶される運命にあったから、その宮跡が今日もほとんどわからないのもうなずける話である。

師木と纏向の宮々　そこでいま脚光を浴びている大和の纏向遺跡のことが思い浮かばれる。その纏向遺跡とは具体的にいうとこうだ。まず三輪山山麓の南西部二キロほどのところの金屋に崇神大王の「瑞籬の宮」がある。このあたりはかつて師木とよばれた。まずはこの「師木の瑞籬の宮」が重要である。つづいてそこから西北へ一キロメートルほど行くと大神神社があり、さらにその先を西北へ一キロメートルほど行ったところに纏向遺跡がある、桜井市の辻、巻野内、箸中、太田、草川、大豆越、東田の七つの大字を含む南北それぞれ二キロメートルほどの地だ。そしていまここで大規模な発掘調査が行われているが、問題はその纏向遺跡にあるのではない。そのなかにあって崇神大王に続く垂仁大王の「珠城の宮」と景行大王の「日代の宮」が問題なのである。つまりこのあたりには纏向遺跡を中心に崇神、垂仁、景行の三代の大王の宮があるのだが、それらがとても重要である。なぜかというと、これら三代の大王によって大和の国が建国されたと見られるからだ。

もう少し詳しくいうと、この纏向のすぐ南に『魏志倭人伝』のなかで卑弥呼が死んだときに作られた有名な箸墓がある。そしてその箸墓の周壕と大和川とを受け継いで結ぶように、大溝つまり水路が多数、掘られている、というか、今日、発見されている。さらにそこらあたりから多数の祭祀場跡や大型建物などが見つかった。また土器製品も多数見つかっているが、とすると、これらの水路を通って日本各地から多くの土器製品がやってきたのだろう。ならば纏向は、大和川から大阪湾を通じて日本各地と交流した「一大都市」あるいは「祭政地」とおもわれても不思議ではない。

纏向は当時の日本にあって「文明最先端の地」だったかもしれないのだ。

飛鳥多宮　ところが、一大都市かもしれないその纏向の地から、不思議なことに竪穴住居を始めとする建造物がほとんど見つかっていない。纏向ではすでに木工用の鉄器が多数用いられていたから高床式建物も多かった、とおもわれるが、大王の宮跡からはそのような高床建築も出てこないのである。これはいったいどうしたことだろう？

それはじつは先述したように、大王が亡くなられると大王が生前に使っていた物が一切合切破棄されたからだ、と考えると納得できる。大王が亡くなられたのは大王がマナを失ったからで、マナを失った大王の持ち物や衣服、さらには住居や建築などの一切は破棄されなければならなかったからだ。そうしてアマテラスの血を受けた新しい大王がまた一から発足したのであった。

すると「なんと勿体ない」といわれるかもしれない。がしかし、考えようによっては新しい大王は先王が残した絢爛たる物資で飾り立てられた権威に頼るより、先王のことは一切ご破算にして何もかも一から始める新しい挑戦をやったほうがいいのではないか、という考え方も成り立つ。前の大王は一代限りで退いてもらって、新しい大王がすべての事を一から始めたほうが同世代の国民にとっても応援のし甲斐がある、というものだろう。また大王は大王一族から次々になるのでなく、つまりそういう「大王一族」などといったものは存在せず、たとえ豪族という制約があってもいわば民の娘から選ばれた子が大王になるのであり、そういう新鮮な代替わりが行われたほうが国民にとっても親しみを覚えるだろう。

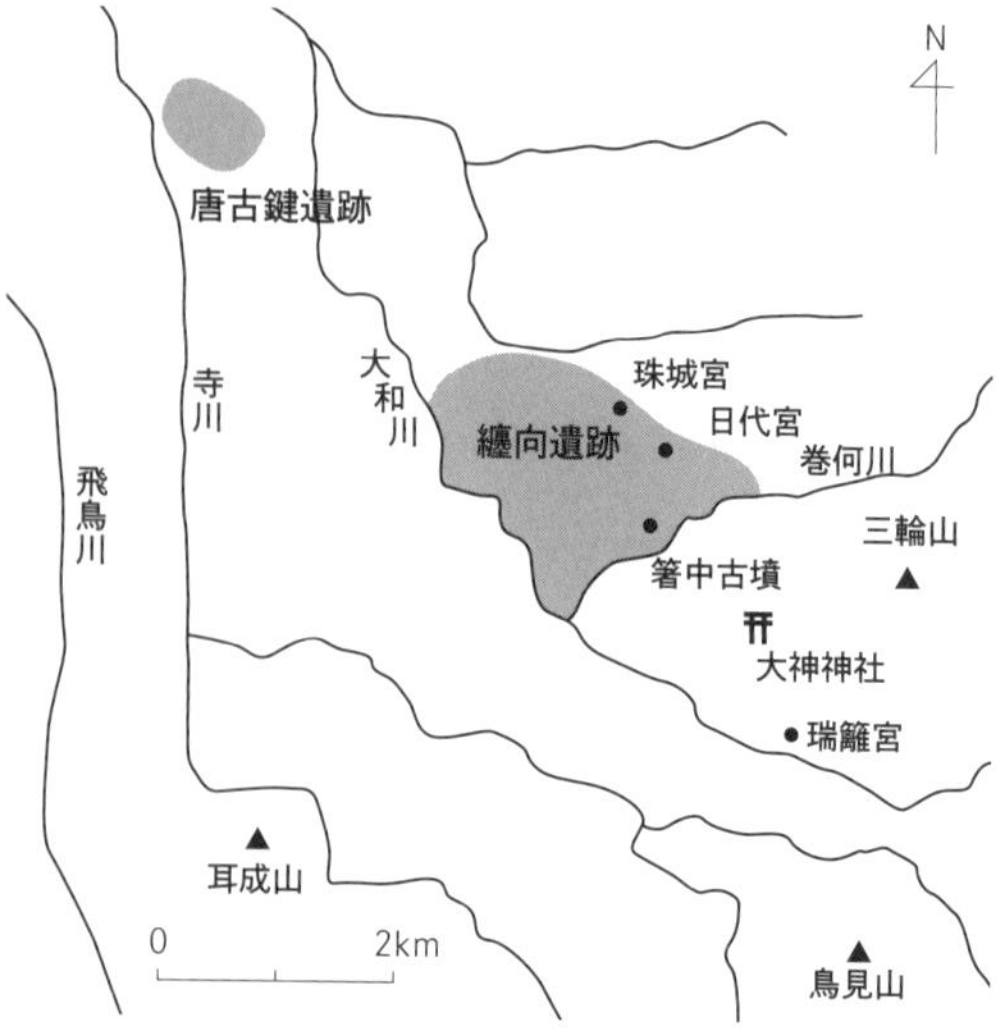

［図1］飛鳥と諸宮

つまり、大王家などという確固としたものは存在しない、ということだ。いずれの大王にも姓つまり苗字がないことがそのことを物語っている。誰が考え出した制度か解らないが、日本の大王制ないし天皇制はこのようなユニークな代替わりのシステムを持って存在してきたのであった。

そうしてその結果、大王の住居は一代一宮となり、大王が死ぬと大王が使っていた住居も含めて、すべてのものが破棄ないし焼却されたしたがって大王の宮跡には何も残っていない。師木や纏向の諸宮を掘って見ても何も出てこないのも当然のことなのである。

実際、この纏向を嚆矢として飛鳥の地にはまだ多数の宮跡がある。がしかし、そのほとんどが調査されていない。というか、宮内庁も調査することを拒んでいるようだが、しかし拒むのも考えてみれば当然かもしれない。以上の話からすればそこは天皇のいわば「死穢の地」であり、であるから掘るべきでないだけでなく、たとえ掘ったとしても何にも出てこないのだ。少なくとも国民にそう観念させて天皇制というものは続いてきたのであった。

とすると、大王ないし天皇の宮はみな一代一宮であり、結果として大王や天皇の宮のある飛鳥は多宮となったのであった。

「飛鳥多宮」というわけである。

纏向の人々は稲作開発技術と古墳造成技術を各地に広げた しかし、じつはこの纏向の地において実質上の大和の国が作られた。のちの日本の国の形の根幹が形作られたのであった。それは前節で述べたように、縄文以来の伝統である「蹴裂き技術」を用いて、大和の湖沼地帯を田野としたことである。結果、日本の稲作づくりが成功した。アマテラスのいう「クラゲなす漂える泥地の日本を豊芦原の瑞穂の国」にした。アマテラスの目論見はここに成功したのであった。

そうしてそれを推進した大和の大王たちは、そういう稲作の技術を全国に広げていった。その結果、各地の豪族たちも次々に湿地を蹴裂いて沃野を作った。そして日本の国土を稲作地帯にした。そういうことのリーダー格であった大和の大王たちは、各地の豪族たちにのちの租庸調に繋がるようなサービスを要求しただろうが、そういうことも実行された。各地につくられた屯倉である。

また稲作だけではない。大和に国家を建設した人たちは、沃野だけでなく箸墓を始めとする大きな古墳も作った。そしてその建設技術を各地に広めていった結果、各地の豪族たちもまたそれぞれに大きな古墳を作ったのであった。

問題はその古墳である。その古墳の中に埋蔵された品々は死者に捧げるものとはいえ、それこそ生きと輝いた絢爛豪華な品々であった。それはあの世での死者の生活に奉仕するものだろうが、先の大王の宮跡などに比べるとそれこそ天と地の違いである。

つまり、マナを失った大王の身に着けていた品々は大王の宮も含めてみな遺棄、焼却されたが、長い殯の期間を終えたあとに古墳に埋葬された大王のマナは、古墳の内部という閉ざされた世界において復活し、あるいは生活することを願ったのであろう、さまざまな品々が添えられたのである。それらには鏡、首飾り、腕飾りなどの装飾品を始めとして、斧、鍬、鎌、斧、鋸などの農工具から、銛や釣り針などの漁具などいろいろあるが、特筆されるべきは大量の武具が収められていることだ。刀剣や甲冑である。しかもその数がとてつもなく多い。確かに各地の豪族にとって刀剣や甲冑は欠くべからざる品々であるのはわかるが、それらの品々を惜しげもなく大量に埋葬されたことには驚くのだ。

豪族たちが古墳に武器を埋蔵して世は平和になった

というのもずっと後の七世紀の終わりごろのことだが、吉野にこもっていた大海皇子が近江京の大友天皇に対して反乱を起こそうとしたとき、それを決断したのは、白村江の敗戦のあと唐からの命令により近江京政府が保有していた大量の武器を博多にいた唐の役人たちに送った、という情報を知ったからだ、といわれている。その結果、近江京にはほとんど武器がなくなったことを知った大海皇子は「それなら反乱を起こしても勝てる」と判断したのだろう。そして結果はその通りになった。事の真偽はともかく、ありうる話である。つまりこの時代の戦争の勝敗は、武器の多寡が決めたのであった。

とすると、各地の豪族たちが各地に大量の古墳を作ったのはいいとしても、その一六万基ともいわれる大量の古墳のなかに膨大な武器を埋葬してしまったから、以後、戦争が行えなくなった。ちょっと考えてみても、一六万基の古墳に鉄剣を一振り埋蔵すれば全部で一六万丁である、一〇振り埋蔵すれば一六〇万丁である。それだけの鉄剣を埋蔵してしまえば、大和朝廷に対して不満があっても各地の豪族は反乱を起こせなくなるだろう。実際、事実はその通りに進行した。古墳時代の五〇〇年間には大和国家に対する大規模な内乱がほとんど起きなかったのだ。かつての「倭国大乱」なども遠い伝説となって消えてしまったのである。それも各地の豪族たちが古墳に大量の武器を埋蔵してしまった結果だとすると、この纏向からスタートしたであろう大和朝廷の識見には恐るべきものがあったというほかない。

ヒメヒコ制の終焉と現在

ただ少々脱線する話かもしれないが、纏向に拠った大王たちも今日につながる大きな問題を残している。それは垂仁大王のとき、それまで宮中に祭られていたアマテラスと倭(やまと)の大国魂とをともに宮中から切り離して外部に祭らせたことだ。具体的にいうと、アマテラス派と大和の豪族であった倭の大国魂派との対立を、喧嘩両成敗の形で両者を宮中から放逐したことだ。その結果、天孫族の長年のシステムであったアマテラスと高木神の両頭制、つまり祭政分離とでもいうべきヒメヒコ制のシステムが崩壊した。のち天武天皇のときに、一時、アマテラスは復活したが、次の持統天皇のときにはまた伊勢の奥深くに封じ込められてしまった。そしてそれ以後の天皇や上皇は熊野大社にはたびたび参られたが、伊勢には、明治天皇に至るまでついぞ誰も参られなかったのである。

そういうヒメヒコ制の崩壊現象は今日に及んでいる。伊勢のアマテラスには、今日、日本の政治上の権限は何一つ与えられていないからだ。二〇一六年の「伊勢サミット」の際、ときの安部首相が外国の元首を伊勢に案内したがそれも観光であって国事ではない。その観光でさえも一部のマスコミから「祭政一致だ」などと批判された。それも今日「歴史のことを何も知らない」といって韓国などから叩かれている日本の現実の姿である。

式年遷宮に一代一宮の精神が生きている

だが伊勢神宮について一言申し上げておきたい。それは今日、伊勢神宮が国民の注目を浴びる大きなイベントである二〇年に一度行なわれる「式年遷宮」のことである。マスコミもこれだけは大きく報道してくれる。だがその二〇年は、先に述べた飛鳥諸宮の平均持続年数の二〇年とピタリ一致するのである。

そこで私は思う。その式年遷宮の制を作ったのは天武天皇だが、彼は同時に藤原京の建設をも構想していた。とすると、それまでの天皇の宮の「一代一宮」という制度がなくなることも見通していた。そこで伊勢神宮に式年遷宮の制を作ってその制度の保存をはかったのではないか？　つまり次々に新しい宮を作って「アマテラスのマナ」を受け継いできた制度を形を変えて保存したのである。であるから伊勢神宮の諸建物の存在年限は、天皇の宮の平均在位年限の二〇年とピタリ一致するのである。

そして今日、そのマナイズムは、伊勢の関係者の間では「常若（とこわか）」と呼ばれてアマテラスの重要な精神になっている。具体的にいうと「アマテラスの血を次々に受け継いでアマテラスの精神をいつまでも若く保つように、われわれ人間もまた何時までも若さを保とう」というのだが、それが日本人の精神の根幹にある価値とされているのである。

そういうアマテラスの精神をさらに具体的にいうと、それは「泥海日本を稲田日本に変えた」ことだ。そうしてアマテラスは今日まで一八〇〇年に及ぶ「稲作国家日本」を作ったのであった。今日、日本の庶民は、アマテラスを日本の神様の総本家と考えているが、国民はその詳しい内容を知らなくてもアマテラスを心から尊敬しているのである。

それもアマテラスをめぐる諸先輩の努力のお陰だろう。

（上田篤）

II 伊勢天原

ヒメヒコ制が崩れて天照派は大和を去り、伊勢に山居し、高天原的百姓世界を作った

伊勢神宮は見る立場によってずいぶん姿が変わる。かつて建築学科の学生として伊勢神宮を学び、また様々な本を読んだが、読めば読むほど像はまとまらない。そこであえて焦点をしぼらず、ぼやけた姿のままに語ってみようと思う。

伊勢神宮は式年遷宮という二〇年に一度の建物をすべて建て替えるしきたりによって、古来の姿を現在まで伝えている。白木の丸太を組みあわせ、茅葺き屋根をのせた姿は、シンプルで美しく均整の整った日本美を表すといわれるが、日本第一の神社としてはいささか質素であるようにも思える。いずれにしても古代の姿を現在に残す建築物として法隆寺や唐招提寺にならんで大きな価値があり、式年遷宮というしきたりも世界に類を見ないものと習った。

しかし寺院建築史が五世紀の仏教様式の模倣の時代から始まり、平安時代の和様とよばれる日本化した様式、重源が東大寺大仏殿の復興に用いた鎌倉時代のダイナミックな大仏様、そして禅宗様式というように、建築様式（スタイル）の発展に沿って理解できるよう構築されている一方、神社については神明造、大社造、住吉造の三様式に分けられるということだけで、歴史的な発展にはほとんど触れられなかった。大学を卒業して、鉄やコンクリートといった近代素材をあつかう建築士となってからも、木造建築について学びに寺院や庭園、茶室を訪れることはあっても、神社建築についてはそのような視線をもたなかったと思う。

神社を訪れないわけではない。育ったニュータウンの外には鎮守の森に守られた神社が残され、近隣の神社は街中だが大樹に囲まれて静けさが確保され、ときに中を通ったり一休みしたりする場所だ。山

の麓に抱かれた長い参道と鳥居のある神社なども思い浮かぶが、これらはすべて日常生活の年中行事で訪れる場所で、神社の建物に興味があるというより環境全体に包まれに行く場所であると感じていた。

伊勢神宮にも美しい鳥居や参道があり森に囲まれているが、参拝の目的が式年遷宮された建物を見るためであったことを考えると、やはり伊勢神宮は他の一般の神社とは一線を画している。実際には本殿は四重の垣に囲まれているため建物内に入ることはおろか、見ることもできないのだが。

また伊勢神宮が確立された白鳳時代は、仏教伝来によって寺院の建立が次々になされた頃だが、その建築様式はまったく違う。例えば伊勢神宮は「掘立柱」という地面に穴を掘って直接、差し込んだ柱で支えられるが、寺院は石造りの基壇の上に柱を立てる。伊勢神宮の壁は柱と柱の間のスリットにはめこまれた木の板で屋根は茅葺きだが、寺院は土壁に瓦葺きである。総じて伊勢神宮の工法は耐久性に劣り、石の基壇や瓦葺きという難しい工法をなしうる技術があったにもかかわらず、日本の伝統を尊重して掘立柱や茅葺き屋根を選択したのだと思われる。このような見方から、伊勢神宮と他の神社や寺院との違いについて、まずはその成立過程を見てみよう。

神話の中の伊勢神宮　そもそも日本人の祈りの対象としての神社は仏教伝来以前から存在していたが、神社固有の造形は山や森によって囲まれた境内の空間の方にあった。境内こそが人々が祭のために集まる祭場（斎場）であり、次第に神の宿る石や独立した柱あるいは極小の神殿が置かれるようになっていったのだが、伊勢神宮はその例外であり、これは四つの点から明らかだ。（稲垣栄三「神の常駐する社──伊勢神宮と出雲大社」『日本名建築写真選集14伊勢神宮・出雲大社』所収）

一、神話の中に創立譚をもつ。

二、地方の農耕神などの域を脱して、古代国家形成における政治色の強い意味をになった神社として登場した。
三、整然とした比例と材料の新しさとが常に保たれるように考慮された複数の殿舎の複合体。これは仏教寺院にも見られる記念建築物にふさわしい姿である。
四、中心となる神殿が神の住居として構想されている。

一であげられた神話は『古事記』と『日本書紀』だ。『記紀』から伊勢の内宮に関する記述をまとめると、崇神天皇の時それまで皇居に祀られていた「八咫鏡（やたのかがみ）」を移設、さらに垂仁天皇が皇女ヤマトヒメノミコトに「八咫鏡」を託し、放浪の末、伊勢に至ったという伊勢神宮の創立譚が読み取れる。これが天皇の血縁の女性が伊勢に派遣され滞在するという斎宮制度の始まりであろう。その時すでに伊勢神宮の地に地方神を祀る神社があったのか、それは現在の内宮の位置なのかは様々な説があるが、二のように、ある時期、地方の農耕神を祀る神社から天皇と関わりのつよい神社となったことは確かだろう。

ここで興味深いのは、そもそもは宮中に祀られていた「八咫鏡」に象徴されるアマテラスオオミカミが、宮中から出されて放浪を余儀なくされたことの意味である。哲学者の梅原猛はこれを、古代における王権と神権の分離ではないかと解釈する（「ふたつの神々の流竄」梅原猛『日本名建築写真選集14伊勢神宮・出雲大社』所収）。神権とは巫女のような女性に代表され母系社会の強く残っている政治形態であり、王権とは男性が政治を専一に行う現代にまで通じる政治形態である。天皇は都にとどまる一方、巫女はその力を遠ざけるために伊勢に送られた、あるいは封印されたと考えることもできる。

また編者の上田篤は伊勢神宮には形も大きさも同様な内宮と下宮の二社があり、一方はアマテラスを、他方はアマテラスに食膳を供する豊受大神を祀るが、アマテラスが米の神でもあることを考えると、ここには大きな謎があるという。そして『止由気（とゆけ）大神宮儀式帳』にあるように、外宮の神が雄略天皇二三年の古墳時代頃、京都府丹後地方の〈元伊勢〉と通称される神社から招かれたことを踏まえ「豊受大神はアマテラスの母であったが、彼ら〈天孫族〉の出自を隠すためにあえて〈御饌神〉としたのではないか？」と神話を読み解くのである（『私たちの体にアマテラスの血が流れている』）。確かに『記紀』には実在の地名が多く出てくるのに、唯一、高天原だけが秘せられている。また伊勢神宮に内宮、外宮だけでなく、さらに五穀、麻、絹、火、剣、泉、海産物などの神を祀る一二三社が祀られたのも、米以前、様々な産業がひとつの集落で行われていた時代の中心であり生産地であった高天原を模し、アマテラス母娘を伊勢に招いて「第二の高天原」をつくるという隠された意図があったのではないだろうか。歴史学者の高取正男も「伊勢神宮は日本最初の国立公園」だったのかもしれないと語っている。余談だが、天孫族は「朝鮮半島南部の伽耶から来た蓋然性が高い」（宝賀寿男『越と出雲の夜明け』）との説、また『日本書紀』にでてくる菊理媛が、石川県の白山比咩（しらやまひめ）神社の主審で、イザナキ、イザナミを陪神としていることから、上田は『書紀』の前後の記述から彼女がアマテラスの母であり、周辺の手取川上流帯を高天原と見ている（『前掲書』）。

神の住居としての伊勢神宮

七世紀に至り、天智天皇は大化の改新によって古代国家を文字と法律で治める律令制をおしすすめ、弟である大海人皇子（おおあまのおうじ）がこの政治形態の完成をひきついだ。天智天皇の死後、大海人皇子は天智天皇の息子である大友皇子に反乱をおこし、伊勢のアマテラスオオミカミを拝む、すなわち伊勢を中心とする東国の支援を得ることによって壬申の乱に勝利した。この支援に対する褒賞として、大海人皇子、のちの天武天皇は伊勢神宮の姿を整え、「式年遷宮」の制を定め、運営のための予算を国庫から与えることとしたのである。こうして今の伊勢神宮が整えられ、アマテラスオオミカミであるところの「八咫鏡」が木の箱におさめられて主殿におかれることになった。しかしこれは仏像のように礼拝者に見せるためでなく、ご神体そのものなので、主殿はまるで倉庫のような、窓のない、高床式の板壁建物になっている。これが前項の四であげた「神の住居」という伊勢神宮の特異性である。もともと神社は祈るための建物を必要とせず、律令国家は繰り返し神社に建物を建てさせようとしたほどだったそうだが（榎村寛之『伊勢神宮と古代王権』）、伊勢神宮では神の住まいが必要とされた。

こういった一連の動きについて編者の上田は、そもそも天皇家の系譜にアマテラス系と高木神系があり、垂仁天皇のときに伊勢に偏塞したアマテラス系が、天武天皇のとき復活して伊勢の社殿に装備されたが、桓武天皇以降むしろ伊勢に封印され、これが現代にもつながる一つの問題ともなったとしている。式年遷宮が実際に始まったのは、西暦六九〇年、天武天皇の妻である持統天皇の治世である。当時の伊勢神宮の飾りなどにしばしば法隆寺と同じ建築様式が見られることから（福山敏男「神宮の建築」『伊勢の神宮』所収）、海外から輸入された仏教寺院の様式を意識していたことがわかる。伊勢神宮の国家大神化と、それにあわせて行われた『古事記』『日本書紀』等の神話の作成には、律令制国家の宗教政策が秘められていたのであった。

伊勢神宮と斎宮制度　このように律令国家の主神を祀る神社に位置づけられた伊勢神宮だが、八世紀段階では中央政治の不安定さを反映して天皇ごとに性格が変わった。平城京に遷都し、壮麗な東大寺建立に代表される仏教中心の時代もあったが、八世紀後半以降、桓武天皇による平安京遷都の動きに呼応するかのように、伊勢神宮への中央からの直接介入が顕著になる。中央の窓口である大神宮司（だいじんぐうじ）（伊勢神宮の長官）の官僚制度に加えて『弘仁太神宮式』のような法制が整備され、さらに斎宮が住まうための広大な区画が新たに造成された。平安京内に寺が建立されなかったこととあわせて考えると、これは仏教の力が強くなりすぎたことへの反動であり、前述のとおり伊勢神宮と天皇の結びつきをもう一度強くする試みであったろう。律令制だけでなく、斎宮というかつての女権の力を用いようとしたとも考えられる。しかし藤原氏による摂関政治がすすむにつれ、天皇の周囲を取り巻く女性は、天皇の血縁より藤原氏の娘であることが重要になる。九世紀初頭から神宮の運営は祭主である大中臣氏に委託され、一〇世紀後半には斎宮の規模が半減される、といったように平安時代、天皇と伊勢神宮の関係は次第に弱まっていった。古代を通じて天皇と仏教の間を揺らぎながら存在してきた伊勢神宮であったが、斎宮の衰退が古代天皇制の象徴としての伊勢神宮の終焉だったということができるだろう。しかしその一方で神宮の伊勢地域における勢力は強大化していた。

中世以降も存続した式年遷宮　中世になって武家による政治が始まると、朝廷の力は弱くなり斎宮制度はさらに縮小、後醍醐天皇の時代に廃止された。にもかかわらず式年遷宮だけが定期的に遂行されたのはなぜだろう？　そこで、実際の式年遷宮の工事がどのように行われたか見てみたい。

　九世紀初頭の『皇大神宮儀式帳』によると、平安時代、工事を担当したのは木工寮と呼ばれる中央の役所に属した工匠である。今の国土交通省の官吏のようなもので工事は国庫のお金で行われた。しかし中央の力が弱まるにつれ、一一世紀後半から伊勢神宮専属の工匠すなわち神宮工が現れる（浜島一成『伊勢神宮を造った匠たち』）。これは、もとは神宮宮司を補佐する立場であった禰宜が力をもち、神宮の運営主体が変化し始めたこととも関連がある。さらに一二世紀には禰宜一族の権禰宜が、伊勢国内や東国各所で帰属する荘園を増やしたことで、伊勢神宮が経済的にも独立性を強めることになった。このように伊勢神宮の運営が大きな変化をみせた時代に、神宮専属の職人が出現したということは、式年遷宮が伊勢神宮にとって重要な活動であり続けたことを示しているのではないだろうか。実際、こういった職人のリーダーである頭工の地位は世襲され、有力な禰宜である度会氏が占め続けた。
しかし荘園制が衰退するにつれ、伊勢神宮は経済的に困窮し、終に一五世紀中期からおよそ百年以上にわたって式年遷宮は中断された。殿舎も倒壊してしまった。再び遷宮が行われたのは一五六三年、織田信長の時代であり、このとき工事費用をまかなったのは、信長の寄進もあったが勧進僧（尼）が主導して人々から集めた寄付金であり、遷宮が行われなかった期間も門前町が栄えていたことがわかる。参拝者の案内や宿泊の世話をし、さらに各地に出かけて伊勢詣旅行を組織した伊勢神宮の下級神官、御師の活動が活発になるのもこの頃からであり、伊勢の都市としての力と一般の人々の参詣が再遷宮を経済的にも後押しした。中世の一四世紀頃からすでに遷宮工事を行う大工職は利権化していたが、御師がこういった大工職を複数所持したり、逆に有力工匠が御師になったことからも、式年遷宮という工事が伊勢神宮を中心とした地域の経済と産業に関わる一大イベントだったことがうかがえる。

長い中断期をのりこえて行われた式年遷宮だが、殿舎の規模は以前どおりとはいかなかった。それまでの式年遷宮では、神宮側の記録と頭工側の記録とを見比べて、相違点がある場合はその中間をとるといったことが定められていたが、中断の間に頭工職を継承する工匠家が全て入れ替わり、人的継承がなされなかっただけでなく、頭工側の資料なしに神宮作所の記録のみで復興したためである。予算不足のうえ工事期間も一年半かけるところを二ヶ月というかなりの突貫工事だった。

江戸時代からは工事費用の全てを徳川幕府が負担、さらに明治維新の天皇制復活によって神宮は内務省所轄となり、再び国の神社になった。それに伴い神宮工や御師体制も解体された。戦後にいたり、伊勢神宮は宗教法人となった。

式年遷宮のサステナビリティ　このように見てくると、古代から中世、近世・近代へと伊勢神宮の運営主体が大きく変遷してきたことがよくわかる。その中でなぜ多額の費用がかかる式年遷宮は生き残ったのか。そして式年遷宮は何を継承したのか？　現在の内宮正殿の建築形式の骨格は古代のものだが、中断期そして明治維新期を経て、その姿は大きく変貌しており（井上章一『伊勢神宮と日本美』）、守られたのは建物や様式といった形ではない。それはむしろ「二〇年に一度、アマテラスオオミカミの住まいを建て替える」こと自体であり、式年遷宮という工事を連ねることによって伊勢神宮は存在し続けてきたといえるのではないだろうか。

式年遷宮が始まった古代から遷宮工事を行う職業は重要視され、中世以降はしばしば世襲され、ときにリーダーである神官がこれを兼務するほどであり、このような職人の地位の高さは日本に固有のものだろう。工事と一口に言っても、素材となる大量の木を植え育てるところから始まり、切り出し、運搬し、加工といった各工程に時間をかけた計画と多くの人力を必要とする。そして最後の建方において、すべての木材は数日で組み立てられる。目に見える建物というビジョンを共有して木を組み上げることには大きな達成感があり、木造建築の建前は現在でも上棟というお祭りなのだ。そう考えると、伊勢神宮の建物の簡素さは、繰り返される組立作業に適した様式であり、二〇年とは、世代をまたいで知識を伝達し、時間を超えてビジョンを共有するのに有効な期間だったとも考えられる。耐久性の高い建物を長く使い続けるのではなく、あえて期限を区切って建て替えることは、鉄やコンクリート構造では無駄が多いが、木造であればサステナブルだ。つまり、林業、木を加工する周辺産業、建設産業と多くの人々が関わった後、使い終わった木材はさらに再加工することができる。つまり木を中心にした大きなサイクルをまわすための建方であり、伊勢神宮が一三〇〇年以上にもわたって生き延びてきたのは、日本の社会に適した祈りとしての建て方、式年遷宮ゆえといえるのではないだろうか。

（山本麻子）

Ⅳ ミヤコ

12 諸都無壁

四方山囲・地政学的立地、「稀人待望」の王権のあり方から京都に城壁を無用とした

都市について 生産地の拡大と交易拠点の確保。このことを抜きにして、人類の居住地の移動と拡大を語ることはできない。生産地とは農耕牧畜に利用できる土地であり、漁場であり、そして鉱物資源である。交易拠点とはいうまでもなくそれら生産物を集め、交換し、あるいは分配する場である。その交換の場が「市」であり、これを平和領域として守る権力と権威の場が、「市」の上に「都」をつけた「都市」だ。「都」とは権力と権威の場であって、古来都市は軍事力と王権、神権によって守られた。こうした基本を押さえておかないと、人類のこれまでの移動や争いの歴史が理解できないし、都市も理解できない。

ちなみに中国では都市のことを城市というから、これは城壁に守られた「市」ということになる。この場合「城」は物理的な存在であるとともに象徴的な意味をもっている。中国のみならずユーラシアの都市はほぼ城壁に守られている。そしてこの城壁がなぜ古代日本では発展しなかったかがこの項のテーマだ。倭と呼ばれていた時代から平安京の成立までを見ていきながら、このことを考えてみよう。

日本列島もまた、ユーラシア大陸との交渉を重ねながら歴史を築いてきた。だから「日本列島に正当な位置を与えた世界史を書こうと思えば、日本の国史、韓半島の国史、中国の国史という枠組みをのりこえて、ユーラシア大陸と日本列島に共通な視点から書くしか方法はない」(岡田英弘『日本史の誕生』)。したがって本書のテーマ「建築から見た日本」を書くのなら、あるいは「都市から見た日本」を書こうと思うのなら、やはり「ユーラシア大陸と日本列島に共通な視点」という視野の広さが求められるだろう。そうした大きな視野に立って人類の、そして列島の先達の営みに想いを馳せて行くことにしよう。

都市のはじまり　気候の寒冷化と乾燥化に見舞われた五五〇〇年ほど前の古代メソポタミアで人類史最初の都市群が生まれた。輸送技術が発展し交換の記録手段が編み出されて、交易の拠点が現れたのである。権力と権威を付与された軍事力によって守られた公正な取引のできる平和領域、それが都市であった。それらは城壁や基壇や神域によって、すなわち機能だけでない、むしろ象徴的な道具立てによって祝福された。

古来交易のみが人類に大きな富をもたらした。都市はその結節点だ。富の蓄積に従って階層化と分業化が精緻に組み立てられた。価値の保存と輸送の技術が磨かれ情報やモノの圧縮技術が開発された。それが文字と貨幣である。文字と貨幣により価値は時空を超える。この時間と空間を超越するという観念と想像力が人類に独特の嗜好をもたらすこととなった。何の役にも立たないきらめきや輝き、さらには精緻な工夫を凝らされたものへの嗜好だ。

文字や画像の刻印がその意義を増幅する。音や光を集め、発し、反射する金属や什器、そして聖なる力を有する武器。それらは崇められ欲望はかきたてられて、食物や家畜など実際に役に立つものたちは、そうした表向きは何の役にも立たぬものの価値の獲得に向けて増産される。これらを威信財という。権力や権威の裏付けとなり、あるいは共同体の結束のための祭祀の道具となった。とりわけ武器は強と美をあわせもち、石、青銅、鉄、とその強度を増しつつ発達を遂げる。

価値の象徴である貨幣、そして意味と価値を記録する圧縮・保存・輸送の装置としての文字。これらはともに都市の産物であった。

城壁の出現　富を蓄積すれば略奪の危険にあう。都市は強固な城壁で囲まれるようになっていく。ユーラシア大陸では定住民と非定住民が交錯し、非定住民が定住民を襲う歴史が繰り返された。そうした強度と速度をもつ交易ネットワークの場では、都市は基本的に城壁に囲まれる。それは中身の美味な甲殻類と同じである。市を守る共同体の結束が城壁を生んだ。

ここで馬のことにも触れておこう。紀元前二千年紀に入ると東地中海に面するレヴァント地方にも多くの都市が築かれていく。そうした都市群は厚く高い土塁と城壁に囲まれていた。馬に引かせる二輪車の戦車が各都市の王によって採用され、互いに敵の機動部隊を防ぐ必要が出てきたのだ。鉄で知られるヒッタイトが有名で、シリア北部のミタンニもまたこの戦車部隊で知られたが、彼らは皆カフカス地方を源流とするとされる印欧語族に属していた。この時期の印欧語族の移動に伴いギリシア地方に侵入したアカイア人のミケーネもまたレヴァントとの密接な交流をもち、二輪馬車の絵の刻まれた墓石が出土している。戦車競技は古代オリンピックでも花形競技でもあった。古代ギリシア文明のあとを受けた古代ローマも戦車としての馬車を大いに活用した。

一方二輪馬車でなく、馬に直接騎乗して戦う技術を持つ人々も現れた。紀元前五世紀から四世紀を生きたヘロドトスが騎馬の技術を有したスキタイについて書き残している。この草原の民がやがて中央ユーラシアを席巻していく。スキタイの末裔たちはやがて東は極東へ到達し、西はドナウ川を渡る。古代ローマの版図もヨーロッパ奥地へと広がっていった。

交易にとっても馬は欠かせない手段であり戦力であった。ユーラシア大陸の隅々にまで交易路は伸び、交易拠点としての都市は築かれ、そしてこの馬の脅威を防ぐためにも城壁は築かれていったのである。

まずユーラシアの西方に目を向けたが、次に中国を見てみよう。中国にも紀元前一二世紀以前に二輪馬車の出現が確認されている。商（殷）王朝末期の墓から出土したのだ。ただ商の都市遺構では城壁が確認されていない。しかしのちの中国では城壁が都市の必須要素となる。交易の利を理解し商業という天職を有した民、商という国家を生み出し漢人とも呼ばれるようになるこの人々は、黄河流域の中国平原のみならず周縁地域をも商業ネットワークで結びつけていく。

　漢の時代に韓半島と日本列島もこの交易ネットワークに接続され、漢字が交易圏を結んでいく。古代メソポタミアでも、古代中国でも文字は主として交易の道具であった。


騎馬軍団の不在　では、なぜ日本列島では強固な城壁に囲まれた都市が生まれなかったのか。理由の一つは先に触れた馬だ。この列島を遊牧騎馬民族が襲わなかったからである。馬を駆る攻撃的意図を持った大集団を防ぐ必要がなかったのだ。三世紀に成立した中国の史書『三国志』にも、五世紀成立の『後漢書』にも、倭には馬も牛もいない（「其地無牛・馬・虎・豹・羊鵲（その土地には、牛・馬・虎・豹・羊・かささぎはいない）」）と記されている。

　ただ五世紀には少なくとも馬の技術があったことが考古学的に知られている。騎馬の技術に長けた集団も住んでいた。古墳にも馬具が多く現れる。騎馬の技術を持った人々が特別な技術集団として、また軍事顧問として、あるいは貴種として社会の変容に重要な役割を果たしたことは確かだろう。しかし堅固な城壁を築く事態をもたらすものではなかった。

　少し時代を遡るなら、すでに弥生時代に強固な環濠を持った集落は多く築かれていた。激しい戦いの跡を示す骨もそれらの墓から出ている。二重三重の柵や濠に囲まれた集落もある。しかし、それはせいぜい人間の侵入を妨げるものだ。

　また三世紀の邪馬台国の時代にも馬はいなかった。卑弥呼は強固な柵と武人に守られ（「居處・宮室・楼観・城柵、嚴設（奥部屋・表部屋・物見台・城柵を厳かに設けている）」『三国志』）、鬼道とも称される神秘的な王権を築いていたが（「鬼道に事え能く衆を惑わす」『三国志』）、騎馬軍団の戦争はまだ列島にはなかった。

　同じく『三国志』でも「韓」の弁辰（弁韓）の説明には、「国は鉄を出だし、韓・穢・倭皆従いて之を取る。諸の市買には皆鉄を用い、中国の銭を用いるが如く」とあるから、これは立派な交易拠点があったことがわかる。こうした鉱物資源であり威信財であり貨幣でもあったという鉄を取引していた弁辰（弁韓）には、城郭があった（「弁辰、辰韓と雑居し、亦城郭有り」『三国志』）。中国語の発音では「国」は「郭」と同音で、本来は城郭都市のことだという（岡田英弘『倭国の時代』）。つまり韓半島の先端までは城郭都市が築かれていた。

　五世紀に馬の技術の存在が確認されるとはいえ、おそらく微地形に満ちた日本列島では、馬を自在にかけまわらせる余裕も長大な城壁を築く余力もなかったろう。とりわけ西日本では湿地帯が多く騎馬軍団の活躍には向いていなかった。むしろ濠を作った方が早い。古代に導入された牧もどちらかといえば信濃や関東の高原に多く、これらはのちの中世の騎馬軍団につながっていて、その頃になるとさすがに幾多の城壁も築かれていく。

　馬と城壁の建設は連動している。世界史的に見ても、馬が主要な軍事手段でなくなるとともに、都市は城壁を撤去していったのである。

プレゼンテーションとしての都市　もちろん都市に共有されるだけの共同の物語さえあれば大規模構造物は作られただろう。城郭都市も、騎馬軍団の防衛は一因だが、むしろ共同体の結束の象徴であった。東アジアに関していうなら、城郭都市の形成は中国の交易ネットワークに属することの象徴であった。いわば精神的な平和領域の確立に物理的な壁が必要だったのである。

　では日本列島における共同の物語は何だったか。交易の拠点を祝福する装置は何だったか。王権の権威を知らしめる存在は何だったか。それが古墳であった。海路や遠路をはるばるやってくる人々から眺められ、また祭祀という象徴的な営みにおいては周囲を遠望する場ともなる古墳であった。都市は防御だけではなく祝福の装置であると述べた。機能だけでなく象徴的な道具立てによって祝福される、と。列島では古墳がその役割を担ったのである。

都市は花である。ミツバチを集めねばならない。列島では防御より祝福が先であった。交易の拠点を祝福し多くの商人や職人たちを集めることが大切だった。

大規模構造物はここに平和領域があり交易の拠点がある、と他者に知らせる広告塔でもある。ジグラートやピラミッドも都市や朝貢の場のプレゼンテーションであり、交易の結節点を示す目印でもあった。プレゼンテーションのための景観デザイン、それが古墳である。とりわけ倭の五王が有名であるが、巨大古墳を交易路の目印となる場に築いて、自らの王権を祝福した。古墳時代は寒冷期で寒冷化は人々の流動性をうながすから、広範囲から人を集めるモニュメントが形成され、遠隔的な情報共有の仕組みを生み出していく。文字、狼煙、太鼓などがそれである。さらに儀礼に特化した場が求められ、聖地がそうであり、祭りの場もそれであり、まつりごとの場、すなわち都市もまたその延長上にある。

古墳は王権のデモンストレーションであり交易ネットワークの象徴でもあった。そしてその象徴はやがて古墳から荘厳された都市の建設へと軸足を移していく。それが三世紀から七世紀にかけての共同の物語の変容である。

日本列島内でも東へ東へと交易ネットワークが広がり、列島東国の住民や東国を経由してくる大陸諸国との関係が関心事となる。古墳も纒向などの聖地も、政治的な要は近畿地方を中心とする分布となっていく。後背地も広がって富が蓄積されていき、日本列島内の他者のみならず大陸における圧倒的な他者の存在を認識し、交易ネットワークの端末にとどまらぬ自らのアイデンティティーの確立をめざすようになる。そんな共同の物語を共有する国家意識が育まれていった。ここにおいて都市そのものを権力と権威の祝福装置として位置づける試みが始まっていく。

集住と計画性、分業や階層性、なにより権威と権力の存在が交易拠点をその本質とする都市の条件であった。だから景観デザインが大切であった。他者に向けてのプレゼンテーションがなければ都市とはいえない。繰り返そう。都市は花だ。実を結ぶために壮麗に飾り立てられた場だ。だからこそ人が集まり、モノ・人・情報が交換され、圧縮・保存・輸送の技術が磨かれ、必需品の生産から離れた人々の存在を許して文化・文明を生んだのだ。

列島における本格的な都市の実現は七世紀末の藤原京であるが、三世紀の纏向、五世紀の大古墳、そして六世紀末の飛鳥寺建立、それに続く飛鳥の宮群、難波宮などにすでにその片鱗が見られる。風土すなわち環境や地形と政治形態を踏まえながら日本の都市形成の痕跡を振返りつつ見ていこう。

威信財の交易

北部九州は初期の倭の中心であり、紀元前から韓半島南部と一体をなす交易ネットワークを築き上げていた。そのネットワークは山陰や北陸、北海道や南島とも結ばれていた。とりわけ密接な交流を持った伽耶からの鉄は魅力的な商品であり威信財であった。農耕地を開拓するため、あるいは共同体の場を建設するために幾多の水路が拓かれたが、それらを築くための木材を加工する道具も鉄であった。この鉄の流通を通して、諍いも、またその調停者としての王も、生み出されてきた。伊都国、奴国は王を有する集落の連合であって、列島各地へのネットワークの窓口として栄えた。楽浪郡からも漢人が訪れ居住もし、韓とも一体となって交易拠点の機能を果たしていた。

やがて倭の中心は東に移動する。これは中国が無秩序に陥った大陸の大騒乱を反映してのことだ。王莽の登場から一八四年の黄巾の乱を経て人口が激減し約五分の一になったという。それらが倭国大乱を導き、やがて卑弥呼共立を生む。卑弥呼の国が果たしてどこにあったかはわからないが、交易ネットワークの中心は九州から東へと移動していく。瀬戸内航路はもっとも利用しやすい航路であったから、瀬戸内海を東へと移っていったと考えるのが素直だろう。別稿の「飛鳥多宮」で言及したように日本海航路もともに視野に入れねばならないとしても。

奈良の纏向遺跡は三世紀まで遡る。輸送のための運河が築かれ、王宮区には神殿とも目される大規模な四つの建築物が東西方向の軸線に沿って一直線に並ぶ。そこに築かれた箸墓は巨大な前方後円墳の嚆矢だ。列島の多くの場所から土器が持ち込まれ、運び出された。区域内に農耕の民は居住せず、分業があり、交換があり、異質の民の共存がみられた。物流の中心であり、古墳というシンボルも築かれた。城壁こそないものの、この纏向を列島最初の都市とみなしてもよいだろう。

すぐそばにある、時代的にちょうど纏向に取って代わられる形となった唐古・鍵遺跡は、吉野ヶ里に匹敵するほど規模も大きく、幾重もの環濠に囲まれてはいるが、基本的にはいまだ木製農具に頼る農耕集落である。北部九州に比べて奈良盆地では激しい争いも少なく、副葬品や墓の格差も少ない。そうした弥生の集落群に比べて纏向の存在は突出している。北部九州の伊都国の集落群、奴国の集落群あるいは吉野ヶ里に比べても、纏向の計画性や規模やシンボル性、なによりネットワークの拠点としてカバーする地域の広がりと物流の豊かさは際立っている。

もともと北部九州から順に大陸の交易ネットワークに組み込まれていった日本列島は、東に向けてネットワークの伸び代を残していた。大陸の激動から距離を保つという安全保障も大きい。北部九州から山陰や瀬戸内を経て東へ、奈良盆地の纏向に至って、列島全体は各々の地域をより密に結ぶ交易拠点を得た、といっていいだろう。

纏向は、平和領域としての都市、異質な他者の共存する場、交易ネットワークの拠点、計画されたものであることなど、都市の資質を持ち合わせている。しかし城壁がない。王の居所は閉ざすが、都市は閉じない。この性格はのちの列島の都市にそのまま引き継がれていく。

ミヤとミヤコ　王の居所であるミヤと、それを取り巻く空間であるミヤコの、こうした閉じつつ開く性格は、日本の風土に根ざすと同時に文化的、政治的、制度的なものによっても決定されている。

先に述べたように、寒冷化は人口の流動化をうながし、移動による動乱をも引き起こすから、大陸の統治状況は激変する。それがやがて列島へと波及し、人と文物の交流をもたらすことになる。とりわけ威信材の流通は列島における縄文以来の文化と混交して、神や仏と連動した超越的倭王像の原型を生み出していった。「天の金山の鉄をとりて……鏡を作らしめ」(『古事記』「天の岩屋戸」)という鏡とアマテラスのエピソードに想いを馳せてもいいだろう。威信財、そして呪術と神秘が自然の循環と結びつき、自然と人工の絶妙な融合と均衡がもたらされるのである。

超越的王権は常に異界からやってくる。神秘性や呪術性は、すなわち超自然的な力は、縄文以来の列島文化の特徴であった。超越性を維持するには、卑弥呼のように人に姿を見せない演出があるいは効果的であったから、例えば柵に囲われて神秘性を高める工夫がなされた。しかし、現実的には諸勢力による共立が王権の構造であったから、豪族間のバランスによるミヤの位置を探りつつ半ば開かれた場をもたねばならなかった。いわば半ば開かれつつ閉ざされた天の岩屋戸であり卑弥呼の居所である。豪族間のバランスが変われば、ミヤも移動する。

究極的他者たる超越的倭王は神秘性と世俗性をあわせもつ。天の声を聞くとともに、豊穣と再生すなわち生殖の王でなければならなかった。したがって有力な豪族たちとの婚姻関係によって支えられ、地域の勢力の共立を通して維持された。王は貴種であり、調節的存在でなければならなかった。

列島の交易拠点と平和領域の守りには、物理的な壁よりも精神的な象徴性が有効だったといえよう。地域の豪族は交易による富の蓄積のために、精神的な結束の象徴を求めて、やがて天皇と呼ばれる存在を共立する道を選ぶのである。

移動から定着へ　七世紀に日本という国号と天皇という称号が生まれるまで、大王がそうした諸王の王たる存在の呼び名であり、少なくとも雄略は考古学的にもそのように称されたことがわかっている大王であって、万葉集でも最初の歌の読み手とされ、日本書紀でもいかにも大王らしいエピソードが伝えられている。この大王の系譜も河内王朝の始祖ともいえる仁徳までは遡りうるだろう。河内と大和の役割分担と、ミヤの位置の変遷については、この本の別稿、「飛鳥多宮」にゆずりたい。

大王のためにモニュメントや祭祀の場が実現され、政治都市であるミヤコも構想されたがその現実はミヤにとどまった。それは柵に囲われた簡単な防御のミヤであって、構造的にも掘立柱のごく簡素なものであった。耐久性もなく、ただ移動を繰り返す。

やがて新技術の到来が景観デザインに変化をもたらす。宗教が、さらにいうなら宗教の要求する建築技術が王権の象徴方式を変えた。六世紀末の飛鳥寺をはじめとする仏教寺院の壮麗さ、とりわけ重い瓦を支えるため礎石の上に柱を建てる形式に影響を受け、ミヤもまた荘厳された建築へと近づいてゆく。掘立柱の神域に対して、礎石の上に林立する柱に支えられた瓦屋根の寺域が出現し、都市の荘厳へと道を開く。儀礼の精緻化を通してミヤはミヤコとなり、人為的に神格化、象徴化される。自然との相互浸透からのゆるやかな離脱である。

六四五年の乙巳の変の後に作られた前期難波宮では、複廊の翼廊を持つ朱雀門を高所に置き、そこから南へ傾斜して下る朱雀大路が一〇キロメートル以上にわたって延びる。南からの視線を強く意識する政治的、景観的なプレゼンテーションである。ただ孝徳朝が短命であったため全体の完成にまでは至らなかった。

隋、唐という超大国の出現、それにともなう百済、高句麗の滅亡と新羅による半島統一。こうした一連の出来事によって形成された唐王朝への憧れが、国家体制と計画都市建設の方向を導いた。初の本格的計画都市である藤原京を築いたのは、天武・持統である。半島を統一した新羅とも関係を深め、いわば新たな国際関係の中で唐と新羅の使者を迎える舞台としての都市を築き上げた。それはあくまでも国威発揚の場であり、城壁に囲まれた防御の砦ではなかった。

藤原京における宮の位置は、地形的には周囲から見下ろされる低地にあって衛生上も王権の発揚上も不向きであった。都市の門たる羅城門も設けられなかった。一方平城京では、北から南に傾斜する地形の高みに宮が置かれ、朱雀門より大きい羅城門が築かれた。平城京の朱雀大路は羅城門から幅広く長く緩やかに上る道であって、両側を高い壁で遮り宮殿へのアプローチを祝福する装置であった。それは国内向けのみならず、対外的なメッセージ発信の拠点であり、国家的プレゼンテーションの場であった。

八世紀後半以降、外圧は弱まる。連合政権的な性格もあって、武士の世の始まるまで日本の都市に城壁の築かれることはなかった。壁は富の防御の装置ではなく、あくまでも祝福の装置であった。大極殿、朝堂院など王権誇示のための壮大な空間装置は、桓武朝の平安京においてピークを迎える。桓武は延暦一三年(七九四)の平安京遷都の詔で「此国山河襟帯自然作城(此の国、山河襟帯、自然に城を作す)」と述べている。地形が城なのであって人為の城はいらない。だから山背の国は山城の国と改称された。

日本では、ミヤコはあくまでもミヤという儀礼の場を祝福する舞台装置として構想され実現されたものであり、他者へのプレゼンテーションを最優先とする都市に城壁が築かれることはなかったのである。

(竹山聖)

13 仏塔不倒

五重塔は心柱中心の複雑構造。棟梁達は十分の一雛形模型で検証して地震不倒とした

不倒神話　今から一五〇〇年ほど前、インドに起源をもつ仏塔は中国から朝鮮半島を経て日本に伝えられ、日本で美しいプロポーションをもつ木造建築として独自の発達を遂げたが、それにしてもなぜ地震国の日本で五重塔が根付いたのだろうか。

　五重塔が地震に強い、ということは昔から専門家の間では知られていた。関東大震災の前に東京帝国大学地震学教室教授の大森房吉は「五重塔を倒すほどの地震は存在しない」とまでいっている（大森房吉『五重塔の振動に就きて』）。確かに関東大震災でも五重塔は損害を受けなかった。大正時代の終わり頃、建築界で「柔構造」と「剛構造」とのどちらが耐震性に優れるかという「柔剛論争」があり、五重塔は柔構造の代表格となった。しかしながら五重塔が地震に強いことについて長い間納得のいく理由を聞くことはなかった。

　ほとんどの塔は、それぞれの重にある四天柱（してんばしら）とそのまわりの側柱（がわばしら）で建物を支える。上の重ほど小さくなるので、柱の位置もだんだん内側にずれ込む。つまり上下の柱は直接つながってはいないのだ。現代でも二階建てや三階建ての木造建築はひとつながりの通し柱がないと許可されないが、南北朝時代の頃まで五重塔には通し柱は一本もなく、各層が独立して造られている。

　建築構造学者の川口衛と阿部優は「塔の骨組み自身が水平力に対して大きな抵抗力を持っている、同様に、破壊するまでに許容できる変形が大きい、組物が吸収できるエネルギーが非常に大きい」ことを指摘する（川口衛、阿部優「木造古塔の心意気」、上田篤『五重塔はなぜ倒れないか』）。また横揺れの際、その相互効果によって剪断変形が相殺される、という説や、長い軒庇と上の層からの荷重が下の層の側柱を支点にして、ヤジロベエのようにバランスを取合いエネルギーを吸収する、という説もある。宮大工の西岡常一は、「（塔が）でき上ったときに、隅木の端を手で、がっと押すと、ゆうらゆうら動くんです。（中略）ゆうらゆうら動いて、力が抜けるとまた元どおりに、じっとおさまる。塔とはそういうふうに作るもんなんです。」と述べる（西岡常一『木に学べ　法隆寺・薬師寺の美』）。

五重塔には中心に心柱という長い柱があるが、それが建物を支えているわけではない。塔の起源を考えてみると相輪と心柱が塔の本体であり、その下に仏舎利を収めていたのだから、建物自体は心柱と仏舎利を収める鞘だと思えば納得がいく。心柱が初重にはなく二重目から作られている塔もある。日光東照宮の五重塔の心柱は鎖で吊るされて空中に浮いている。そのばあい心柱が振り子のような働きをして建物の揺れを小さくする効果がある、という説もあるが、大半の五重塔の心柱は吊るされてはいない。

編者の上田は、それぞれの重が積み重なっている構造はお椀を五つ伏せて重ねたようなものだ、という（上田、前掲書）。お盆の上にお椀を重ねてお盆を横に揺らすと、すぐ倒れてしまう。ところがお椀の底に穴をあけて長い箸を通して重ねると、少々揺らしても倒れない。お椀のどれかが横に飛び出しそうになっても箸がそれを抑えてくれる。五重塔の心柱はまさにこの箸の役割をはたす。開き戸を閉じておく閂のような役割をするのだ、という。建築構造学者の石田修三は、アクリルとアルミで作られた模型の実験によって心柱の役割を実証した（石田修三「心柱を科学する」、上田、前掲書）。心柱は特定の層に層の変異が集中するのを抑制し、それぞれの重が横ずれするのを抑える。また上層の首振り現象が下層の振動を抑制する制震効果があり、下層の膝振り現象が上層への振動の伝達を遮断する免振効果もある、という。西岡は自らの経験から、大きな地震の際に一層目が左に傾くと二層目は右に傾き、さらに三層目は左、四層目は右といったような動きをする、という（西岡、前掲書）。一層毎に逆の方向に動くことで、相互にエネルギーを吸収することを、上田は蛇が前に進むときのような動き、つまりスネークダンスと呼ぶ。五重塔の耐震性実験については二〇〇〇年代になって研究者が次々と取り組み、西岡らの証言が確認されている。

「なるほど」と思う。だが最先端の構造解析が明らかにしたこのような効果に、古代の宮大工はどうして気付いたのだろうか。

雛形と大工道具　古代人が、始めからぶっつけ本番で巨大な仏塔を建てたとは思われない。檜の巨木は極めて貴重であるうえに、運搬や製材の手段も限られている。失敗は許されなかったはずだ。そこでかれらはまず雛形を作って耐震性や施工のプロセスを確認したのではないか、と上田はいう。その模型作りは専ら副棟梁の仕事で、棟梁はそれを細かくチェックするという。前述の石田も、アクリルとアルミの模型によって心柱門説にたどりついた。ＣＧやＢＩＭが花盛りの現代の設計現場でも、模型によるデザインスタディや風洞実験などを行う。兵庫県三木市には、実物大の建築模型を振動させて耐震性を分析する、という巨大な実験施設すらある。

日本の木造建築は精巧な木組によって構成されている。つまり組み立てたり分解したりすることができる。初めから原寸大のパーツを作って組み上げるのではなく、何分の一かの雛形を作って、部材を組んだり解体したりしながら外観や耐震性を検討するのは自然なことだったのではないか。実際、西岡は法隆寺の金堂と五重塔の一〇分の一模型を作って構造を確認し、薬師寺西塔と金堂の再建の際にも一〇分の一の模型を作った。西岡の弟子で後継者の小川三夫は、「図面を書いただけでは出来上がりの姿がわからないから実際の模型を作ってみるんだ。これも宮大工の大事な仕事だ」という（小川三夫『木のいのち木のこころ〈地〉』）。また薬師寺西塔の模型を製作するなかで、「全体からこまごまとした作業まで、それらがどう組合わさっていくのかを体で覚えた」ともいう（小川三夫『棟梁』）。

木造だからこそ個々の部材にいたるまで精密な雛形を作って組み立てることができる。木の癖の確認も行われただろう。「堂塔の木組は木の癖組（西岡、前掲書）」といわれるように、ねじれや収縮率の不揃いな部材の組み合わせ技術も求められる。実際、古代の五重塔は、不揃いの部材を使って組み上げられている。同じ一寸角の部材を十本つくるのではなく、それぞれの木の癖を見抜きながら十本合わせて一尺のものにする正確さと技術が求められている。精巧な継手と仕口の製作も木造だから可能であり、石造や土造では正確な雛形を作ることは難しい。

そして精巧な雛形作りを支えたのが、鋭利で多彩な大工道具と宮大工の技である。日本の大工道具はその種類と数において西洋の大工道具をはるかにしのぐ。普通の宮大工が一揃い道具をそろえると二七〇種類ほどにもなるという（西岡、前掲書）。古代には近世ほど道具が多様化、細分化されていなかったが、様々な種類と大きさの鑿（のみ）や槍鉋（やりかんな）を扱う技術は極めて高かった。高度な加工技術があったからこそ精巧な雛形部材を作成し、本物と同じように組み立てて検証することができたのである。

小川は西岡に弟子入りしたときに「道具を見せろ」といわれて、鑿や鉋を見せたら「ポンと捨てられた」という。そして「ただひたすら刃物を研げ」と指示された。小川も弟子たちに道具を研ぐことを徹底的に指導する。研がなければ道具は使いこなせない。研ぎ澄まされた道具だからこそ、緻密な仕口や継手がつくられ、微妙な曲線を切り出すことができる。道具を見ればたちどころに職人の腕がわかるのである。そこで「一心不乱に研ぐことによって大工としての感覚と研ぎ澄まされた精神も養われる。そこまで研げるようになれば他の事も上達しているに決まっている（小川、前掲書）」という。

大工職人たちは、美術工芸品の職人や鍛冶職人たちと通じ合っていたのかもしれない。小川は西岡に弟子入りを許される前の一年間、長野県飯山で仏壇職人として腕を磨いていた。そこは仏壇の屋根の部分を作るところだったから鍛冶職人たちとの交流もあっただろう。また、播州三木は刃物が有名で、西岡によるとずっと昔から鋸専門、鑿専門、鉋専門の鍛冶屋があったという。精巧な雛形作りや継手と仕口の発達は精巧な大工道具と職人技の賜物である。

雛形と本物　奈良市の海龍王寺の西金堂内にある五重塔は総高さ四〇一センチメートルしかない。限られた敷地の中に東西両塔を備えた大伽藍の形式を持ち込むため、東金堂と西金堂の中に五重小塔を造立したと考えられている。東金堂は明治初年に焼失したため、現在は西金堂の小塔だけが残っている。近くから見たり拝んだりするので、工芸的性格を重視しており、組物などの細部にいたるまで精密に作られている。心柱は三重以上にあり、全体に朱顔料が塗られている。天平時代初期の手法で造られていて、塔の建築様式の発展をたどる上でも重要だといわれている。明治三四年（一九〇一）に建築雛形として国宝丙種に指定されたあと、昭和二六年（一九五一）に建造物として改めて国宝に指定された。

奈良市の元興寺にも小さな五重塔がある。元興寺の前身は、日本最古の仏教寺院である法興寺（飛鳥寺）を平城京内に移転して建立されたものである。中門の左右から伸びた回廊が金堂を囲み、講堂の左右にも達していた。回廊の外側の東には五重塔を中心とする東塔院、西には小塔院があった。

中世以降に衰退して最後まで残った法興寺僧房の遺構が、現在の元興寺極楽坊であり、小塔院にあったとされる小塔が収蔵庫に保管されている。高さは五五〇・二センチメートルで、塔の軸部は等間隔の三間、初層から上にいくに従って三寸ずつ低減している。また東塔院の跡は元興寺塔跡と称し、塔跡にあった五重塔は伝承では七二メートルの高塔であったが、江戸時代末期に焼失した。極楽坊の小塔が元興寺大塔の模型という説もあったが、構造が異なることなどにより今は否定されている。前出の小川はこの小塔を見て「このまま十倍すればちゃんと五重塔ができる。（中略）地方に国分寺だとかなにか建てたときは、みんなこんな模型で指示したのかもしれませんね」という（小川『宮大工と歩く奈良の古寺』）。

聖武天皇が建立を指示した国分寺には、七重塔を建設し、『金光明最勝王経』と『妙法蓮華経』を写経して塔に納めることが求められた。全国に六七の国分寺が造営されたが、文献などから七重塔の建立が確認されているのは、陸奥、武蔵、近江の国分寺のみであり、実際にすべての国分寺に七重塔が立てられたかどうかわからない。それ以外の寺院においても、七重塔または九重塔の建設が確認されているのは、百済大寺、高市大寺、文武朝大官大寺、大安寺、東大寺に限られ、平安時代以降を入れても、法勝寺九重塔と相国寺七重塔のみである。五重塔に比べると七重塔や九重塔は、構造や施工コストの面からも、建設は困難だったのかもしれない。そのこともまた雛形によって確認されたのだろうか。それでも箱崎和久は「国分寺塔の造営期は、後にも先にも類を見ない日本国内で巨大な塔が最もたくさん建てられた時期」と指摘する（箱崎和久「七重塔の構造と意匠」須田勉、佐藤信編『国分寺の創建 組織・技術編』）。巨大な堂塔を建設するために、地方の技術者は雛形によって構造やデザイン、施工過程を学び、仏教文化を受け止めていったのではないだろうか。模型なら解体したり、部材を乗せてみたりすることで、どんな寸法でどう収まるかがすぐにわかる。

だからといって、単に雛形を敷地に合わせて大型化したわけではない。奈良時代末期に造られた室生寺五重塔は、野外に立つ五重塔としては日本で一番低い。高さは一六・一メートルで、元興寺小塔の三倍程度である。意匠は醍醐寺五重塔に似ているが、柱や垂木などの部材は太目に造られている。小川は「もしこれをそのまま醍醐寺五重塔の大きさに拡大すると、木柄がごっついものになる」という。逆に「もし醍醐寺五重塔をそのまま縮小して造ったとすると寂しくなる」ともいう（小川、前掲書）。

雛形が仏塔建設に大きな役割を果たしたなかで、宮大工から模型製作の専門技術者になった人物もいる。西岡のもとで薬師寺西塔の模型製作に取り組んだ和田安弘、有功の兄弟は、その後数々の一〇分の一模型製作を積み重ね、安弘が平成六年（一九九四）に文化庁の選定保存技術保持者に選ばれた。模型製作の技術的価値が公に認められたのである（関美穂子『古建築の技 ねほり、はほり』）。

ところで雛形による検討は、巨大建築だけでなく巨大仏像を製作する際にも行われた。高岡鋳芸社の堺幸山は、「奈良の大仏はまず五分の一程度の雛形を作り、全体のプロポーション等を確認したうえでそれを局部的に拡大し、一段ずつ鋳造し組み立てられた」と推定している（堺幸山「大仏の製作について」『溶接学会誌』第七巻第三号）。日本のものづくり全体において、雛形利用というのは不可欠な要素だった。というよりも建造物などの場合には雛形と本物との間に境界はなかったのではないだろうか。

さて最も小さな「本物の」塔が百万塔である。称徳天皇の発願により、恵美押勝（藤原仲麻呂）の乱の後、死者の霊を弔い罪業消滅を祈願するために、百万基の木製の三重小塔が製作された。白色顔料が塗布された、轆轤（ろくろ）挽きの総高二一・四センチメートル、基底部径一〇・五センチメートルの小さな塔である。塔身部と相輪部に分解でき、塔身部には孔が削り込まれ、中に陀羅尼を一巻ずつ納め、相輪部の下端を孔に差し込んで蓋としている。神護景雲四年（七七〇）に完成し、法隆寺をはじめとする十大寺に一〇万基ずつ分奉したといわれる。さらに百万塔とは別に一万基ごとに一万節塔と呼ばれる七重小塔、一〇万基ごとに十万節塔と呼ばれる十三重小塔も作られた。巨大な五重塔が心柱と仏舎利を収めた鞘であったのと同じく、小さな百万塔も陀羅尼を収める容器として作られた。雛形があって本物が作られるばかりではなく、様々なスケールの本物があるといっても良いだろう。

雛形の展開　建築がミニチュア化して庶民の暮らしに浸透した例もある。仏壇や厨子は寺院建築をミニチュア化して室内に置いたものである。法隆寺の玉虫厨子は日本最古の仏壇といわれるが、軒下の組物は金堂に用いられている雲形肘木である。ただし金堂の柱は円柱、垂木は角垂木なのに対して、玉虫厨子では角柱に丸垂木である。実際の建築物に比べて省略されている部分もあるが、全体に金堂よりも古い様式を示している。

仏壇の起源については諸説ある。貴族の屋敷に造られた持仏堂が屋内に取り込まれて仏間が誕生し、これが仏壇に変化したという説や、お盆に臨時にもうけられた盆棚が常設化したという説、位牌を安置する位牌棚が起源という説などがあり、厨子に仏像を入れて諸国を巡った宗教者の影響を指摘する研究者もいる。そして江戸時代には寺請制度により、菩提寺の檀家になることが義務付けられた証として仏壇が庶民の家々にまで浸透した。仏壇の扉は寺院の山門を見立てたもので、内部の一番高い中央の檀を須弥壇（しゅみだん）、須弥壇の上を宮殿（くうでん）と呼び、各宗派の本山寺院の内陣を模して造られている。元禄期には社寺建築技術が各地の仏壇製作に影響を与え、とくに金仏壇産地の多くはこの頃に宮大工が興したといわれている。小川三夫が当初、仏壇職人の元で修業したのも無関係ではなさそうだ。

社寺建築を模した木造工芸は仏壇以外にもある。祭礼時に登場する屋台や神輿、だんじりはその代表的なものだろう。神社建築が路上を移動できるようにミニチュア化し、それ自身が貴重な文化財になった。泉州貝塚に興った岸上一門は由緒ある宮彫師の一門で、日光東照宮をはじめとする寺社建築にも影響を与えた、という。また泉州では、「やり回し」の際にだんじりの屋根に上って指示をする人を「大工方」というが、そこにだんじり大工の地位の高さがうかがわれる。

このように貴族や上流階級のものであった社寺建築文化が、長い時間をかけて庶民階級に広がっていく際に、木造建築の各要素が仏壇や祭礼装置としてミニチュア化し、独自の発達を遂げていった。その際にも、木造建築の雛形と大工職人が伝達媒体として重要な役割をはたした、とはいえないだろうか。

（角野幸博）

14 出雲巨宮

出雲大社の建築に謎が多く、沢山の学者が取り組んできたが今後も研究は続けられる

古代出雲の謎　古代出雲には謎が多い。今もって解らないことが多い。出雲大社とは明治四年（一八七一）からの名称であり、近世までは神仏習合の杵築大社として知られていた。江戸期には御師が「出世長寿大黒天」のお札を配り布教したため、信者は講を結成するなど全国に広がった。参詣者は縁結びやご利益を願い、本殿の真下まで近づくこともできたという。しかし明治期に入り国家神道のもと、伊勢神宮の「顕」に対し出雲大社は「幽」とされ、神秘的で謎めいた存在となり現在にいたるのである。

さて『日本書紀』には斉明天皇五年（六五九）の「是歳、命出雲国造。修厳神之宮」とあるが、そのころ出雲臣は国造として熊野大神の祭祀をするため出雲国意宇郡にいたので、この「神之宮」を杵築大社にあてるのではなく、熊野山（天宮山または天狗山）に鎮座する熊野大社とする説に従いたい。杵築大社の創始時期には諸説があり、多くが八世紀初頭に姿を現しているとしている。その根拠とする史料が、出雲国造廣嶋が天平五年（七三三）に編纂した『出雲国風土記』の「杵築の大社」の記述である。しかし同書は原本もなく約七〇種の異なる写本が伝わるのみで、延長五年（九二七）にまとめられた『延喜式神名帳』の後に再編纂したとする説が有力である。従って一〇世紀頃となれば、出雲国造が意宇郡から出雲郡に移住した後に杵築大社を創建したとする説も妥当と考えられるが、その時期や場所も謎のままである。そこで現在の出雲大社が建つ境内を発掘調査した大社町教育委員会による『出雲大社境内遺跡』（二〇〇四年刊。以下、『境内遺跡』）を基本的な資料として、まずは現地を訪ねることから謎解きに挑みたい。

旧社地をさぐる　出雲大社本殿を囲む荒垣の東方、約一五〇メートルの地に「出雲の森」がある［図1］。

ここにはご神木として椋木が祀られている。毎年六月一日、この大木を前に斎場が設けられ涼殿祭が行われる。午前九時過ぎ、国造は祝詞奏上後、銅鳥居の東にある御手洗井に向かい、その前で黙祷祈念する［図2］。ここは真名井、御饌井と共に出雲大社の神聖な井戸の一つである。この道程には白砂が敷き詰められ、さらに神職によって真菰が敷かれる。その上をゆっくりと国造が大御幣を奉持しながら歩む古式ながらの行事には感動を覚える。この涼殿から東北、約一五〇メートルの地に命主社があり、樹齢一〇〇〇年と推定される椋木がある［図3］。毎年元旦、出雲大社の神職がお祀りする重要な境外摂社である。かつて命主社東側には巨岩群（五丈四方が三個、三丈四方が二個）があったが、寛文五年（一六六五）

［図1］出雲の森

［図2］涼殿祭

［図3］命主社

の遷宮工事の際に境内造成の石積用に切り出された。その岩陰数ヵ所から弥生時代の武器形青銅器、緑翡翠勾玉など硬玉類が発見され、出雲大社に先立つ祭祀的な場であったと考えられている。つまり宗像（むなかた）大社（たいしゃ）沖津宮祭祀遺跡に見られるような岩上祭祀→岩陰祭祀→半岩陰半露天祭祀→露天祭祀という祭祀形態の変遷が想起される。神社の起源については諸説あるが、私は聖跡での祭祀にあたり「まず仮設物を建て、終了後に撤去する」ことに始まり、やがて常設の神社が形づくられると考える。それは天武天皇の創始した律令神祇体制（大宝律令制定の八世紀頃に成立）によって設けられた官社（神祇官社）に始まるとする説である。

以上の史実を傍証とすれば、杵築にあっても磐座祭祀につづき「出雲の森」周辺に在地の神とともに中央の神を祀る官社もしくは相当する神社が設けられたとする仮説も可能ではないか。建築史学者の渡辺保忠によれば、官社の一般形式は正面五尺、奥行三尺五寸、高さ三尺の切妻造、平入りで、当時の技術水準が低いため格式化と規格化が進んだという。本格的な神社成立については、長徳四年（九九八）、出雲国司による「造出雲神殿玉垣料」という膨大な支出の記録が示唆している。その規模は渡辺保忠の説に従い、住吉大社や大鳥神社（大阪府堺市）と同じではなかったかと考える。なぜなら長元九年（一〇三六）の正殿遷宮の功を理由に、出雲守藤原登任が長久元年（一〇四〇）に従五位下に叙せられおり、また春日社の功で大和守も、住吉社の功で摂津守も共に叙位されていて、いずれも由緒ある古社として同等に扱われている点に注目するからである。なお長元四年（一〇三一）から嘉禄元年（一二二五）まで、平均約三一年の間隔で六度も転倒を繰り返している。その転倒理由を高層建築の故とする説もあるが従えない。当該地は吉野川の支流がいくつか枝分かれする水位が高い扇状地で、不均一な地層による不同沈下は避けられず転倒するのも当然である。なお立地は『出雲風土記』にいう通り神体山の御崎山（みさきやま）（弥山（みせん））西麓にあたるが、南には神門水海（かんどのみずうみ）につながる湿地が広がっていて、杵築郷から本殿に向かう参道は西側か

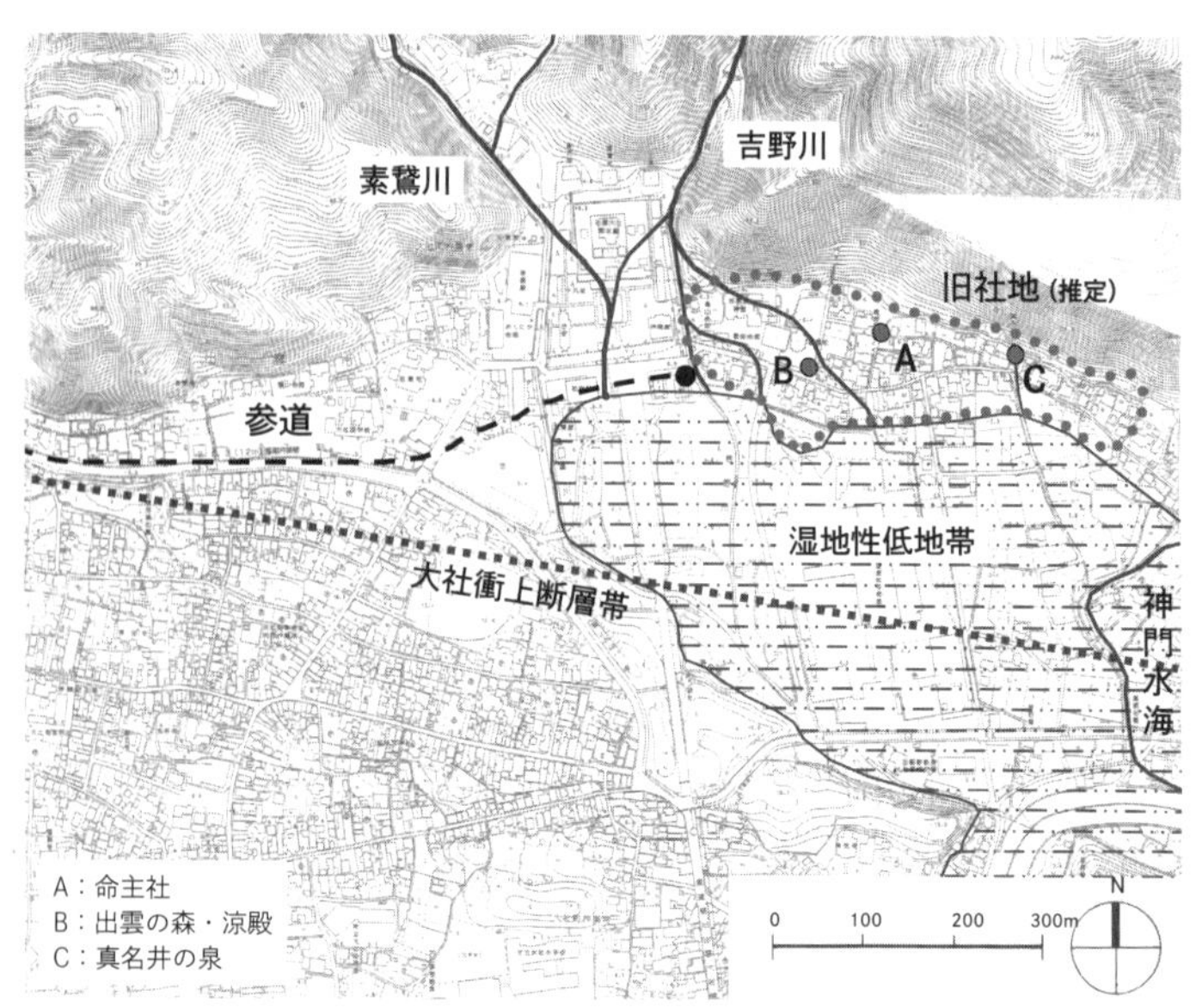

［図4］ 9世紀頃の旧社地（推定）

らに限られていた。それゆえ参道との関係から本殿は西向きに建てられ、祭神も現在と同様に西を向いていたものと推定できる。今後は出雲大社東側エリアの発掘調査と旧社地の検証が期待される。［図4］

新たな造成　『境内遺跡』によれば、境内背後の山から二つの河川（吉野川と素鵞川）がY字系に流れ込む流路跡が発見され、合流点は現在の拝殿近辺にある。その水際と流路内で古代初期（七〜八世紀）の土器が発見され、祭祀の場所であったことが確認できる。この地では貞観三年（八六一）、霜による冷害や大雨洪水による風水害があり、また元慶四年（八八〇）には大地震があったと記録にある。とくに後者では大社衝上断層帯が動いた影響で、境内南側は神門水海につづく湿地性低地帯に変わった。こうした災害の後、いつ河道付け替え工事をし、さらに狭小な土地を広大な境内に造成したのか。おそらく出雲国造の本格的な杵築移住とされる一〇世紀以降となるであろう。また『境内遺跡』によれば現在の境内から七〜一三世紀前半の建造物をうかがわせる考古学資料が出土していないため、一三世紀前半を過ぎてから巨大神殿の建設と境内の造成がなされたものと推定できる。なお寛文度造営を記録した佐草自清による『御造営日記』（以下、『佐草日記』）によれば、造成後も大洪水、山崩れ、土石流などの自然災害にたびたび見舞われたようだ。ここで造成との関連で神社建築の柱礎について考えてみたい。もとより飛鳥寺（百済王より送られてきた寺工、瓦工などにより五八八〜六〇九年に創立）に始まる寺院も木造建築であるが、みな柱礎に礎石をおき、屋根を瓦や金属装飾で仕上げている。これに対し神社は柱礎を土台式または掘立柱式にし、屋根を草や板で葺くのが特徴である。土台式は横木の土台で柱を受ける構造で神輿の原形である。杵築大社本殿もその例外でなく掘立柱式が長く続いたが、室町戦国時代（一四〜一六世紀）の本殿遺構から、掘立柱の八角柱根とそれを支える約二メートル大の石塊（礎盤または暗礎）が発掘調査（昭和三二年度）により検出された。こうした地中に礎盤を伴う基礎構造は、毛利氏による天正八年（一五八〇）の造営まで続いた。その後、慶長四年（一六〇九）に遷宮した慶長度造営では豊臣秀頼が願主となり、本殿構造は掘立柱式でなく初めて礎石方式を採用したことが発掘調査（平成一二年度）からわかった。さらに寛文度造営を経て現在に至るまで礎石方式となっている。これに対して伊勢神宮は掘立柱式であるため二〇年ごとの式年遷宮を余儀なくされている。

巨大神殿の姿　嘉禄元年（一二二五）の倒壊から史料にみる限り最長二三年の歳月を費やし、宝治二年（一二四八）、ようやく巨大神殿が完成した。当時の神社と社叢を描いた絹本着色出雲大社并神郷図（以下、絵図）は、「造営日記目録」とも合致することから信頼性の高い史料と認められる［図5］。この絵図をもとに建築家の堀口捨己は昭和三四年、高さ約一〇丈（三〇メートル）の復元図を作成した。しかし

［図5］出雲大社幷神郷図（部分。千家尊祐氏蔵、島根県古代文化センター提供）

絵図に見られる基壇がなく、平面スパンも三六尺と小さく、その高さには疑問が残る。一方、明治末期に建築史学者の山本信哉が「古代にはさらに巨大な神殿があった」とする説を唱えたため、「上古は三二丈、中古は一六丈の伝えは拠り所がない」とする同じく建築史学者の伊東忠太との間に論争が起きた。当初、建築史界は伊東の考えに傾いたが、昭和一五年（一九四〇）、やはり建築史学者の福山敏男が高さ一六丈（四八メートル）の復元図を提出すると、建築史学界の関野克や太田博太郎らが支持したため広く関心を集めた。福山説は金輪御造営差図（以下、差図）と平安時代の『口遊』（源為憲撰）を根拠とするが、前者は成立年代に、後者は内容の正確性に疑問が残る。また建築学者の上田篤は巨大神殿が弥生時代にもあったとし、その根拠に『古事記』にある大国主命の国譲り条の「天之御舎」についての記述を意味あるものとするが、他に傍証も少ないためその当否についてはわからない。

現実には平成一二年（二〇〇〇）、境内から巨大柱根が出土したため、新聞・テレビ等は「平安末の四八メートル高層本殿」（毎日新聞）などと報道し、再び福山説が注目された。しかし科学的な木材調査の結果、鎌倉時代中期、宝治度造営の巨大神殿跡と確認された。なお現在の出雲大社は寛文七年（一六六七）の遷宮造営になる本殿をもとに、延享元年（一七四四）に部分的な変更を加え、新たな配置で造営したものである。その後は文化六年（一八〇九）、明治一四年（一八八一）、昭和二八年（一九五三）、平成二五年（二〇一三）と約六〇年に一度の遷宮をした。みな従前のものの修造で約三五〇年前の建築の形を残し、今日でも類例を見ないほど巨大で高さは八丈（二四メートル）である。ここでは可能な限り史料をもとに「施主、配置、設計、構造、工事・資金」の視点から巨大神殿の姿をさぐる。

一　施主　古より出雲国造は国府のある意宇郡にいた。九世紀頃から国司や国衙を中心とする地方行政改革が進み、出雲国では国衙在庁官人制（一〇世紀中頃に成立したとみられる）が徹底されることになる。さらに平安時代末期には律令制が衰退し、一一世紀中頃には全国にさきがけて諸国一宮制が成立した。「この中世出雲国一宮制の成立は、大社祭神のオオナムチからスサノヲへの転換と、それにともなう祭神スサノヲを基軸に据えた中世出雲神話の成立、大社国造の意宇から杵築への移住、あるいは本寺鰐淵寺との一体的な相互補完関係（一寺・一宮体制）の成立などと一体のもの」（『境内遺跡』所収の歴史学者井上寛司論文）であり、ここに造営のあり方も大きく様変わりした。これまで神社造営は出雲国司を中心とする中央の指示による国家的事業であったが、出雲国の独自色を出せる地域的な事業となったのだ。具体的には浮浪山鰐淵寺の強大な資金力や技術力、そして中興の祖とされる国造義孝の活躍、さらには鎌倉幕府の支援などが巨大神殿を可能にしたのである。

二　配置　八雲山を背にした社殿と配置は、当時の厳島神社（一遍上人聖絵にみる）や現在の鶴岡八幡宮に

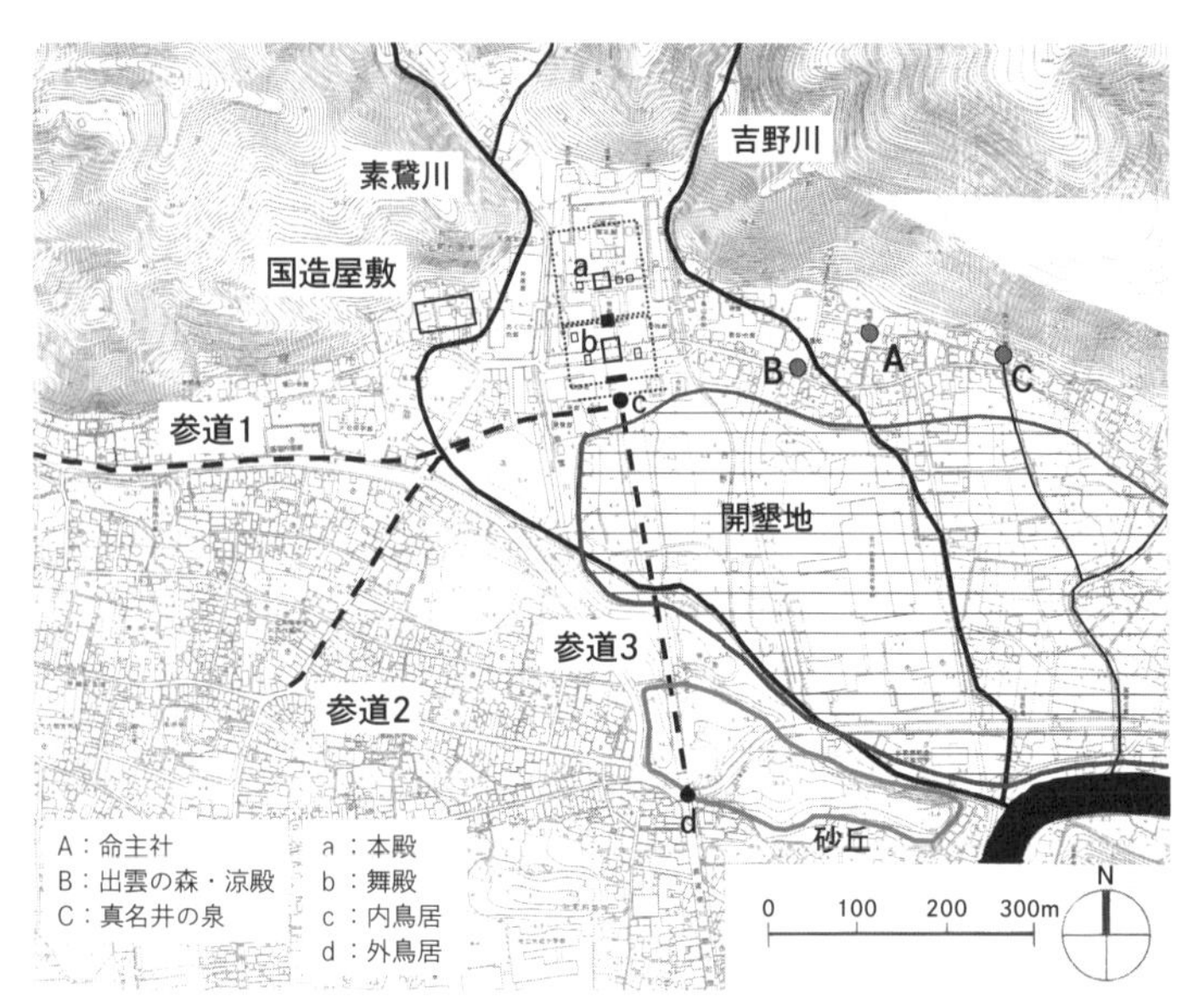

［図6］宝治度造営配置図と立地環境

類似する。鎌倉幕府の守護佐々木泰清らが多大な貢献をしたとなれば鎌倉色は当然であろう。それでは絵図と造営日記目録をもとに配置を見てみよう。長方形の境内を南北に分け、北のブロックは本殿を中心に四方を塀垣が囲み、本殿脇に左右に小社がある。目録には「御神殿一宇、同御内殿一宇」とあるので、祭神を祀る内殿は厨子のような小建築であり、本殿の中に旧社地の例と同じく西向きで納められたものと推定する。それは厳島神社本殿内にある宝殿や、宇治上神社の覆屋に納められた内殿を想起させる。南のブロックは舞殿を中心に三面の築垣が囲み、舞殿の左右には方屋（見物所か）と供祭所がある。両ブロックを分ける塀垣中央には二蓋八足の中門（拝殿か）、その左右に門客人（門神社）がある。南ブロックの南、築垣の中央には庁屋（楼門か）があり、やや離れて南に塀垣と御厨がある。その中央には宮内を示す内鳥居がある。なお本殿、中門、舞殿、庁屋、内鳥居、参道そして外鳥居は一本の軸線上にある。その本殿は現在の八足門近くにあり、従って当時の境内は現在より三〇メートルほど南にずれるため、明らかに福山説は境内に納まらない。新しい参道の周囲は開墾前の自然が残されたようすで、外鳥居は砂丘がつくった勢溜の丘に描かれている［図6］。

三　設計　福山説が根拠とする差図によれば、四隅の柱の通り芯は正方形であり堀口説も同様である。しかし発掘された柱跡から推定される平面（以下、柱跡図）は、梁間一三、四メートル、桁行一一、六メートルの長方形である。この事実は宝治度造営が差図通りに施工されなかったのか、あるいは差図が存在しなかったことを示す。差図によると本殿の全ての柱は材木三本を金輪で束ねて一組とし大きな柱とする。しかし絵図によれば通常の一本柱で金輪もなく、工事記録にも金輪製作の記述がない。さらに『境内遺跡』によれば、発掘現場から釘、釿、鎹以外は検出されず、金輪の存在を確認できない。ここに差図、絵図、柱跡図の間に矛盾が生じる。そこで本殿の各一本柱はやや偏心して基礎にのり、一辺約四〇尺（一二メートル）の正方形平面を構成しているとすれば矛盾がない。実は宝治度と慶長度の造営位置が近いので、慶長度の地業工事で柱跡をみつけ差図を作成したのではないかとする説に従いたい。

四　構造　先述したように新たに造成した境内では建物の不同沈下は避けられない。そこで強固な基礎と対策が求められた。第一に心礎または基礎杭である。それは法隆寺五重塔の心柱を支える心礎にあたる。私は出土した柱根は柱の一部ではなく、本殿の一本柱を支える「木製の心礎」とみる。第二に基礎固めである。柱穴は大きくオープンカットされ、こぶし大から人頭大の礫が充填され固められていた。第三に基壇である。絵図にある本殿の掘立柱は、明らかに版築による基壇に支持されている。仮に基壇の高さを五尺としても、地上から高さ八丈が限界であろう。

なお大社造り固有の心御柱（岩根御柱）と棟持柱（宇豆柱）は、この巨大本殿を支えるために必要かつ不可欠な構造材としての柱であることが建築史学者の松岡高弘らによって指摘されている。九本柱の構造体にすることで大スパン梁の軸組は技術的に難しくかつ複雑になるのだが、当時は中国から宋学が伝えられ、蓮華王院本堂（三十三間堂）、厳島神社社殿、鎌倉再建の東大寺の例に見るように、構造技術が飛躍的に進歩し強固な構造を可能にしたのである。

五　工事・資金　宝治度造営は寛喜元年（一二二九）一一月の材木の伐りだしに始まるが、記録には巨木や資金の調達にきわめて困難を極め、作業が大きく遅延したこと、そのため国衙・社家に加えて、強制執行機関として鎌倉幕府が関与することでようやく実現したとある。同じく巨大神殿を造営した寛文度造営でも、材木の調達と運搬に多大な労力と資金を費やした記録が『佐草日記』にみられる。しかも寛文度造営では江戸幕府から特別な計らいがあり、造営料銀二〇〇〇貫（現在の約二〇〇億円相当）など資金調達の面で優遇を得ている。多方面からの支援で完成した宝治度造営の巨大神殿は、文永八年（一二七一）一月二日に焼失し（北島家文書）、その後は長く仮殿が続いたのである。

結び　出雲大社は第一の画期（命主社周辺の磐座）、第二の画期（出雲の森・涼殿周辺の神社、白木づくりの社殿）、第三の画期（宝治度造営、朱塗りの社殿）、第四の画期（寛文度造営、白木づくりの社殿）を経て、現在見るように厳かな社殿群が形成されてきた日本を代表する古社である。こうした謎が多いのも、その古い来歴の故であろう。また東アジア圏との文化的・技術的交流をもとに、その先進性を受容し「巨宮」を実現させたことは日本史の中で特筆すべきである。（文中、敬称略）

（岡野眞）

15 家内脱靴

日本の家には神様が庭、縁側、座敷、常居を経て神棚に来臨。ために家内脱靴となる

一昨年、学生の頃より二十余年間、住み慣れた京都を離れて名古屋に転居した。というのも、そこに父の生家があり、それは高祖父が建てた家で十年以上、空き家となっていて、前々から気になっていたからである。地域の高齢化が進み、空き家が増えると地域が活性化しない。この空き家問題に対し、建築設計の仕事に携わる者として取り組みたい、自らの手で祖父母が大切にしていた家を再生し、地域の発展に少しでも貢献したい、と考えていたからだ。

移転には、家族のこと、仕事のこと、移転先の生活環境のことなど、様々な問題を解決しなければならなかった。家族は内心反対だったと思う。けれどもその反対を押し切って計画を進めたのは、結局のところ私はこの家が好きだったからだ。子供の頃、学校が休みに入ると家族より早く来て過ごした。父は転勤族であったため、生まれてこのかた私はマンションにしか住んだことがなかった。そんな私にとって、戸建て住宅での生活は目新しくて楽しくて仕方がなかった。マンションになくてこの家にあるもの、まさにこの家での体験こそが私を建築の道へと導いてくれたのだ。子供の頃の記憶をたどって、そのことを少し考えてみた。

民家にあるもの　この家を建てたのは私の祖父の祖父にあたる權十郎である。權十郎は分家筋で、本家は道をはさみ一〇〇メートルほど先にある。明治一四年、今から約一四〇年前のこと、棟梁秋田鉄蔵によって建てられたことが棟札から明らかになった。家の平面形態はいわゆる「田の字型民家」に分類される。道路から向かって西に主家があり、東には土間。そして土間の東にかつては馬屋だったと思われ

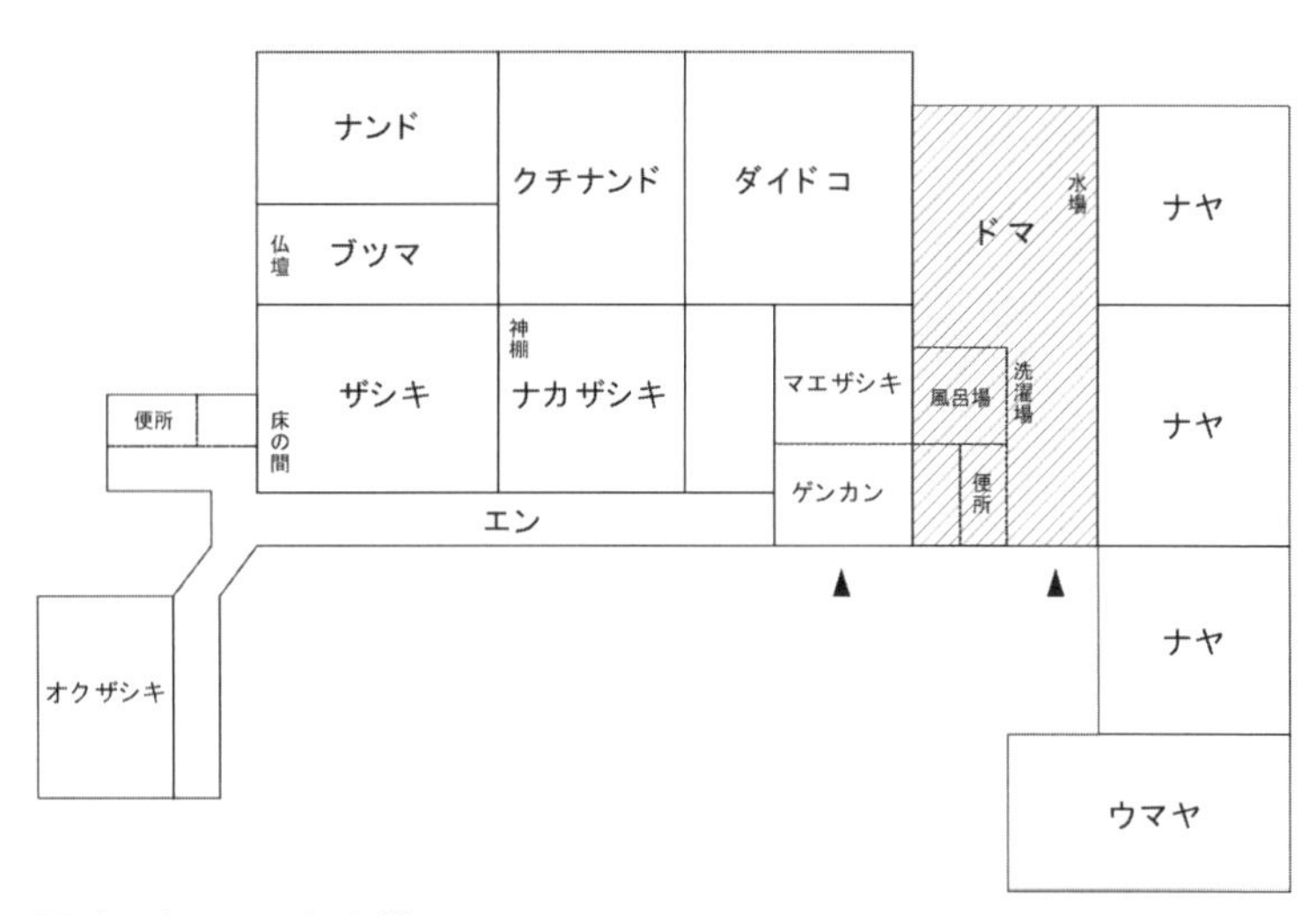

[図1] 民家の平面図（再生前）

る棟が南に延び、全体としてはL字型の平面となっている。土間には洗濯場、風呂場そして便所があったが、かつてはカマドもあったと思われる。それに対して主家は土間から五〇センチメートルほど床が高くなり、ダイドコ、クチナンド、ナンド、マエザシキ、ナカザシキ、ザシキ、ブツマで構成されている［図1］。祖父母はドマに面したダイドコで日中のほとんどを過ごしていた。そしてその他の空間はあまり使われない。両親と姉と四人で暮らすマンションで中学まで個室を貰えなかった私は「なんともったいない」と思っていた。接客空間であるナカザシキは稀にくる来客時に使われるだけで、まるで差し鴨居の上にまつられた神棚のための空間である。正月や盆など年に数回の儀式のための空間であるザシキも同様だ。日常生活は床の間が主役となっている。そしてブツマには無用に大きな仏壇が鎮座する。

日中、楽しく探検して過ごしたこの家にも、唯一嫌なことがあった。それは、日が沈んで雨戸を閉めて消灯すると、辺り一面が漆黒の闇につつまれることだ。たいていは目が慣れて何か見えるはずなのだが、いつまでたってもほとんど何も見えない。だから恐ろしくて夜、小便に行くことができなかった。我慢して目を閉じているといつの間にか寝てしまい、気が付くと朝になっていた。夜は気づかなかった雨戸の板と板との隙間からかすかに光が入りこんでくる。何だか嬉しくて布団の中から光の方を眺めていると、視界を横切る足の先が見えた。祖父が神棚に手をあわせている。祝詞なのであろうか、呪文のように何やら唱えているのだった。「そうだ、この家は神の家なのだ」。

ナカザシキには熱田神宮の神さま、ブツマには先祖の神さま、そしてザシキには禅宗の神さまというように別々の神さまが別々の空間にまつられているのである。マンションになくてこの家にあるものは神さまの存在だったのだ。

家と屋　ではマンションの住戸に、なぜ神さまがいなくなったのか。

まず、現在のマンションの原型となった公営住宅から調べてみよう。戦後の日本では、不足する住宅事情改善が最優先課題とされた。そして住宅に困窮する低所得者層が快適に住める住宅の供給を目的に様々な調査研究がなされた。なかでも西山卯三や浜口ミホらは近代的で合理的な住み方を提唱し、そこで採用された間取りがその後の公営住宅やマンションのプロトタイプとなった。浜口は次のように言っている。

「われわれはわれわれの環境における「封建的」なるものを掃蕩しなければならない。部屋の「日本的」性格——實質的には「封建的」性格——は克服され、消滅されねばならぬものなのである」

（『日本住宅の封建制』）

つまり、門構えや玄関などといった家の格式を象徴する封建的なるものを排除しなければ合理的で健康的な住宅を実現することはできない、と唱えたのである。座敷や茶ノマ、エンガワなども家の格式の高さを示すものにすぎず、生活機能的には価値のないもの、と切り捨てているのだ。

このように封建的である、として否定された要素が先にあげた神さまの依代と一致することは偶然ではなかろう。住宅の近代化とは神さまを否定することであったといえる。

また、民俗学者の宮本常一は次のように言う。

「田舎の家がどんなにかわっていっても、神だなとカマドはたいていの家にあります。……家と小屋との差は、神だながあるかないかできまりました」

「はじめ、大阪や江戸（東京）や、そのほかの町をつくっていった人たちは、田舎から出て行ったものが多く、町へ出ても、小屋がけと同じような家に住みました。こうして町には、神だなのない家もできて来たのです。また「長屋」といって、棟を一つにして、中をかべで仕切り、何人もの人が住むような家もできました」（宮本常一『宮本常一著作集七　ふるさとの生活』）

「屋」とはまさに現在のマンションのことだ。「家」と「屋」を使う漢字をあげてみると宮本のいうその違いが明らかになる。「家」は、たとえば武家、農家、商家、主家、本家、在家、旧家などである。「家」の字源はいけにえを捧げて祖先神をまつる「たまや」の意を表わす。一方「屋」は、社屋、小屋、草屋、廃屋、東屋、馬屋、楽屋、納屋などである。「屋」の字源は覆いの意を表す。（小川環樹編『角川新字源』）つまり「屋」は、機能をいれる箱に過ぎない、ということだ。

また英語でいえば「家」はアーキテクチュア、「屋」はビルディングといえるであろう。アーキテクチュアの語源である「アルキテクトニケー・テクネー」とは、テクネー(諸々の技術)を統括するアルケー(始動因)という意味である。すなわちビルディングは、物理的な意味での建物に過ぎないのに対し、アーキテクチュアは建物を変化させるものの制御を意味する。すなわち全体をまとめるという意を表す「み(御)」に「や(屋)」を加えた、「宮」(神さまの家)と同義ということだ。神をまつるのが「家」で、まつらないのが「屋」であるという宮本の主張と完全に一致するのだ。

上下足分離 日本の家は、神さまの家であるということがこれで納得できたのではないか。神社や社寺に入るとき同様、神さまの家に入るのだから、玄関で靴を脱ぐのは当然のことである。

そうはいっても「玄関で靴を脱ぐのは、靴についた汚れた外の泥や埃を家の中に持ち込まないようにするのが第一目的だ」といわれるだろう。建築の学校教育においても、このような衛生説が教えられてきたし、疑問をもつこともなかった。しかし海外に目をむけてみると、韓国やミャンマーなど日本同様に玄関で靴を脱ぐ国もないことはないが、多くの国では土足のままである。そして玄関で靴を脱ぐ国であっても、日本の家で見られる上り框といった上下足の明確な境界は見られない。

浜口は玄関を否定した。しかし上り框を否定しなかった。もちろん、靴のまま生活すべしとも言わなかった。あれだけ強烈に住宅の封建制を否定した浜口でさえ、上り框を介して対峙し、主客の格式が生まれる上り框を否定しなかった。それは何故であろうか。私には単なる見落としとは思えない。西山も浜口も「住み方」を調査するに際し物に則した使われ方に着目したのだ。しかし、そこに住む人の心の問題には触れることができなかったのではないかと推測する。

それゆえ戦後の公営住宅にも、上り框は残り続けた。これだけバリアフリーが叫ばれる今日のマンシ

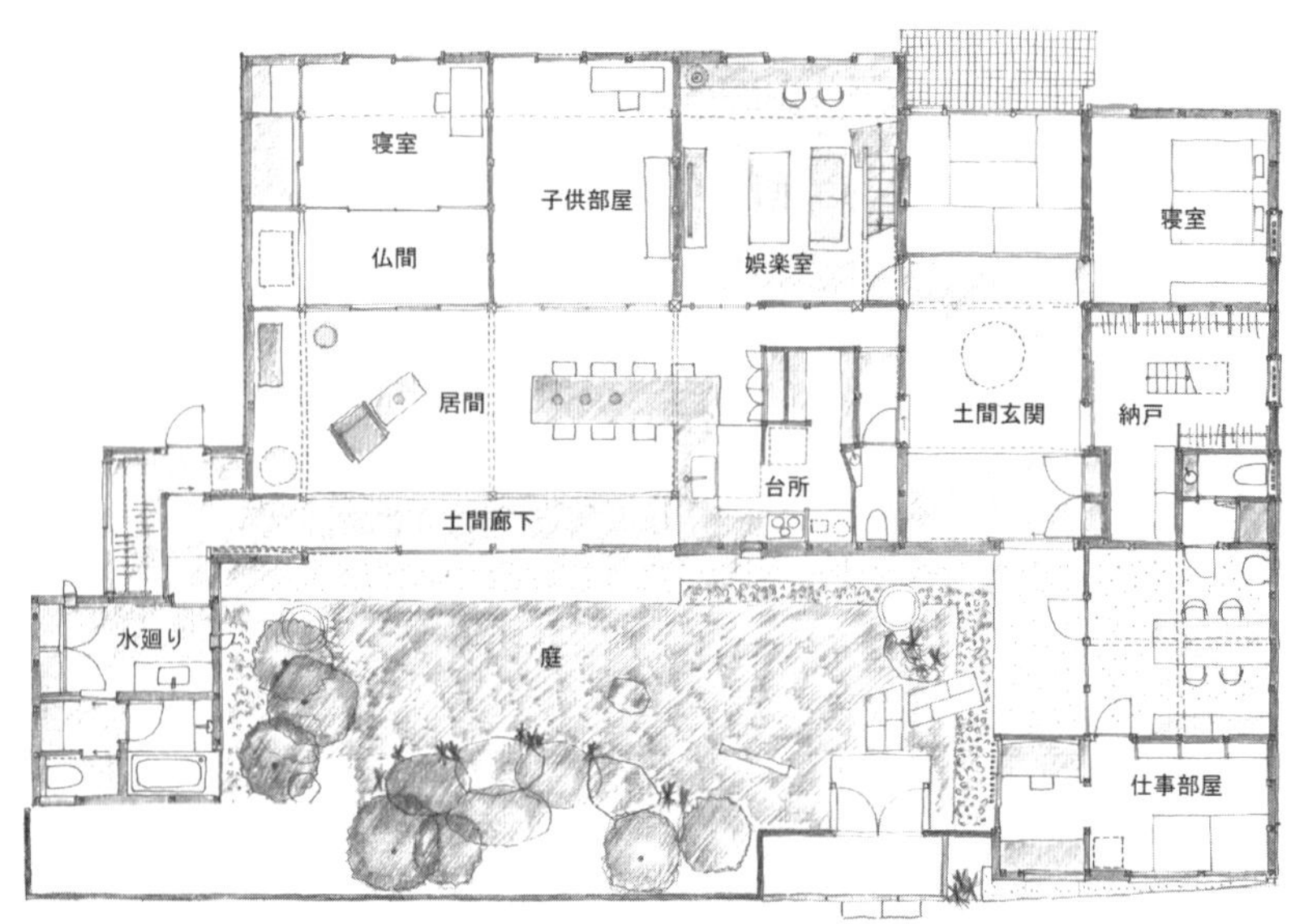

［図2］ 民家の間取り図（再生後）

ヨンにおいても相変わらず段差を設け、靴を脱ぐ生活が根付いている。だから、私たちが当たり前と考えている玄関で靴を脱ぐ、という行為には、機能的な目的以上の何かがあるのだ。住宅を機能的な「物」としての側面から見るのではなく、編者の上田が言うように、それは弥生時代の住居に見られる一棟の大きな稲霊祭祀のための稲倉であり、同時に家長のすまいである。そこでは神さまに敬意を表して靴を脱ぐが、のちそれが日本人一般のすまいになっていく。（上田篤『日本人の心と建築の歴史』）つまり住宅は「神さまの家」であり、聖的な「心」としての側面からとらえたい。なぜなら日本の家には日本人の生き方を考え直す契機があるのである。

住宅の聖性　そこで、住宅の聖性について考えてみよう。日本の家は、神さまの家である、という視点にたち、あらためて私の再生した祖父母の家を紹介したい［図2］。かつて庭に面する雨戸からこぼれる一筋の陽光をみて神さまが来臨されたと感じたように、庭との関係が鍵になる。庭は単に眺めるだけの対象ではなく、人の一生を通して神さまに見守られる場でもあった。婚礼の際は、嫁は庭口から表の縁をとおって中へ入る。そして祝宴はどんなに寒くても障子を開放して行ったという。また葬式の際には、和尚は門から庭を通って入り、また死者は玄関ではなく庭から見送られた。門松やしめ飾りは神さまの領域を示すものである。これは神さまが塀から門、門から庭、庭から縁、そして内部へと来臨されることをしめしているのである。

じっさい、庭を取り込んで、内部と一体化した空間とすることで神さまの家を体現できると考え、家の開口部を二つにした。ひとつは庭に面する大開口であり、もうひとつは土間に通じる勝手口である。神さまの通り道である庭に面する大開口は庭と一体化した内部空間とした［写真1］。かたや土間に通じる勝手口は、壁に奥行を持たせることで洞窟に入るような感覚をつくりだした［写真2］。そして、かつてのドマはモルタル仕上げの床とし、壁には土を厚く塗り込むことで、縄文時代の竪穴式住居にルーツをもつカマヤを再現した。

［写真1］ 庭より居間をみる

［写真2］ 軒下より玄関土間をみる

［写真3］ 土間玄関より北の庭をみる

カマヤが多様な日常生活の受け皿であったことから特定の機能を与えず、ガランドウの空間とした［**写真3**］。

「私の考えというのは、主家のほうはもと神さまをまつる所だったと思うのです。その神さまも先祖の神々さまであったと思います。神さまは尊いもので、尊いものはできるだけ土からひきはなして高い所にまつるようにしていたのです。……しかも、その家には、けがれたものを入れてはならない、という考え方がありました。これにたいして、カマヤのほうは火をたく所であり、また日常生活をする所だったと思います。カマヤで、くらしをたて、別の家で神さまをまつる。その神さまをまつる所で、夜は人もねむったのでしょう。神さまにまもられながら……」（宮本常一『宮本常一著作集七　日本の村』）

祖父母の家の再生が完了し、内覧会を開いたとき、面白いことが起きた。訪れた幾人かが土間から靴を脱がずに室内に入ろうとしたのである。彼らは私の思惑通りカマヤと思ったのであろうか。土間には三センチメートルの段差をつけている。また上り框の代わりに真鍮製の見切り板を取り付けていた。もちろんそこで靴を脱いでもらう計画である。最近のマンションは玄関の段差が僅かしかないので、誰もがみな迷いなく靴を脱ぐと想定していたのである。宮本が言うように日本の家では床の高さが重要な意味を持つ、ということだ。様々な神さまに対応する空間が、床框や仏壇框などを介してそれぞれ高さを変えられていたように、床の高さを利用して空間の意味づけができる。にも関わらず彼らはそうしなかったのは、空間の意味づけと高さが合致しなかったからであろう。

いつも見る庭の風景が、ふとした一瞬に心を揺さぶるような感動を起こしてくれることがある。そこではただ茫然と庭を眺めるだけで幸せな気分になる［写真4］。縁側に座り込んでいた客人は、私が明け方感じた神さまが来臨した体験を日中の光で感じたに違いない。日向ぼっことは神さまと会話することなのだ。

［写真4］居間より庭をみる

脱使い捨て住宅　かなり前の話になるが、ある商談会で老紳士より次のような質問を投げかけられた。

「私は長くアメリカで住んでいたが、アメリカでは、住人が家を買った金額よりも高くなるように自ら手入れをし、価値を高めようと努力する。しかし日本の住宅は購入した時が最高額で、どんどん価値は減り最終的には土地の価値しか残らない。これはいかなるべきか。そしてあなたは購入した時よりも価値を高められる住宅を設計することができるか？」

当時の私の答えはこうだ。日本人は住宅に対する意識が低く、こだわりをもって自分の住まいを考える人が圧倒的に少ない。愛着のある住まいが実現できれば、価値を高めることは可能だと思う、と。

しかしそれは間違っていた。数年前のことだが、白井晟一が設計した住宅が取り壊しになった。解体前に最後の内覧会が開かれると知り、訪ねた。外観は長い月日をへて周辺環境となじんでいる。室内は細部までこだわり抜かれ、住み手が愛着を持って大切に使っていたことが感じられる。完成当時よりも価値を上げた住宅に違いないと確信した。しかし解体の憂き目に合うのであった。それは何故だろうか。

私は、日本人の住宅に対する意識の低さではなく、アニミズム的な宗教観に問題があると思う。骨董が好きな人と嫌いな人がいるように古い家も好きな人と嫌いな人がいる。すべてのものに魂や霊が宿ると考えるため、傷ついた柱や黒ずんだ梁を見ると住んでいた人の魂を感じてしまうのだ。しかし、日本の家は住んでいた人のものではなく、神さまの依代であったことを思い出してほしい。神さまを祭り、庭や自然を取り入れた家は、また何百年と住み続けられるはずなのだ。

私たちはあまりにも便利な「使い捨て文化」に染まりすぎてしまった。しかし使い捨て文化が広がったのは昭和四〇年代に入ってからであり、実はそれほど長い歴史があるわけではない。日本人は物を大切にし、使い続ける精神を持っている。神さまや自然を感じられる家をつくることこそ、建築家として重要な意味をもつものだ、と信じたい。

(岡本一真)

V シロ

16 名田立士

谷地等を自力開拓した百姓は田に名を付け、刀と館と寺と山城を持って武士になった

公地公民制から荘園制へ

大化の改新後におきた律令国家体制の基本は、国家が直接人民を支配することであった。豪族支配を避けるように公地公民制、班田制など土地にかかわる制度が作られた。土地を整然と区画するために条里制が施行された。そういう区画の跡は今日も各地に残っている。南北を各一町で区切り六町四方の方形地割を作った。六町は六五四メートルであるからかなりの広さである。この地割りを「里」といったものだ。そして一里を五〇戸で編成する一里制という行政単位を作った。

口分田は一定の身分制度のもと男女ともに支給された。そのために人民を把握する必要があり戸籍・計帳（税の台帳）が整備された。これらを見ると当時としてはなかなか優れた制度だと思われるが、実情には合わなかったようだ。人間社会は絶えず動いているからである。例えば現代も年金制度の移り変わりを見るとよくわかる。高齢者人口が急速に増加しているため財源が不足し、毎年のように改定される状況になっているのだ。

班田収授の制も社会の動きに合わなかった。人口が増加して口分田が不足したからである。早急の対策をとる必要があり、百万町歩の開墾計画などをたてたがなかなか成功しなかった。そこで奈良時代の中頃に次のような法令が作られている。

・三世一身法（養老七年（七二三））……………溝、池を造成し開墾すれば三世代の私有を認める
・墾田永年私財法（天平一五年（七四三））……所有面積の制限はあるが墾田の永久私有を認める

当時は寺院の勢力が強かった。大寺院は国司や郡司の協力を得て大規模開発を始めた。荘園の始まりで墾田地系荘園という。そうして新たに開発した土地の私有が認められ班田制は崩れていく。

平安時代になると荘園はますます発達する。地方豪族による開発も行なわれ、それら開発領主はその土地を中央の貴族や寺社を本家や領家として寄進し、自身は荘官となって所領を支配する。そういう形態が増えていき、寄進地系荘園という。その結果、日本の田地は大きく公領と荘園で構成されることとなった。

扇状地の水田開発　荘園の本家や領家の多くは都に住み、実際の土地開発や農業経営には関心がなかった。水田経営の主体はあくまで現地の農民でありその上に立つ在地領主であった。

その開発は地形的な違いから二つに分類できる。すでにある条里制水田の周辺開発ともう一つは扇状地開発である。前者は条里制周辺に開墾可能な土地を見つけたり、また自然災害などにより荒廃した土地を再開発する。さらに日本は平らな土地が少なく丘陵の傾斜地や谷が多い。そこで灌漑用水路建設が容易な小河川の谷あいが主要な開発地となった。これが後者である。

京都府の山城盆地南部には小河川が多く、その典型的な形態が扇状地である。井出町のＪＲ玉水駅のすぐ南を玉川が流れている。玉川の谷口から本流の木津川までの約二キロメートルの小扇状地は美しい地形である。奈良時代にすでに東大寺の荘園となっていた。井出郷というこの地は山吹きの里と呼ばれ、またかわず(蛙)の名所でもあった。

「かわず鳴く井出の山吹散りにけり　花の盛りにあはましものを」(『古今集巻二』　よみ人知らず)

のどかな里である。ここに聖武天皇の権力者だった左大臣・橘諸兄の別荘が建てられていたが、長子の奈良麻呂のクーデターが発覚し橘家は没落した。いかなる権力も衰退の道をたどるのは歴史の常である。

平安時代には田井庄と石垣庄があったことが東大寺文書に書かれている。その水田用の水は近くの玉川を堰き止めて用水路にしたものだ。その後村の数は増えていくわけだがいくつもの文書に水論のことが書かれている。上流で川を堰き止めると下流の水量が減る、という取水の問題である。このような水論が延々と続く。江戸時代に四ヶ所の井堰で取水してそれぞれ溜池に流すようになった。ただ平安時代の引水順序はそのまま引き継がれた。

昭和三五年に上流の山間部に堤長八九メートルの貯水ダムが完成し、ようやく水論に終止符がうたれた。つまり井出郷には古代から現代までの灌漑景観がいまも生きているのである。(乾幸次『南山城の歴史的景観』)

武士の台頭　日本の武士は世界で有名である。かれらはモノノフあるいはツワモノといわれた。モノノフは古代の軍事豪族の物部氏からきており、ツワモノは強い者ということである。いずれも戦う人を意味する。

古代から戦う人はいたが、武士という階層はいつ頃登場したのだろう。平安時代後半に荘園の開発が進み在地領主が増えてくると、領主は所領の防御とともにさらにその拡大をめざす。律令制の解体により土地を開発した農民はその土地に名をつけて名田とするとその防衛が必要になる。そこでみな武器を持つようになった。武器すなわち刀は鉄から作られる。当時は砂鉄を主とし木炭を用いる直接製鋼法であったので、あちこちで行われていた。これが在地領主説である。ほかにもいくつかの説がある。戦いが発生すると当然団結する。武士団が形成されるようになる。一方天皇には子供が多く、姓を与えられて臣籍にくだった。その系統が清和源氏や桓武平氏となり地方に土着して武士の棟梁となった。

古代に話を戻すと、大和朝廷は近畿から中部、関東まで開発を進めたが、東北地方は手つかずだった。蝦夷は稲作をしていない。七世紀中頃ようやく陸奥国を置き阿倍比羅夫を派遣している。桓武天皇はそういう蝦夷征討に積極的であり、長期にわたって軍をだした。そうして延暦二一年(八〇二)征夷大将軍坂上田村麻呂は長年の戦いを一応終えることができた。

この時、蝦夷の長・阿弖流為(あてるい)と母礼(もれ)は自らの命を投げだして一族を救った。田村麻呂は彼らを連れて都へ戻ったが、朝廷は処刑を命じたのである。敵の将のいさぎよさが大和人の心を打った。東北における戦いはその後も続いた。一一世紀の前九年、後三年の役では源氏が活躍する。そして藤原三代が東北を支配する。

一方中央では源氏と平氏の争乱もおきる。そして一二世紀末平氏は壇ノ浦で滅びる。源頼朝が鎌倉に幕府を開き、以後七〇〇年間武士の政権が続く。平家物語はその源平の戦いを描いており、軍記物の最高傑作とされる。有名な書き出しの文である。

「祇園精舎の鐘の声　諸行無常の響あり　沙羅双樹の花の色　盛者必衰のことわりをあらわす」

盛者必衰ということばに世の中のむなしさが込められている。戦う者はこのむなしさと向き合っている。流鏑馬(やぶさめ)はいまも神事として行なわれているが、これを見ると馬に乗って弓を射ることがいかに難しいかがわかる。騎馬、弓射の術は、弓矢を取る身の習いとして武士の日常の訓練であった。文武の道を究めるために日々鍛錬し、いさぎよさや名誉を重んじた。武士の多くは名誉を守る意識が強かった。

名誉の対極にある蓄財を武士はきらった。また長生きにこだわらないのが武士の生き方とされた。その頃の貴族や僧侶は蓄財に励んだが、武士は清貧だった。戦乱の時には武士と農民が手を組むこともあった。

武士政権の成立　武士政権の最初である鎌倉幕府は、貴族政治とどのような違いがあったのか。大きな違いは法治の徹底である。幕府の執権となった北条泰時は武家社会の法である御成敗式目を作った。五十一条の法典で目的は裁判の公平さを示すことである。武家社会の慣習や道徳を「道理」とし成文化した。戦いに発展する武士の土地争いを裁判という方法で治めたのである。後年松尾芭蕉はこれをたたえ「名月の出るや五十一ヶ条」と詠んだ。

また幕府は経済的基盤として地頭制度を作った。この時代の公領と荘園の割合は約四対六といわれ、幕府は全国に地頭を配置して両方を統制した。地頭は公領では国司の支配を受け、荘園では荘園領主の支配を受けるので二元支配を受けるが、地頭には公領と荘園の年貢徴収権があり、国司や荘園領主は地頭を解任できなかった。御家人や荘官は地頭に任命されて所領を安堵された。ここに御恩と奉公の関係が成立した。

農民の姿　ところで中世の村落にはどのような人々が住んでいたのだろうか。それは大きく三つにわけられる。

・名主または本百姓……土地所有者である
・小百姓……土地を所有せず小作であるが自立している

・下人、従僕

そのほか鋳物師なども住み定期的に市が開かれている。このように三タイプの人が住んでいたが、下人や従僕は百姓身分ではなく村落社会から排除されていた。小百姓は名主を通じて参加するだけであったが村落の構成員であり、百姓としての連帯性はあった。その連帯性が村落の発展にもつながるのである。

そうして武家政権が整ってくると農民の側にも変化が生じた。荘園の内部から、農民自身による自立的、自治的な村が作り出されてきたのである。これが惣（そう）である。近畿地方で発生してきた惣の内容は次の通りである。

・指導者は大人（おとな）、沙汰人などと呼ばれ、地侍もふくまれる
・村民会議である寄合が神社などで行われる
・村請けが重要で、領主に代わって年貢の徴収を行う
・惣掟という警察権が行使される
・入会地や灌漑用水などが共同利用される
・宗教組織の宮座が神社の祭礼などを運営する

いまも残る農村の連帯性はこの時代にできたといっていい。惣は南北朝の時代に各地域に広がっていくが、惣自身も武装するという戦いの多い世の中になっていった。農民や地方在住の武士（国人といわれる）たちは団結して守護大名に対抗した。領民を守るため館の防備を強め、信仰の中心として菩提寺を

持った。戦乱に備えて逃げ城（山城）が各地に築かれた。

一五世紀末、史上に名高い山城国一揆がおきる。守護大名相互の戦いで焼け出された村々が連動して立ち上がったのだ。三六人衆と呼ばれた国人集団が中心となったため守護大名は撤退し、八年間一揆の自治となった。この一揆の地域は山城盆地南部で、南北に一五キロメートル程の距離である。国人の拠点となった城は一〇ヶ所以上あり、平均一キロに一ヶ所あったという。戦乱に対して地域の人々はこのような備えをしていたのだ。安全が脅かされる社会では村は自衛しなければならない。集落を濠や土塁で囲むのである。世の中は下克上の風潮がはびこる時代となった。

環濠集落　自衛の必要から集落全体を濠で囲んだのを環濠集落という。濠であり用水路でもある。集落内の通路は多くT字路、袋小路といった防御的な形をもつ。集落の出入り口は、東西南北の四方かまたは二方である。近畿地方に多く作られ、特に大和盆地では百九〇ヶ所の集落に環濠があったことが確認されている。

大和国は社寺王国といわれる。都が平安京に移っても多くの社寺は移らない。なかでも興福寺と春日大社は藤原氏の氏寺・氏神であり、最大の荘園領主であった。そして中世に守護はいず、興福寺がその役目を果たした。荘官や在地領主には多く僧侶や神職がなった。末寺の坊主を衆徒、神人（じにん）を国民と呼んだりしているが地侍と同じことである。衆徒と国民は大和盆地全体に勢力を伸ばし、数ヶ村が集まって党的な団結を結んだ。郷といわれるもので筒井郷、越智郷などと呼ばれた。一六世紀の一時期に当主の筒井順慶は大和を支配した。筒井郷は現在大和郡山市になっている。

筒井郷の近くの稗田（ひえだ）環濠集落にはほぼ当時のままの濠が残っている。平城京の朱雀大路が南にまっすぐ伸びる道を下ツ道という。羅城門から南へ二キロメートルのところにいまも稗田集落があり、その西

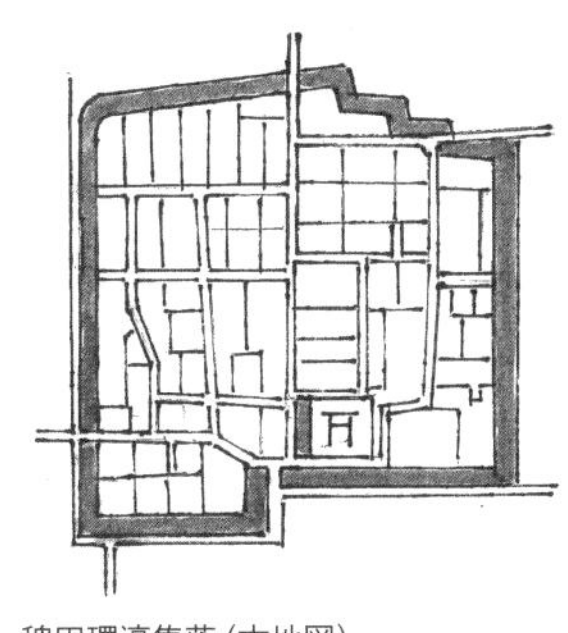

稗田環濠集落（古地図）

稗田環濠集落（西面風景）

側の濠と下ツ道はほぼ一致する。集落へはJR大和路線郡山駅から南東へ二〇分ほど歩くと到着する。現状の姿は県下最大の環濠の大きさである。東西二五〇メートル、南北二〇〇メートル。郷の幅は四～一四メートル。これだけの大きさの濠がほぼ原型をとどめている。

集落の中を見てみよう。東西南北の四方から入ることができ、中に入ると幅二メートルほどの狭い道が縦横に走っている。そして圧迫感を感じるほどに民家が密集しており、なかに長屋門のある建家も点在している。このような形態から共同体としてまとまりがあったことがよくわかる。

環濠に沿って外周をほぼ一周できる道路が作られている。外部から眺めると濠に沿って民家が建ち並び大きな屋根も見える。これだけの規模の濠があれば少々の戦いには十分たえられたであろう。いまも周囲には田畑が広がっており少し遠くに他の集落が見える。中世以来の姿が残る貴重な環濠の景観である。

この集落の鎮守の森・売太（めた）神社の祭神は稗田阿礼だ。境内は地区の人々によりきれいに整備されている。天武天皇は古事記を企画し、舎人だった稗田阿礼に帝紀や旧辞を誦みならわせた、といわれている。それから三〇数年後に古事記は完成したのである。

歴史的景観　古代から中世への時代、都は平城京から平安京に移った。

そして京都は一〇〇〇年の都となった。現在の京阪神の発展は著しく、大阪平野はほぼ市街地で埋めつくされてしまった。生駒山系がかろうじて開発の歯止めとなって、その東側にある南山城、大和地域は部分的な市街化で止まっている。長く日本の中心であったこれらの地域には、昔からの文化や歴史の景観がいまも残っている。

この章で取り上げた二つの郷は南山城と大和にある。環濠集落は南山城にも多く分布している。山城国一揆の頃には国人の拠点となった環濠集落もあった。時代が移り防御の必要がなくなると、濠は消滅したり普通の水路に変容していった。それでも集落内には防御性のある通路が保たれているところが多い。そこには中世的な景観が残っている。

（生田隆史）

17 城堅町脆

戦国武士は城を不燃堅牢にしたが、城下の家々は「自焼き」のために可燃脆弱にした

戦国時代の城下町では城や館を堅牢で豪壮なものにしたが、城下の庶民の家は燃えやすく壊れやすいものにした。なぜか、そのことを考えてみたい。お隣の中国では、鉄器の登場により戦国時代が始まったと見ることができる。確かに我が国でも鉄器の登場により弥生時代がひらかれ、戦乱の時代になった。が、日本の本格的な戦国時代は実は一三三六年以降、南北朝といわれるように二人の天皇が現れたことが原因である。つまり天皇という絶対的存在のなくなったために、人々は目先の利害で行動するようになったためだ。その象徴的な例が応仁・文明の乱である。そこにはもはや調停者もなく戦国大名たちはみずからの手で守らなくなったためである。

戦国城下町とは　戦国大名による領国の直接的で一元的な支配が進むと、その中核として戦国城下町が登場する。その主なタイプは、山城を構え、山麓に菩提寺とみずからの館と家臣団の屋敷地や町人地を持ったものである。といっても家臣団の城下集住はなお徹底しておらず、土豪・地侍などは自己の本領に居住し町人地も散在していた。戦国末期になると、交通の便や領国経営を重視して低い山・丘陵の上に城を構える「平山城」(丘城)、のちに平野部に城を構える「平城」が現れてくる。土塁や掘割で城を囲繞したものも多い。また有力商人で独占販売する「座」・「株仲間」などは解散させ、自由な商取引を保証して、商人たちを城下に集めた。「楽市楽座」、関所・関銭(通行税)の撤廃、貨幣価値や計量枡の統一などの振興策が導入され、商業が発展し、町人地が拡大、同業者町も形成されてくる(松本豊寿「城下町成立論」、矢守一彦『都市プランの研究』、小林健太郎『戦国城下町の研究』、小和田哲男『戦国城下町の研究』など)。

「仮屋」の庶民住宅　そういう戦国城下では、町人などの庶民の住宅は、掘立柱に板葺き屋根の耐久性や防火性能に劣る簡素な構造が一般的であったとみられる。掘立柱建物は、地面に穴を掘り直に柱を立てた建物で、江戸後期までは民家建築の主流であった。その柱の上に、直接、梁や桁を置き、屋根を載せた構造で、建築費が安価でかつ簡便な技術で建てられた。そういう柱材は湿気や食害などにより腐食しやすく、たびたび建て替えることが必要となる。柱の下に礎石を置き柱を支える礎石建物は、古代の寺院建築から始まって地方の政庁や城柵に広がり、中世の寺院や戦国時代の城などにも取り入れ、近世に入って上級武士の屋敷に広がり、さらに下級武士・町人・農民の住まいにも普及したとみられる。

屋根は、草葺きや茅葺きもあったが、板葺きの屋根に重石を置くか、丸太あるいは竹で押さえるのが常であった。小田原城主の北条氏直は城下町建設にあたり、京の町屋をまねて草葺き民家を京風の板葺き屋根に改めた、という伝えもある。「洛中洛外図」は、戦国時代から江戸時代にかけて主に大名家の婚礼の調度品として制作されたが、京の町や暮らしの具体的かつ視覚的資料としても、貴重であったろう。通りに接して間口のせまい敷地に、切妻・板葺き屋根の町屋が軒を並べている様子が詳しく描かれている。京の町並や町屋のデザインが、地方での町人住宅のモデルとなったと考えられる。

瓦葺き屋根が庶民住宅に用いられるのは、大火が頻繁に起こったために延焼防止に効果のある瓦葺きが奨励され、軽量で安価な桟瓦が発明された江戸後期まで待たねばならなかった。それまで瓦葺きといえば平瓦と丸瓦を用いる本瓦葺で、古代、寺院建築に始まり、国家を象徴する宮殿、地方政庁に用いられた。天皇や将軍の御所、貴族の邸宅は檜皮葺きであったが、本瓦葺きが中世末には城郭建築に用いられている。庶民住宅は風雨や火災に弱く、たびたび建て替えをおこなわなければならない上に、一度戦乱が起こると焼きだされるかもしれない間にあわせの「仮屋」のようなものだったといえる。瓦葺き・礎石建物で比較的耐久性の高い町家建築への進化は、太平の世が続き、中小の商人たちまでが財を蓄えられるようになった江戸後期まで待つことになる。

燃えても木造で再建　わが国の建築は、殿舎、城郭、寺社建築から庶民住宅にいたるまで、木造で造られつづけた。木材資源が豊富で加工しやすく木造技術が普及したことが、背景にあるだろう。

それでも度重なる火災の後、そのつど木造で建て直されている。「火事と喧嘩は江戸の華」といわれた江戸は、幕末にいたるまでの二六〇年あまりで、六三回もの大火に見舞われている（荒川秀俊・宇佐美龍夫『災害』）。もちろんヨーロッパの都市もたびたび大火災に見舞われた。なかに一六六六年のロンドン大火が有名だが、パリやベルリン、アルプス以北の主要都市もみな火災に悩まされた。そこでヨーロッパの都市は木造をやめ、教会建築のようにレンガや石を用いて不燃化にした。それに対してわが国は、江戸市街の大半を焼失した明暦の大火（一六五七）の後でさえも、木造ですべての家屋を再建した。同時期のロンドンが、大火の翌年に法で木造禁止を定め、非木造の耐火の都市に変えたのとは対照的である。レンガ造りや石造りの工法の開発、材料の生産が当時の日本には無理であったとは考えられない。有史以来何かにつけて手本にしてきた中国では、城や城壁、塔建築などにレンガや石の組積造を古くから用いてきたが、わが国にはついに本格的に導入されることはなかった。

敵・味方から焼き払われる城下　戦国時代の城下町の攻防においては「焼打ち」とよばれた火攻めが非常に多かった。元亀元年（一五七〇）、豊後の大友宗麟は肥前の龍造寺勢が籠城する佐嘉城（村中城、佐賀城の前身）の北の山麓に陣を敷き攻撃を開始した。その時の状況を『肥陽軍記』には、「大友は（中略）神仏を主敵となす人間で、村里、民家をはじめ神社仏閣に火をかけ、ことごとく焼き払った。（中略）佐賀城の北、長瀬満溝というところまで攻め寄せたので、身分の上下、男女にかかわらず、手足をばたつかせ東西に逃げまどった」とある。

攻撃側のみならず防御側もみずから城下を焼き払うことも多かったのである。攻撃側の放火は、敵を火攻めにすることに加え、敵への支援や糧道を断つためだったと考えられるが、守備側による放火は、家屋を焼き払って敵の火攻めを避けかつ見通しをよくし、攻撃拠点となるような施設や資材を与えないのが主な目的であったろう。食糧・家財が敵の手にわたるのを防ぐためだったとも考えられる。戦闘が始まると城下をまず焼き払い、「生か城（はだかじろ）」としてのちの合戦に及んでいる。そのことは多くの軍記に記されている。天文九年（一五四〇）、毛利元就は尼子晴久に居城吉田郡山城を攻められた時、毛利軍みずから吉田村に攻めに出て民家に火を放ったとみられる。『信長公記』を見ると、天文末年（一五五五）、斎藤道三は嫡男義龍の反乱に抗して「四方の町の端々から火をかけ、放火して稲葉山の城をハダカ城にした」という（首巻）。また、元亀三年（一五七二）に信長が浅井長政を近江の小谷城に攻めた折、その支城・山本山に木下藤吉郎を派遣して麓に放火させた、とある（巻五）。さらに信長は天正七年（一五七九）、伊丹城謀叛に際し、「町を占拠して城と町の間の侍町に火をかけ、ハダカ城にした」という（巻十二）。城下はいつも攻撃側に放火され、また守備側からも自焼されるべき運命に置かれていた、といえる（西川幸治『日本都市史研究』）。

堅牢豪壮な城郭建築へ　臨戦的・仮設的な軍事拠点であった山城の築城形態が、永禄年間（一五五八〜七〇）ごろから半永久的なものになり、領国支配の拠点、さらには「宮殿」としての権威の象徴となっていった。櫓、多聞櫓などの発達、防火性に優れた漆喰壁の多用、天守（天主）の発生、主殿建築と庭園の普及、二階門の発達、専門職による作事（建築工事）、石垣の利用などがその典型であった。家臣団の館も、防御性の高い「館城」になっていく。松永久秀の多聞山城はその例で、漆喰壁の多層な櫓が建てられ、その内部の廊下には金地の絵が描かれている。「家も城郭建築も瓦屋根で覆われている」と、当時、キリスト教の布教活動をおこなっていたイエズス会のルイス・フロイスが報告している（西ケ谷恭弘『城郭』）。城郭建築を、さらに豪壮・華麗なものに進化させ、近世城郭建築に手本をしめしたのが信長だが、その岐阜城を、フロイスが『日本史』に詳しく記述している。次にそれを見よう。

フロイスがみた天下覇権の城　ルイス・フロイスは、信長に接見するため、永禄一二年（一五六九）に岐阜城を訪れている。斎藤道三の死後、稲葉山城を信長が攻め落とし、その後、大規模に改修したのが岐阜城である。当時すでに城下は賑わいを極めていたようで、人口は八〇〇〇人から一万人といわれ、塩などを運ぶ荷役馬や諸国から商品をたずさえた商人たちが集まり、往来がしげく、「バビロンの雑踏を思わせる」とフロイスは述べている。この城を信長は新たに岐阜城と名づけてみずからの居城とし、「天下布武」の印判を使い始めた。岐阜城は、信長による天下統一への出発点になった城といえる。

比高三〇〇メートルもある山頂に、信長とその家族が居住する常御殿と城を構え、その山麓部に御殿、その前面には家臣団の屋敷地を設けて惣構えで囲み、その外側に町人地・市町を配した。山麓の御殿は（千畳敷とも称せられる）四層の広大な建物で、賓客・家臣との正式な対面と公式な行事の場である「表」、執務空間とみられる「中奥」、さらに奥に進んだところに城主が家族と過ごしたと思われる「奥」があった（千田嘉博『信長の城』）。以下でフロイスの報告を要約する。

「劇など公の祝祭を催すための素晴らしい材木でできた劇場風の建物とその両側には二本の大きな果樹があった。広い石段を登ると、ゴアのサバヨ（インド総督府）のそれよりも大きい広間に入る。前廊と歩廊がついていて、そこから城下の一部が望まれる。奥に進むと、多数の巧妙に造られた部屋、廊下、前廊、厠がつづき、広間の廊下の先には、絵画と塗金した屏風で飾られた約二〇の部屋があった。その周囲には、きわめて上等な材木でできた前廊が走り、その厚板地は鏡のように輝き、その壁には円形をたもった金地にシナや日本の物語が描かれていた。前廊の外には、まれにみる美しさの四、五の庭園があり、その池には入念に選ばれた清らかな小石や白砂が敷かれ、いろいろな美しい魚が泳いでいて、岩の上には各種の花卉や植物が生えていた。各部屋には、溜め池から水が引かれ、御殿の各所に泉があった。二階は完全さと技巧で下の階をはるかにまさっていた。婦人たちの部屋があり、その周囲を囲む前廊はシナ製の金襴の幕でおおわれていた。そこでは「小鳥のあらゆる音楽」が聞こえ、新鮮な水が満ちた池の中には「鳥類のあらゆる美をみること」ができた。三階の廊下の一角には静寂で優雅な茶室があり、三、四階の前廊からは、岐阜城下のすべてを展望することができた」

後日、フロイスらは、山上の城へも招待され、信長みずからの接待を受けているが、建物内部のようすについては次のように述べている。

「入口から最初の三つの広間には、一〇〇人を超える若い貴人たち（家臣の子息たち）が控え、信長とその家族に奉仕している。その先は信長が家族と暮らす御殿であり、信長が許す者以外は入ることができない。その部屋の前廊からは、美濃と尾張の大部分を展望することができた。この前廊に面した内側には、きわめて豪華な部屋があり、すべて塗金した屏風で飾られていた。部屋の中には一〇〇〇本を超えると思われる矢がおかれていた」

麓から隔絶された山上の城からの眺望は、天下を見わたせる「絶景」であったと、訪れた公家・山科言継も述べている（『言継卿記』）。また山上の城は「天守」、山下の御殿は「天主」とよばれていたといわれる。フロイスは、この豪壮な「天主」を「宮殿」と表現し、それを建てた目的は信長の絶対的な力の誇示と「地上の天国」を具現することにあった、と述べている。

シンボル・天主の登場　天主や天守の用語が初見されるのは、信長が永禄一二年（一五六九）から造営をはじめた室町将軍御所の二条城（二条第）においてである。その後、近江坂本城、高槻城、天正七年（一五七九）には安土城など、信長支配下の城について天守（天主・殿主）の用語が記されている。安土城以前の楼閣で天守閣に類せられるものとしては、奈良の多聞城で白漆喰塗りの大壁を用いた重層・大型の四階櫓があったことが知られている（『多聞聞院日記』）。

その天守閣創成の代表例として安土城を見よう。それまでの築城と異なり、家臣の居館も含めて全山石垣造りとした。威圧するような高石垣が幾重にも重なっていた。安土城をさらに画期的なものにしたのは五層七重の天主（天守）である。大手道の長い階段がそれを見あげ、軍事より「見せ方」に重きを置いた城であった。外観は、黒漆塗りの板壁と白漆喰塗りの土壁を基調とし、屋根は本瓦葺きで、軒瓦には金箔押しがほどこされていた。最上階の六階は金箔押しの壁に赤瓦葺き、その下の五階は朱漆塗りの八角堂で特別な空間であったと考えられている。内部は南蛮風唐様をもって装飾し、地階の中心には宝塔を置き、それを四層吹抜けの大空間がおおうといった類例のない空間構成となっている（その存在を疑問視する研究者もいる）。吹抜けに向けて二階に能舞台を張り出し、三階からも吹抜けを見下す設計で、五、六階には、中国の故事や儒教的・仏教的世界で天道思想が極彩色で造形されていた。『耶蘇会士日本通信』はこれを「キリスト教国にもあるとは思えない、はなはだ宏壮なもの」と絶賛している（内藤昌編著

『城の日本史』）。

　この高層・壮大な天主はそれまでにない垂直性・求心性を表現し「天上世界」を視覚化して、天下覇権を手にしようとする信長の権勢を領国の内外につよく印象づける政治的な城であった。みずからを「天」に君臨する比類なき存在であることを示そうとしたのではないか。信長はキリスト教の布教を許しており、宣教師などとの面談を通じてキリスト教世界などへの理解も深く「天」の概念につよい関心をいだいていた、と思われる。キリスト教世界の「天」に向けて屹立する大聖堂などの建築についても知っていたのかもしれない。安土城の主になることは、信長に代わって天下人となることを世に知らしめると考えたのであろう、本能寺の変の後、明智光秀は軍勢を率いて安土城に赴き天皇の勅使を迎えている。山崎の戦で明智勢が敗れると、留守を守っていた娘婿の明智秀満は安土城を出ている。代わって安土城を占拠したのが織田信雄だが、その前に本丸から出火して天主閣も焼け落ちている。信雄軍が明智の残党を炙り出すために放った火が延焼したとする説など諸説あるが、信長支配の象徴であった天主閣が燃やされたことを考えると、明智方による放火の説に理があるように思える。信長の後継に次男の信雄が選ばれなかったのは、安土城を燃やされた責任を問われたためともいわれる。ちなみに二の丸を始めとする建築は残っており、清洲会議で信長の後継とされた嫡孫三法師（秀信）が城主となった。天下人となると秀吉は、信長支配の象徴であった安土城を廃城としている。安土城は、信長による独創的な城であったからこそ、「信長色」を払拭したい者に燃やされ、解体される運命にあったのではなかろうか。

（金澤成保）

18 川除立国

天下を取った家康は京大阪に行かず利根川東遷、荒川西遷し、関東平野を沃野にした

円山川の豊岡盆地や出石盆地はかって大きな黄沼の海（古豊岡湾）と呼ばれた大きな入江の湾であった。大雨が降れば黄沼の海の日本海への出口が狭窄部になっており洪水は流出せず、大浸水被害で手が付けられない。それと戦ったのが新羅から来た王子・天日槍（あめのひぼこ）である。出石神社の掛け軸に出口を塞いでいる大岩を人海戦術で取り除いている図がある。また小田井縣神社には翁と媼の二人の神が鋼製の黒船に乗ってのたうち回る魔龍を鉄剣で退治している絵馬額が掲げられている。出口の瀬戸の切り開きである。新羅から持ち込まれた鉄文明により黄沼の海は見事に美田に生まれ変わった。蹴裂伝説の国づくりである。川除立国の見事な例である。

小田井縣神社の絵馬額

五〇〇〇～六〇〇〇年前の縄文時代の関東平野は、武蔵野台地と下総台地の間にまだ陸地がなかった。奥東京湾・東京湾が陸化していく過程で、現在の東京都江戸川区の東に江戸川、西に荒川・隅田川が順次形成されていった。元は東京湾水系、ないしは東京入江水系と称した方が素直な一つの河川とみなせる。現在の江戸川・中川・綾瀬川・荒川・隅田川は同じ遺伝子を持っているということである。利根川と荒川は古墳時代には大宮台地の東方を流れていた。両河川は洪水の度に自由奔放に流路を変えていた。しかし現在は利根川も荒川も別の河川となっている。つまり利根川は東遷し、荒川は西遷している。山際のやや高い所に河川を付け替えている。これはどういうことか。わざわざ洪水の危険が増え

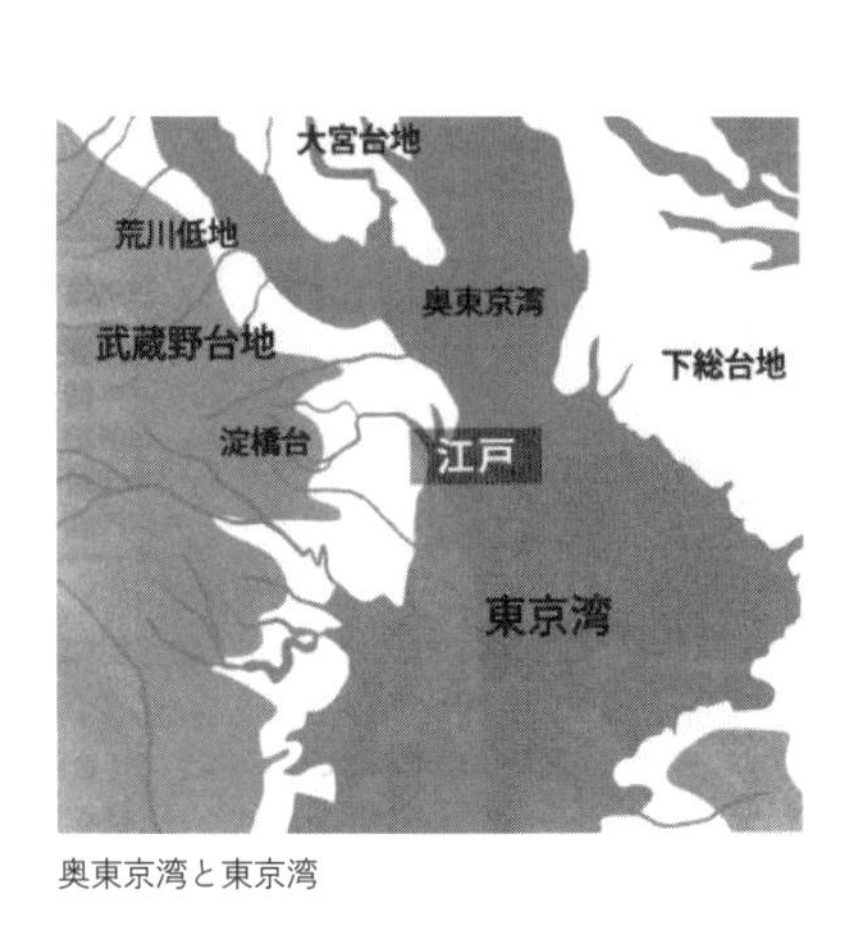

奥東京湾と東京湾

るところに付け替えているが、これにより真ん中にあった四〇以上の沼沢地を新田開発している。

昔の利根川筋には見沼用水が、荒川筋に葛西用水が作られたのである。新しくできた広大な新田に用水を配る為である。一番低いところでは昔の利根川筋と荒川筋が小さな排水路になったのである。日本は氾濫地を遊水制御し、新田化した国なのだ。「農は國の大本なり」といわれ、開墾した土地が自分の農地になる荘園では、皆、一生懸命、農地の開発に尽くした。その技術がとうとう世界最大の仁徳天皇陵の築造をも可能にした。川除立国である。

家康に信玄の治水を伝えたのは鉱山師・大久保長安である。

天下統一を成した徳川家康は京にも行かず遠江や静岡にも還らず江戸に居て新田開発による富国策を選択し利根川・荒川の治水を伊奈流治水に託した。のち八代将軍の吉宗はさらなる新田開発を目指し、紀州流治水の井沢為永による川除に取り組んだ。

見沼用水が通る地は、伊奈忠治が溜井をつくる以前は広大な湿地帯で、耕作にはまったく不適な荒地であった。徳川家康は天正一八年（一五九〇）に江戸に入府して以来、開墾を奨励し、その結果、見沼付近の低湿地も開発され始めた。開墾のためには広大な農地を潤す十分な農業用水が必要である。関東郡代・伊奈忠治は、寛永六年（一六二九）、見沼の横幅の最も狭いところを選んで木曽路から附島に至る約八丁（約八七二メートル）の間に堤と一一九〇ヘクタールの池を築き、その東西二ヶ所に取水樋を新設した。この溜井を見沼溜井と称した。

この溜井は上流地域からの排水により、下流の戸田領、浦和領、笹目領の約四九五ヘクールの農耕地

縄文時代の海と貝塚

を灌漑できる水源となった。その結果、急速に新田開発が進み、享保期にはその限界近くまで達し、上下流の地域対立も増えてきた。

八代将軍吉宗は、幕府の財政改革として米の増産をはかる新田開発を基本とする享保改革を強力に進めて米将軍といわれた。吉宗は享保一〇年（一七二五）に紀州藩士の井沢弥惣兵衛為永を幕府に取立て、勘定吟味役として見沼溜井干拓の検分を命じた。幕府は年貢増収を目指して、さらなる新田開発を行うべく、享保一一年（一七二六）に、普請役・保田太左衛門に命じ測量を始めた。中央部の排水路（芝川）を開削し、溜井の水を排水して見沼溜井を干拓するとともに、新たな水源として利根川の用水路を開削して導水する計画とした。干拓と並行して用水路の開削が進められた。これを見沼溜井に代わる用水路という意味から「見沼代用水路」と名付けた。

工事は享保一二年（一七二七）より幕府直轄で行われた。水路は既存の田畑がつぶれるのを少なくするため可能な限り高い標高とした。そのため用水路は、

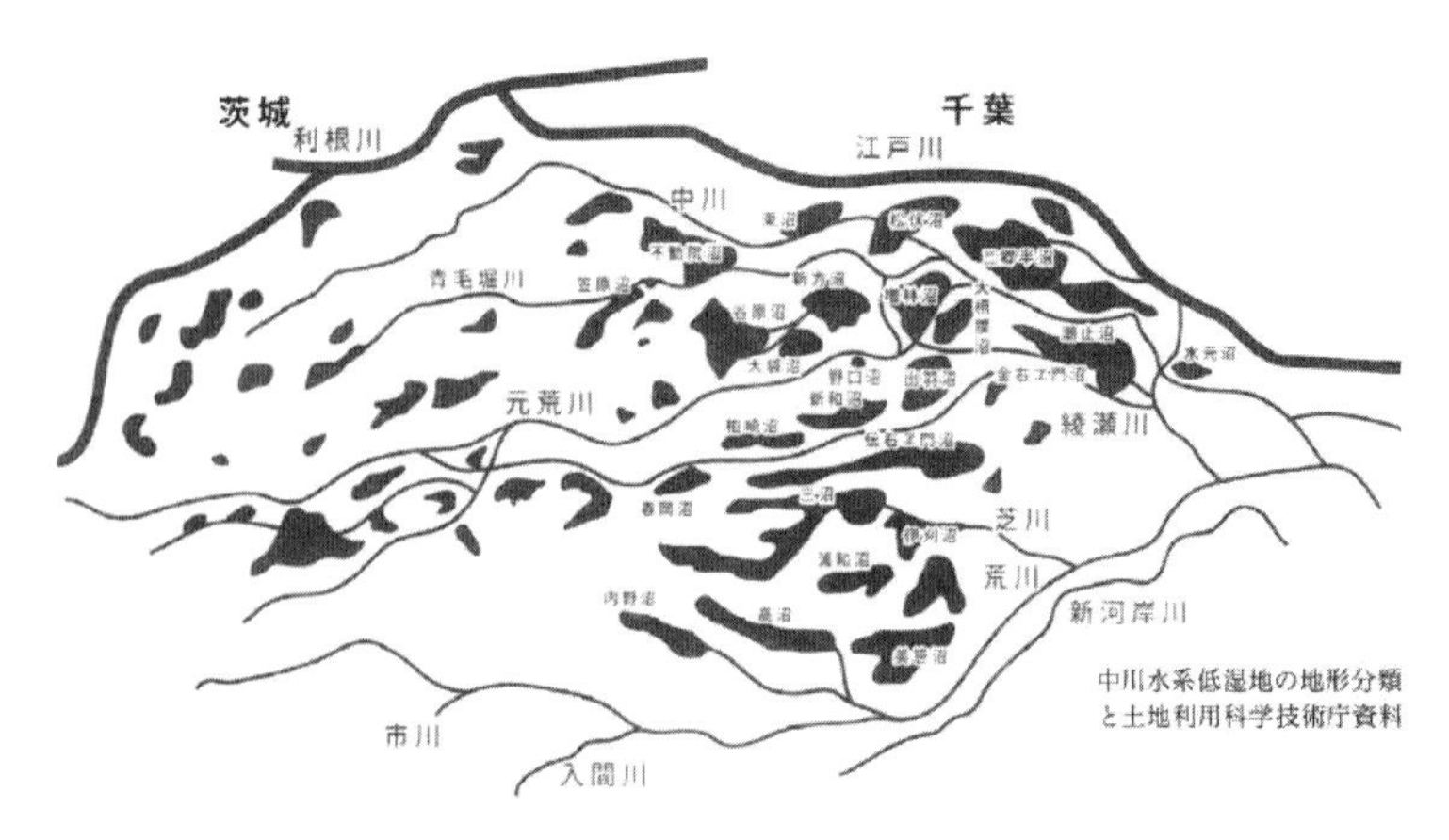

中川流域沼跡図（1590～1640年）

見沼溜井の西縁と東縁に二ルートを開削し、そこから中央の低い広大な新田に水を送るようにした。水は用水の取入口の元圦から延々と引いてくる。その間の高低差を克服するため、伏越（逆サイフォン）や掛渡井（水路橋）が設けられた。

用水路の延長は約九〇キロメートル、そのための用地は一七六・五ヘクタール。大半は崖地や不毛地であり、田畑を潰したものは約六四・五ヘクタールにすぎなかった。延べ九〇万人を動員し、費用二万両。その結果、見沼代用水周辺の多くの沼沢地も干拓され、約五九五ヘクタールの新田が生まれ、灌漑面積約一五〇〇〇ヘクタールを超える日本を代表する大用水となった。乱流、乱床だった元荒川・中川・綾瀬川の大低平の湿地帯の川除に、伊奈流・紀州流治水が貢献し、徳川幕府の基盤をつくった。川除立国である。

元来武士は所領経営者ではなかった。しかし、諸国の荘園公領間で武力紛争が頻発するようになると、軍事紛争に対応できる武士がしだいに所領経営者になっていった。その武士の中でも、水害から所領を守る川除の巧者が大きな力を持つようになり、国を治めるようになって

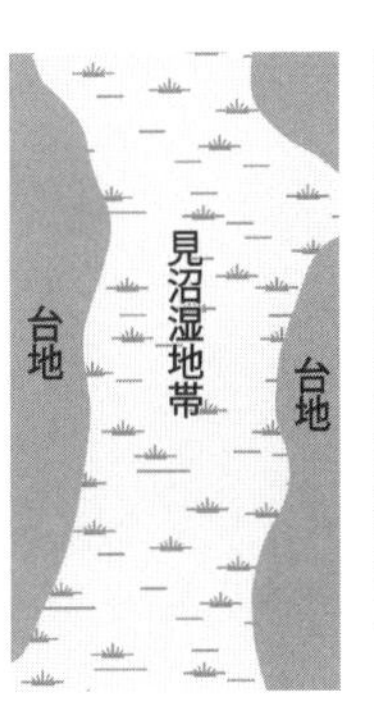

当初

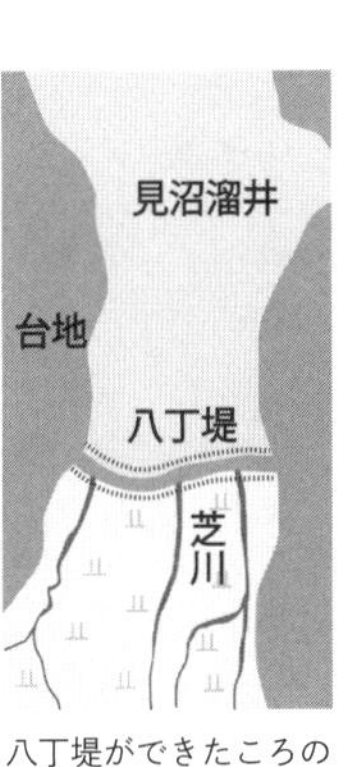

八丁堤ができたころの略図（関東流）

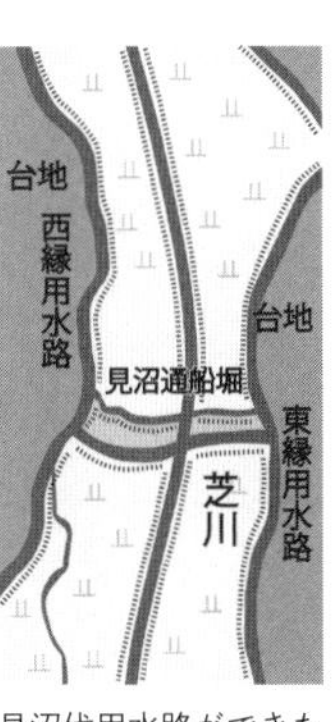

見沼代用水路ができたころの略図（紀州流）

いった。武田信玄、豊臣秀吉、徳川家康などの武士による川除立国である。武士が川除で大きな力を持つようになったのは質の高い百姓の知恵が大きな役割を果たしている。百姓の知恵全書ともいうべき著者不詳の『百姓伝記』に異色の「防水編」が組みこまれ、治水の知恵が伝えられている。百姓による川除立国といっていいのではないか。各地の有力者たちが谷地や扇状地などを開発して名田なる私田を作り出し、それを守るために彼らは武士となった。やがてその武士たちがさらに大河川の乱流乱床地帯をも開発し、同時に土地を与えられた人々を足軽にして大きな戦力とし、天下を握り、国家を運営し、後に官僚化し、明治以降には今日の近代国家を作り上げたのである。

　元荒川・元利根川は、奥東京湾であった広大な中川・綾瀬川の低湿地・沼沢に流れ込んでいた。この広大な武蔵の低湿地を新田開発しようと考えたのが利根川東遷と荒川西遷の根源の目的であった。

　新しい荒川は広大な低湿地の西縁の入間川に流路を切り替えるために和田吉野川を開削している。新しい利根川も、広大な低湿地の東縁の江戸川に流路を切り替えるために宝珠花の台地を大開削している。そうして広大な新田が生まれた。高い位置に流路が切り替えられた、荒川や江戸川は広大な新田への用

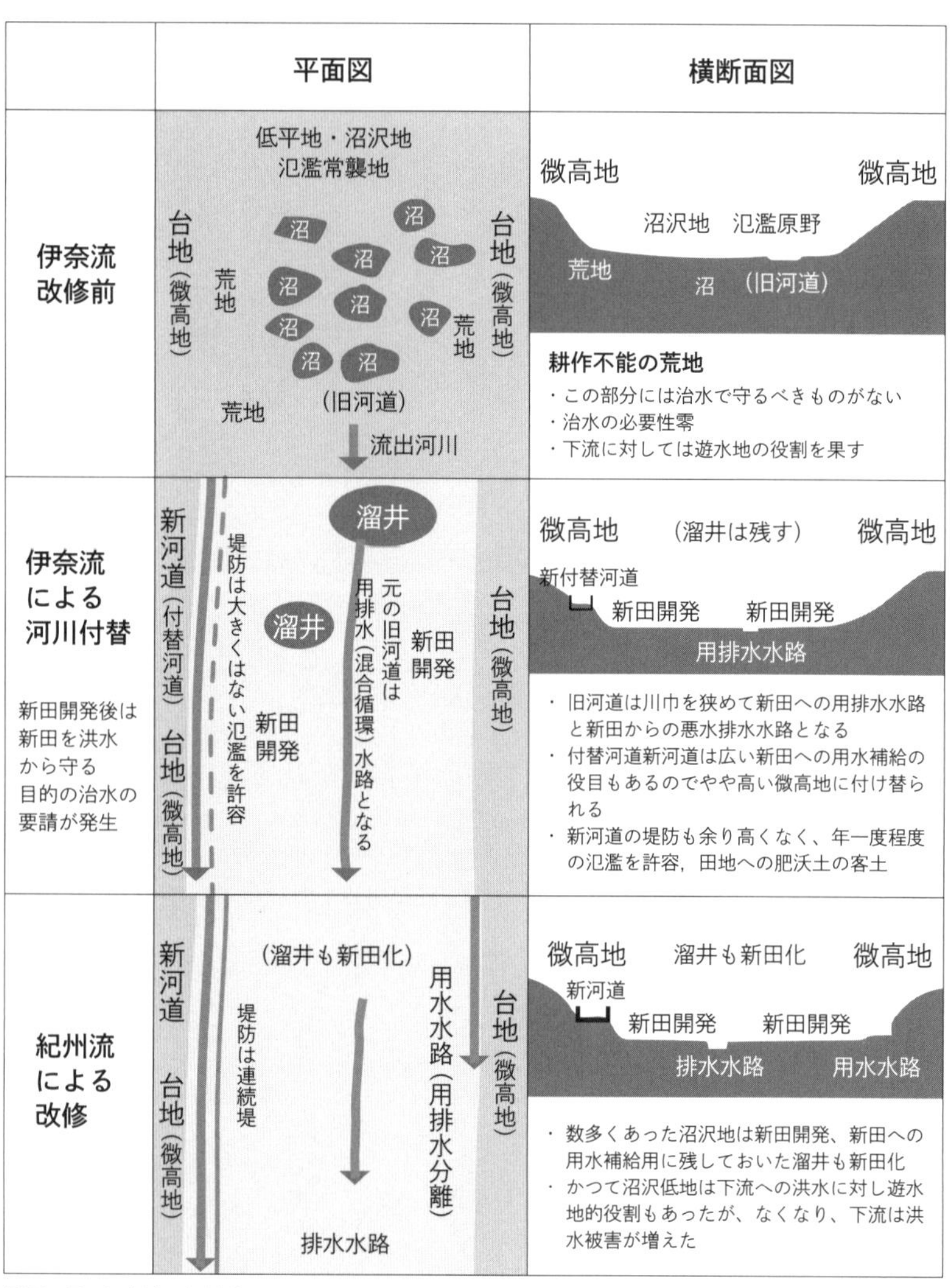

見沼に見る伊奈流と紀州流

水源の河川となり、従前、低い位置を流れていた古荒川と古利根川は、広大に開発された新田への用水路になるとともに、排水路の役割をも背負うことになる。であるから見沼用水と葛西用水の水路の位置は元荒川、元利根川の流路と見なせる。

このように中川・綾瀬川の広大な低湿地を安定した水田地帯に変える基礎を築いたのが、江戸幕府で代々関東郡代を務めた伊奈家の人々である。特に江戸初期に行われた利根川の東への付替え、渡良瀬川と合流させたうえで宝珠花の台地を開削して江戸川に流す。一方、荒川を西に転流させ入間川へ合流させる、世にいう「利根川東遷」、「荒川西遷」の大河川事業は伊奈家の業績であり、この河川工事方式は伊奈流あるいは関東流と呼ばれるのである。

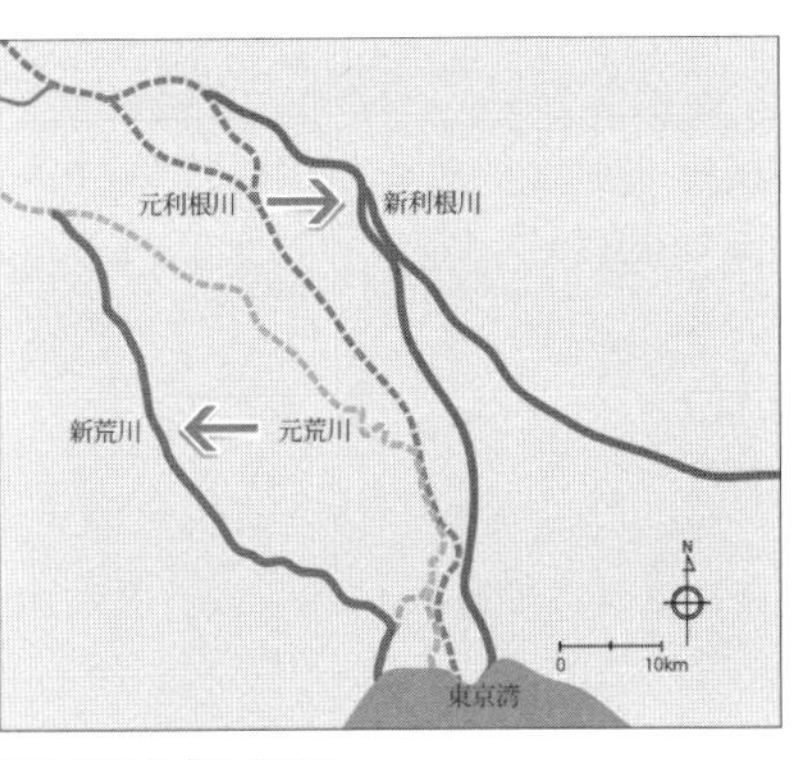

利根川東遷・荒川西遷図

そして伊奈流治水の特徴は武田信玄の甲州流治水の流れを汲み、自然に逆らわぬことを基本においている。中小洪水には自然堤防を主として、他に部分的な人工堤防を築いてこれを防いでいる。大洪水には堤防を越水させ、遊水池で流れを滞留させ、堤防は強固なものでなく低い堤防である。堤防の外側に中土堤、控え堤等で洪水を防いでいる。新田開発による耕地化に適さない低湿地は溜井と称する滞水池を設けている。

初代関東郡代を務めた伊奈備前守忠次から忠政・忠治・忠克まで四代六〇年の間に大規模な河川工事が行なわれた。その後、一二代まで実に二〇二年にわたり諸々の普請が続けられた。郡代は代官より格式が高く、勘定奉行の支配を受けて幕府領を統治した。幕府のお膝元の武蔵国を中心に歴代が幕府領三〇万石前後の地を世襲的に支配した。伊奈家一二代二〇二年は別格かつ異例中の異例であった。

利根川東遷と荒川西遷の目的については、①洪水防除、②新田開発、③東日本からの舟運、④東北防御等いろいろな説がいわれている。しかしその主目的は明確に新田開発であった。洪水防除ではない。主目的は沼沢地帯の新田開発であった。日本の国家の起源は内水除去に因るものなのである。

（竹林征三）

19 婆沙羅椅

神様来臨で人々は床に這いつくばったがバサラは拒否。椅子に拠ったが続かなかった

畳という敷物　日本の伝統的建築の特徴は、土座と床座があり、椅子やベッドなどの家具を用いない生活を前提とした構造とインテリアを持つことである。古くは土座は人間の空間だが、床座は神のご来臨する空間と認識されていた。床座において重要なアイテムが畳という敷物であった。敷物は毛皮、絨毯、布など世界各地に見られる。日本でも縄文時代に、竪穴式住居において敷物が用いられたと考えられている。例えば弾力のある植物の茎を編んで作った「薦（こも）」である。貞観三年（六二九）成立の『随書』倭国伝に、

「草を編みて薦と為す。雑皮を表と為し、縁為に文皮を以てす」

とある。このことから、七世紀には貴人の住まいなどで、草で編んだ薦に装飾的な縁取りをほどこした敷物が用いられていたと考えられる。一方、「畳」という言葉は和銅五年（七一二）に完成した『古事記（中巻）』に初めて登場する。

「葦原のしけしき小屋に菅畳、いや清（さや）敷きて我が二人寝し」

現代語に訳すと、「葦原の粗末な小屋に菅畳を華やいだ気持ちで敷いて二人で寝た」となる。また

「内に率て入りて美智の皮の疊八重を敷き、亦八重を其の上に敷き、其の上に坐ませて」

現代語訳すると「直ちに宮殿内に招き入れ、海驢の毛皮の畳を八重に敷き、さらにその上に絁の畳を八重に敷き、その上にお座りいただき」となる。これらは畳と表記されているが、「アシカの毛皮」「その上に座った、或いは寝た」とある通り、たためる程度の薄手の敷物を指している。

奈良時代（八世紀）になると、藺でつくられ、より緻密に織られた「蓆」が多く作られるようになった。貴人が用いる高級品には色彩豊かな文様が用いられ、裏地や絹で織られた錦の縁がつけられるようになるなど、以前にもまして意匠にも工夫が凝らされるようになった。そして、厚みのある畳が作られるようになったのはそれ以降である。畳は弾力に富む菰蓆の表に手触りの良い藺蓆をかぶせ、さらに周囲に縁をつけて補強したものである。菰蓆は複数枚重ねることもあり、重ねない一枚のものを薄畳、複数枚重ねたものを厚畳と呼んだ。室町時代からは薄畳は「薄縁」と呼ばれるようになり、畳の語は厚畳にのみ使われるようになったために「厚」の語が抜け落ちた。しかし当時は厚畳といえども蓆を数枚重ねた程度のもので、現在のような板状のものではなかったため軽くて柔軟性があった。薄畳は下敷きとして敷き詰められ、その上に座具や寝具として厚畳を用いた。つまり厚畳は部屋全体に敷き詰められるのでなく、座る場所や寝所にのみ家具として置かれたのである。

床という板敷き　ところで床の読みにはトコとユカがある。竪穴式住居の遺構の中には、ヘヤの一部が高くなっている場所がある。いわゆる「ベッド状遺構」と呼ばれるもので、この場所に薦を敷いて寝所として用いたとされる。これがトコの原型である。竪穴式住居は東北地方では室町時代ごろまで存在したが、西日本では平安時代頃までには見られなくなった。しかしその名残りは農家住宅の土間として近代にまで見られた。

一方、床のもう一つの読み方であるユカは、板敷きを指している。ユカという言葉には、本来「斎々(ゆゆ)しい場所」つまり「神聖で、恐れられる場所」という意味がある。日本におけるユカの歴史は、稲作つまり耕作の伝来と関係が深い。縄文時代末期（およそ三〇〇〇年前）に大陸から水稲耕作が伝来した際、ユカの文化も伝来した。そして弥生時代に入り、収穫した米などの穀物の保管に使われたのが木のユカを持つ高床式倉庫の高倉(たかくら)であった。この高倉には単なる保管庫として以外に、穀物の命を神聖なものとして守り、祀る意味合いがあった。それにより翌年の豊作がもたらされると信じられたのである。その後、神聖なものは高所においてこそ神威が保たれる、という思想が日本に定着し、それは神だけでなく、神威を背景にした呪術的権威を持つ者、まつりを司る者も穢れ(けが)を持ちこまないために高床の家に住むようになった、と考えられる。この祭祀を司る者には、天皇や貴族も含まれる。古代の王は武力による征服活動を行う一方で、その権威の正当性を裏付けし統治を円滑に行うために呪術的権威を必要とした。

このような権威を背景に国を治めた者としては邪馬台国の女王の卑弥呼が有名であるが、大和の政権においても例外ではないだろう。年中行事には、現代にも受け継がれている新嘗祭(にいなめさい)をはじめ豊作を神に祈り、その加護を求めるものが多い。よって天皇や貴族は呪術的権威を保ち、穢れを極力避けるために早くから高床の家に居住した。高床の家に住み、牛車(ぎっしゃ)を用いて移動することで高所に留まり続け、土に直接触れる穢れを避けたのである。仏教においても、また平安時代の国風文化で盛んとなった建築においてもこのような思想の影響がみられた。それまでの寺院の禅宗様(ぜんしゅうよう)や大仏様(だいぶつよう)はユカのない土間敷きであった。

御床というベッド　以後に建てられた金剛峯寺、延暦寺などは板敷きのユカを持つようになった。

古代の皇族や貴族の家にはベッドにあたるものも存在した。古墳時代（三〜七世紀頃）の出土品の中にはベッドをかたどったとみられる埴輪が存在するからだ。その形状は古代中国の王が用いたものによく似ていたため、古墳時代の日本の王たちは、朝貢や貿易など大陸との交流を通して中国文化の影響を受け、権威あるものの寝所としてベッドが用いられるようになったと考えられる。その習慣は奈良時代（八世紀）にも見られ、正倉院宝物には最古のベッドである「御床」、そして寝具に相当するものが残されている。これらは聖武天皇（神亀元年（七二四）〜天平勝宝元年（七四九））の私物であり、七七忌（四九日の法要）に東大寺の盧舎那仏に奉献された品々の一部である。天平勝宝八年（七五六）の第一回の献物の目録『国家珍宝帳』によると、奉献された品には「御床二張　並塗胡粉具　黒地錦　端畳　褐色地錦　褥一張　廣長亘　両床　緑絹袷覆一條」との記載があり、御床すなわちベッドはほぼ完全な状態で現存する。長さ七尺九寸（約二〇〇センチメートル）、幅四尺（約一五〇センチメートル）、高さ一尺三寸（約五〇センチメートル）の檜製で、上面はすのこ状の構造を持ち、四本の脚がついている。現代でいう「すのこベッド」に近いものである。

［図1］御床

　これを二台並べ、その上に花鳥文を表した錦の縁を付けた厚畳、さらにその上に褥（敷布団）を敷き、覆（掛布団）をかけていた。また御床は「斗帳」と呼ばれるカーテン状のもので囲まれ、この場所を奈良時代、平安時代にはユカと呼んだ。先述の通りユカは神聖な場所という意味を持つ。これとよく似たものが、伊勢神宮の内宮正殿内にも見られる。御床の上には、小舗、被が敷かれ、その上に御船代と呼ばれる細長い器が乗せられる。その中にある霊代という器にご神体が納められる。この点からも、ユカと御床つまりベッドは神が神威を保つための場所であり、神とつながる天皇や貴族たちが、穢れを避け、神の加護をその身に受け、神威を背景とした権威を保つ場としての意味合いがあったと考えられる。御床が置かれたユカは、奈良時代以前は壁に囲まれたプライベートな空間であった。奈良時代までの貴人の邸宅では、儀式で使う公的で開放的な空間とこのような閉鎖的な空間とが併設されていたのである。正倉院には、当初、聖武天皇愛用の家具類も多く収蔵されていた記録があることから、当時のインテリアは御床以外にも多くの家具が用いられたと考えられる。さらに、政務を行う大極殿には天皇の玉座である高御座が設置された。細かい形状などは不明だが、七世紀前半までの日本では椅子を用いるのは最高位者（天皇）のみであり、それ以外の者はゴザに座っていたと考えられる。その後、親王や中納言以上の貴族は倚子と呼ばれる座具に座り、それより下の者は床子と呼ばれる台の上に座るようになった。六位以下の官人は、簡易な折り畳み式の脚を打ち違いに組み、革や布を張った交椅を用いた。

　これらは位階に応じ厳密に形状や装飾が分けられており、朝廷内での地位を表す意味があったと考えられる。折り畳み式の床子は携帯できることから、屋外での儀式、狩場での休息、さらには武士の陣中椅子としても用いられるようになる。特に背とひじ掛けは、腰かけるという椅子の機能から必ずしも必要ではない。背とひじ掛けは、権力の象徴としての意味を持っていたのである。

書院造で家具がビルトインされる　平安時代に入ると住宅の構造に大きな変化が起こる。閉鎖的な空間が縮小化され、柱が立ち並ぶ開放的な構造になったからだ。これが寝殿造である。寝殿造が貴族の邸宅に用いられるようになったのは、正月大饗という宮中の宴会が、高位の貴族の邸宅で行われるようになったことが理由である。元々、正月大饗は全ての役人が参加して豊楽院で行っていたが、九世紀半ばごろになると内裏で行われるようになり、貴族（五位以上）の者以外は参加できなくなった。そのため高位の貴族は自宅で正月大饗を開き、官人たちをもてなした。そのために邸宅に大空間が必要とされたのである。寝殿造の邸宅では、大空間に建具や家具を配置することで部屋をアレンジし、大空間を確保することが可能であった。なお、この段階でも畳は床全体には敷き詰められず、座具として扱われていた。

しかし寝殿造はすべてが開放的空間だったわけではない。一角には「塗籠」と呼ばれる壁で囲まれた場所があり、そこは主人の寝所として使用された。また先祖伝来の宝物を納めた唐櫃が置かれた場所でもあり、祖先神を祀る神聖な空間としての役割もあった。主人はそこで寝起きすることにより、祖先神の神威を受けることができたのである。また塗籠は婚礼、産所、遺体安置所としても用いられた特別な空間でもあった。つまり奈良時代におけるユカと同じ役割を果たしていたのが塗籠である。

寝殿造は高位の貴族の邸宅であり、その他の貴族や官人の住居とは異なっていた。平安時代後期になってから、彼らの住居には明らかな変化がみられるようになった。そのきっかけとなったのは、建具の発達である。寝殿造における建具は跳ね上げ式の「蔀」や両開きの「妻戸」であった。これらは「開け放つ」「締め切る」のいずれかしかできなかったが、新たに普及した「遣戸」は引き違い戸で、解放状態の加減ができるだけでなく、紙張りの「明かり障子」として室内に光を入れることも可能で、利便性の高い建具として普及した。室内においても、襖や障子が衝立や屏風に代わって用いられるようになり、部屋を用途ごとに細かく区分するようになった。また畳の扱いも大きく変化し、鎌倉時代には、広い部屋は追い回し敷き、小さい部屋は全面敷きになった。さらに室町時代になると畳はほぼすべての部屋で敷き詰められるようになった。

一四世紀の絵画を見ると畳の側面が描かれていないものが多い。これは畳を敷くことを前提に、床と敷居に段差を設け、畳が床材としてビルトインされるようになったことを意味する。同様に、多くの家具もビルトインされ、家具を排した書院造が成立したのである。

バサラで椅子が登場　中世で異彩を放ったのが、鎌倉時代から室町時代前期に流行した「婆娑羅」である。婆娑羅はサンスクリット語でダイヤモンドを意味する。平安時代に、雅楽・舞楽の分野で伝統的な奏法を打ち破る自由な演奏を指した。それが転じて鎌倉時代末期から室町時代初期にかけては、伝統的な支配体制に反抗的な「悪党」と呼ばれた新興武士たちの中でも、さらに既存の価値観にとらわれず、人目を引く姿格好で好き勝手に振舞う者達を指すようになった。彼らは実力主義者であり、伝統的な権威には反発した。後の「下剋上」につながる思想である。しかし婆娑羅はただの反権力志向の無法者ではなく、武力と財力、幅広い文化的教養を兼ね備え、人々から一目置かれる存在でもあった。婆娑羅の中には近江国守護大名の佐々木道誉のように、中国から輸入された華美な調度品（唐物）などをふんだんに用い、闘茶（お茶を使った賭け事）などに興じる者もいた。南北朝時代を描いた歴史文学である『太平記（巻三三）』には、

「都には佐々木佐渡判官入道々誉始として在京の大名、衆を結で茶の会を始め、日々寄合活計を尽すに、異国本朝の重宝を集め、百座の粧をして、皆曲彔の上に豹・虎の皮を布き……。」

現代語訳すると「都においては佐々木佐渡判官入道道誉をは

［図2］曲彔

じめ在京している大名らは、仲間を組んで茶の会をはじめ、日々寄合っては贅沢を追い求め、異国や我が国の貴重な品々を集め、それぞれの人がそれぞれの装いを凝らし、全員が曲彔の上に豹や虎の皮を敷き……」となる。

曲彔とは、同時期の禅宗寺院に見られた中国伝来のフレームがカーブした椅子である。仏教権威を表す曲彔に力の象徴である猛獣の皮をかけることは、仏教権威をも恐れぬことを誇示する政治的パフォーマンスであった。「婆沙羅椅（ばさらい）」とでも言うべきものである。

婆沙羅は旧来の常識にとらわれず、先見の明を持ち、武勇や政治手腕に優れる者が多かった。室町幕府執事高師直（こうのもろなお）は圧倒的な武勇で畿内の南朝勢力を制圧し、建武の新政で新たに作られた仕組みを巧みに利用して室町幕府の政治機構を作り上げた。その才覚は室町幕府内の力の均衡をも破壊し、観応の擾乱を引き起こした。佐々木道誉も、従来の荘園経営以外に、新たな産業である流通・商業を重視し莫大な財を得た。承久の乱から南北朝時代まで続いた天皇の政治的地位の低下と鎌倉時代末期からの経済システムの変化が、婆沙羅という新たな「神」を生み出したとも言える。婆沙羅は古代から続く天皇家の「血縁」による権威と統治に、新たな時代の神たらんと挑戦した。彼らが用いた婆沙羅椅は、その象徴でもあった。

しかし永享の乱以降、天皇の権威は復活を遂げ、新たな神（婆沙羅）が古き神（天皇）に取って代わることとはなかった。彼らの思想の一部は織田信長をはじめとする戦国大名に受け継がれていくが、彼らの中に再び天皇の権威に挑戦する者はなく、婆沙羅椅も用いられなかった。

こうして婆娑羅や婆沙羅椅は姿を消していくが、その文化の片鱗は戦国時代末期から寛永年間に渡って見られた傾奇（かぶき）にも見られた。傾奇は下剋上と幕藩体制の価値観の衝突を背景に、奉公人や浪人が中心となって生みだした風潮である。しかし下剋上の世が終わると、彼らは婆娑羅のような富と力を得ることはできず、幕藩体制の安定と共にその歴史的な意味を失い、急速に風俗化していく。その結果、近世には婆娑羅の用いた椅子が受け継がれなかった、と考えられる。いずれにしても婆娑羅は、中世において椅子が使用された稀有なケースと言える。

草庵で再び家具はビルトイン　一方、婆娑羅と対極的な存在として「草庵（そうあん）」がある。仏僧らが人里離れた山林に庵を結んで修行を行う山林修行の場として用いられた。平安時代には密教や修験道が隆盛し、鎌倉時代に入ると、社会の変化の中で没落した者たちが隠遁生活を送る場として草庵が結ばれたりした。こういった背景から、草庵は婆娑羅とは対照的に草葺や網代壁（あじろかべ）など粗末な建築材で作られ、畳を敷き詰め、家具を極力、建物にビルトインするなどシンプルな建物となった。

さらに安土桃山時代から江戸時代初期にかけて、婆娑羅の色を強く受け継ぎ、壮麗な障壁画や天井絵、飾り金具で彩られた豪華絢爛な書院造が作られた。これは権力を誇示する舞台装置でもあった。その後、質素倹約の気風が尊ばれるようになると華やかな装飾は退き、材やその細工を良しとする数寄屋造（すきやづくり）が生まれた。しかしこれらの近世建築においても、椅子が用いられることはなかった。

文明開化と椅子の再登場　再び椅子がインテリアとして登場するのは明治時代に入ってからである。文明開化が叫ばれ、日本の生活習慣は大きく洋風化した。着物は洋服に変わり、洋館建築が建つようになった。特権階級の邸宅では応接間として板敷きの洋間が設けられ、椅子が並べられた。欧米人を招くには洋間が必要で、椅子を用いることで洋服に皺がつかないことがその理由であった。明治時代の西洋文化を象徴する建築は鹿鳴館（ろくめいかん）である。そこにしつらえられた椅子は漆塗りの蒔絵を施すなど日本独自の椅子が生まれた。大正時代には和洋折衷の文化住宅が建てられるようになり、欧米と同様に椅子は生活に必要な道具として使われるようになった。

しかし、再び権威を示す象徴として椅子が用いられるようになったのもこの頃である。それは現代も変わっていない。例えば皇居における叙勲式がそれだ。

天皇の背後には、漆塗りで蒔絵を施された大きな椅子がある。式典中、天皇がこの椅子に腰かけることはほとんどなく、つまりその存在自体が権威を表している。椅子は権威の象徴として生まれ、日本においては神が降臨する場所となったのである。椅子が生まれてから五〇〇〇年の時を経てなお、その本質は変わっていないのである。

（富田文隆）

VI

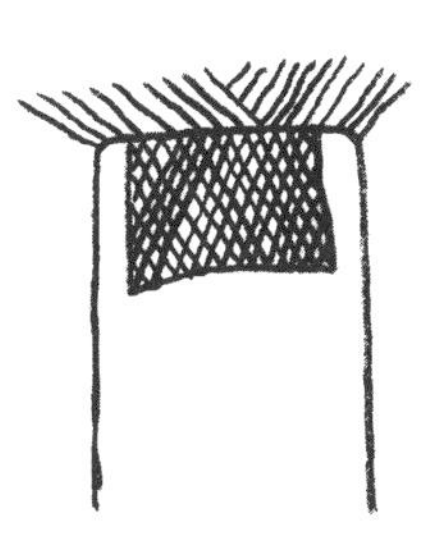

20 水網結邑

地勢学上、日本は道路未発達。河川が地域を結び、村、町、社、寺が結び目になった

日本の国土には、アメリカ大陸やヨーロッパ、中国の中原に見られるような大平原や大河はない。険しい山脈が列島の中央に連なり、数多くの河川が急流となって流れ出て支流に分かれ狭い平地が形成されている（関東、濃尾、大阪の平野部は日本の中では広い方だが、古くは多くの河川が流入して氾濫原、池沼・湿地が広がり、大平原とはいいがたい）。

大陸に広がる大平原と大河が、広大な領域を支配する権力や経済・文化圏とその中核都市の形成を可能にしたのに対し、日本では規模の小さな盆地や平地と河川に条件づけられて、百姓の村々や商人の町が各所に割拠し、中小の権力と経済・文化圏が永らく分立していた。海に囲まれ、河川が内陸まで入り組んでいた国土では水路の利用が欠かせなかった。河川は、物資の流通や人と文化の交流のネットワークとなり、川沿いの封建領主や主要社寺による支配、港や商業資本と町場の形成を促した。

物流を支えた水運　陸上での物資の輸送は、主に馬の背に載せ運ばれたが、宿場ごとで馬を替え荷も積み替えるため、非効率で荷崩れの恐れもあった。江戸時代の輸送量を標準的な米俵数で比較すると、陸路では馬の背に積んだ場合二俵であったのに対し、河川では小型の川舟で四五俵、中型で二〇〇俵、大型では三五〇俵、海上では廻船が一〇〇〇俵と、桁違いに水運の方が大きかった（小林高英ら「江戸期の河川舟運における川舟の運航方法と河岸の立地に関する研究」）。物流を水運に任せるのは、古代、中世を通じても輸送の効率や費用の面で合理的であった。

古代、都への年貢物送納は、陸路を徒歩で運ぶのが原則とされていたが、現実的ではなく、すでに七

五六年には「山陽南海諸国の舂米は、今より以後海路を取って漕送せよ」とする太政官処分が出されている。他の諸国でも海路を利用することが多くなり、十世紀末に制定された「延喜式」には、海上輸送をになう業者への功賃が定められている。荘園制が発達するにつれ個々の荘園領主に送納される貢物の量が増大し、水路による輸送が各地に拡大した。荘園ごとに年貢物を発送するため、個々に港を持つことが必要となり、その結果律令制の「一国一港」の原則は破られ、内陸部の荘園も海辺に港を持つようになった（中継港も必要とした荘園も多かった）。荘園制の拡大は、海運と臨海港の著しい発展をもたらしたのである。大きな港には人々が集住し商業も発達するようになり、年貢物の貯蔵・輸送を任された「問」と呼ばれた専門の業者が育ち、商業資本を蓄えるようになった。航路も、瀬戸内海および北陸道沿岸に加えて東海道沿岸の航路も確立され、越前から琵琶湖をぬける輸送路も整備された（徳田釼一『中世における水運の発達』）。

内陸における水運と港の発展　海上輸送の拡大は、各地で内陸水面を利用した輸送の発展も促した。荘園制の発達は、耕作地の開拓、農業生産技術の向上をもたらし、米の生産量を増大させ、資本の蓄積と特産品の生産・流通を拡大させている。物流は内陸部においても飛躍的に拡大し、各地に港が造られた。巨木を必要とした古代の船舶とは異なり、船底材に舷側材を棚の形で継ぎ足していくという準構造船の工法が十五、六世紀には開発され、中小船舶の生産が各地で可能になったことも、内陸水運の発展に大きく貢献したと考えられる。

荘園が領有した内陸港としては、延暦寺の坂本、三井寺の大津、東大寺・興福寺の木津、摂関家の淀津などが代表的なものである。琵琶湖南岸の坂本、大津は、北陸・山陰、さらに東山道方面から畿内にもたらされる物流の集約点として栄え、商業も発展して人家は数千軒に及んだと記録されている。河川に目を移すと、京都や奈良にある荘園領主へ西国方面から輸送される物資が集中する淀川水系がもっとも重要であった。奈良への門戸となった木津、瀬田川沿いの宇治、岡屋津、伏見、淀川沿岸の鳥羽、淀、木津川との合流点にある山崎、橋本、三国川の分岐点にある江口、淀川河口の渡邊、三国川河口の河尻、神崎などの港がひらかれた。このうち淀は、関税の収入が年に一〇〇〇貫にも及び、一三世紀には物産の管理・輸送を任された「問」が活発な活動をしており、一五世紀の末には一〇〇〇軒を越える町場ができていたことが報告されている(徳田釼一、前掲書)。

地方においても河川を用いた水運も盛んで、多くの川港(津、湊)が造られた。九州有明海沿岸の平野部を例としてみると、古くから潮の干満を利用した水運がおこなわれ、潮の遡上限界付近に川港がひらかれた。現在の神埼市には一二世紀中ごろ鳥羽院の荘園があったが、宋船が来航したことを示す記録があり、その川港があったのが「小津ヶ里」の地名が残る櫛田神社付近と見られている。佐賀市中心部にあった蛎久は、肥前国府の外港として市が立ち物産や民家が集まったといわれる。また与賀神社付近も中世では小津と呼ばれる港であった。武雄市の高橋と橘町、北方町、大町町の六角川沿いにも江戸時代以前から栄えた川港があった。江戸時代に至っても、多くの川港(牛津、嘉瀬津、高橋、厘外津、今津、相応津、今宿、船津、蒲田津、諸富、早津江など)が佐賀平野の水運を支えていたのである(金澤成保『風土と都市の環境デザイン』)。

水運権益の拡大と関の経営　輸送物資の量が増大し、米以外の特産物なども扱うようになると、水運をめぐる権益は各地で拡大していった。荘園制が拡大するにつれ、荘園領主や在地の有力な寺社や武士などが、水運の権益を支配するようになった。

水運への課税は、当初港の修築を名目としていたが、港湾の需要が拡大するにつれ荘園が領有する港も、他の荘園の船舶にも利用させ使用料を取るようになった。鎌倉時代以後は、港とはかかわりなく「関銭」の徴収を目的とする関が各地の水路に造られようになった。朝廷や幕府の統治能力の衰退にともない、関が各地で乱立するようになった（鎌倉幕府は川関での徴税を禁じている）。徳田釼一の研究によると（前掲書）、文献史料に現れた水路の関は、平安朝では全国で十四カ所だったが、鎌倉時代には三八カ所に増え、南北朝以後では一〇一カ所にまで増えている。南北朝以後の例をみると、興福寺、延暦寺などの寺院が領有する関は三四カ所、祇園社や住吉社などの神社が二〇カ所、室町幕府や戦国大名、その他の武士が計三六カ所、商人と見られる者（「問丸」、神人）が二カ所、朝廷（内膳司）が一カ所であった。寺社は、造営・修築や儀式費用などを「関銭」徴収の名目としていたが、件数を合わせると全体の過半を占め、主要寺社が領有する各地の荘園と水運路をネットワークして利益を吸い上げるシステムを作っていたことがわかる。寺社のうち興福寺が、特段に多くの関を主要な水路に持っていた。山城、河内、摂津、さらに越前の国にまで及ぶ範囲の計九カ所である。その他、延暦寺が近江琵琶湖沿岸に二カ所、東寺が一カ所など、年貢物が荷揚げされる水路に関を経営していた。神社では香取神社が多く、下総に三カ所と武蔵の国に一カ所、住吉社は摂津に二カ所、気比神社は越前の国に二カ所と、やはり所在地に近い水路に関を設けていた。

「河川領主」の登場　中世を、土地の権益をめぐる争いの時代として見るのは、片手落ちといえる。利根川水運の要衝であった関宿を奪い取った北条氏照は「一国にも値する」と述べたと伝えられている。水運がもたらす権益は、河川とその流域を支配しようとする武家勢力を各地に生んでいる。土地よりも河川の流通の支配に依拠した在地武家勢力を「河川領主」と岸田裕之は呼んでいる。

関東下総の古河を例にみると（中村良夫「古河公方の天と地、あるいは乱の地文学」、『日本人はどのように国土をつくったか』)、常陸川、江戸川、利根川の水系をめぐる水網の結節点にあり、鎌倉幕府御料地の中心であった。舟運による物資輸送も盛んであり、軍事のみならず商品流通の中継点としても重要であった。御料地の大半は氾濫原で、池沼・低湿地と微高地が入り組むような土地柄であり、安定した農業生産は望めなかった。それでも富を蓄え(鎌倉殿と呼ばれるような)文化的成熟と領国支配を維持しえた背景には、古河公方が在地家臣を通じて一円の河川流通路を支配していたことが大きかったと考えられる。一六世紀後半、古河城には重臣や側近、役人が城の内外で暮らしており、大手門の外には遊芸人も訪れた津宿(港町)の町並みが広がりはじめていた。

つぎに西国の例を見てみよう。備作地域には、吉井川、旭川、高梁川の三川が瀬戸内海に流れ下っている。それらを通じた荘園や国衙領の年貢や木材などの輸送は古くからあり、中世には在地の国衆がそれぞれ河川に接して城を築き、河川の交通・流通から権益を得る「河川領主」となっていた。宇喜多直家(一五二九〜一五八二)は、かれら国衆の連盟と共存を打ち破って自らに権益を集中・独占して備前・美作にわたる領国を築いた。各水系の国衆らの河川交通・流通にかかわる秩序と権益の共有、共存から、それをめぐる対立と争奪として捉えられるが、出雲における尼子氏支配も同様の過程を踏んでいる(岸田裕之「村と河と海の戦国時代史」、『戦国の地域国家』)。また宇喜多直家属将の沼元氏は、旭川中流の福渡を基地として水運を担い、山間部と内海を各地域の物資を運送し、地域間の交流を進めた(岸田裕之「河川領主と海の大名」『大名領国の経済構造』)。

河岸と町場の形成　河川水運は、物資の輸送にとどまらず、川沿いに川港や舟着場とそれらを核とした商業資本や町場を生みだした。すでに触れたように中世にも主要な水路ではその動きはあったが、各地で本格化するのは、治水事業により河川の流路が定められ、自由通行が保証された江戸時代になってからといえる。

江戸時代になると舟着場を河岸と呼ぶようになる（地方によっては「河戸」、「湊」、「浜」、「船場」「津」）。河岸は、舟着場のほか、荷揚場の荷役のための施設、主要な河岸では貨物の保管、配送、流通にかかわる河岸問屋、蔵屋敷、市場などの施設によって構成されていた。河岸問屋や蔵屋敷では、物資の販売もおこなわれたので、それらを核とした町場も形成された。江戸初期までは、多くの場合地元領主が船主となって河川水運を運営していたが、次第に地元の有力農民が船主となり、物資の輸送のみならず商取引をおこなう河岸問屋に成長していった（下りの輸送物資は、米や材木、生糸などの原材料と各地の農産物、上りは調味料や加工食品、嗜好品が多かった）。河岸の立地は、荷下ろしや舟の交換が必要となる川舟の遡行終点や中継地点、河川の合流点や分流点、荷の積み替えがおこなわれる街道や主要港などとの交通結節点、城下町や宿場町などに多く、その他に社寺参詣客の航路や、水運を管理する関所や番所などが設けられている所にもあった（小林高英ら、前掲書）。

関東の河岸の分布をみると（児玉幸多編『日本交通史』）、内陸部では鬼怒川、渡良瀬川、古利根川の水系、さらに江戸湾に流れ込む江戸川、荒川、新河岸川などの水系に主な河岸が密度濃く分布しており、巨大都市江戸への物流を支えていた（霞ヶ浦、北浦沿岸から新利根川を銚子にぬけるルートにも、多くの河岸が設置されている）。元禄期には八十余、幕末には三〇〇余の河岸があったとみられる（川名登『河岸に生きる人びと』）。なお幕府は、元禄期に「河岸吟味」と称して直轄領とその近隣を調査し、八六カ所の河岸を公認して問屋株の設定や運上金の徴収をおこなっている。

利根川流域の河岸の発展　利根川の河岸とその発展を代表的な例で見てみよう。上州の倉賀野は、江戸初期にはすでに船着場があったとみられるが、江戸通いの元船（大船）の遡行終点にあり、中山道・北国街道を通じた信越方面との輸送の水陸接点として、利根川上流ではもっとも重要な河岸であった。年貢米の輸送は、松本藩をはじめとする信州の諸藩や旗本知行地からが多く、その他、小豆、木材、紙、麻、藍玉などの物産が輸送され、上り荷としては木綿と塩が重要な商品であった。一八世紀末、倉賀野には上利根川河岸一七カ所のうち三分の一となる八十艘があり、もっとも多い九軒の河岸問屋があった（群馬県立文書館「上利根川水運史」）。

関宿は、利根川と江戸川が分流する要衝にあり、軍事的にも経済的にも関東の最重要拠点であったため、戦国時代はその領有をめぐる攻防が繰り返された。江戸時代には、親藩・譜代大名が配置され、船荷改めをおこなう関所が設けられた。利根川本支流の流域各地からの船が集結し大小船舶へ船荷の積替えもおこなうため、利根川左岸の境河岸と、関宿城下江戸川左岸に内河岸、その対岸に向河岸、その南には向下河岸の「三河岸」が設けられた。境河岸には問屋や商店、旅籠、茶店が軒を連ね、一八世紀末には人口が一八〇〇人あまりで、そのうち五八パーセントが、「問屋」「船持」「馬持」「舟乗・小揚・日雇」の水運に関わる職の家族であった（境町歴史民俗資料館）。

利根川下流の木下河岸は、「木下茶船」と呼ばれた乗合船の旅客で大いに賑わった。幕末に書かれた『利根川図志』（赤松宗旦著）に、「寛文のころ、ここに旅客航路を設けたため、大変繁栄した土地となった。それは鹿島・香取・息栖（とす）の三社に詣でる人々や銚子浦に遊覧する人が多かったため」と書かれている。材木や木炭の荷を扱っていたため木下と呼ばれたともいわれるが、利根川河口に揚げられた鮮魚をここで陸揚げして木下街道（ナマ街道とも呼ばれた）を江戸まで運ぶ中継点にも当たっていたこともこの繁栄を支えた。一時は一五〇〇人もの船頭がいたといわれる。渡辺崋山も、小林一茶もここに来遊している。

さらに下流の佐原は、廻米をはじめとする物産の輸送、酒造、醤油製造、商業活動を通じて発展した。江戸末期には家数千二百軒弱、人口五千人を超え、『利根川図志』には「佐原は下利根附第一繁栄の地なり。村の中程に川ありて（略）米穀諸荷物の揚下げ、旅人の宿、川口より此所まで先をあらそひ両岸の狭きをうらみ、誠に水陸往来の群衆、昼夜止む時なし」と書かれている。その繁栄した様子は「お江戸見たけりゃ佐原へ御座れ、佐原本町　江戸勝り」と俗謡にも唄われた。伊能忠敬が婿入りした豪商伊能家をはじめとする家並みや水路、山車が引き廻される「大祭」が往時の繁栄を物語る。

河川が育む信仰と文化　河川は物資の運搬のみならず、人々の交流や文化・慣習の伝播の役割も果たし、さらに水害・水難の防止や地域の繁栄を願う信仰を育んできた。その例をここで見てみよう。

旧利根川流域には、中世の関や渡しといった河川交通の要所に修験寺院が多く分布していた（そのうち香取、熊野、久伊豆などの神社と密接な関係を持つものも多い）。市の開設には市神を祀るが、この地域では修験僧がそれに関わっていたことが記録にあり、自然堤防上の古道の分岐点や川が合流・分水する交通の要衝に、市が立ったことが関係していると考えられる（檀那衆の獲得もあったと思われる）。市宿を結ぶ河川交通のネットワークを通じて祭祀圏が形成されたことも重要であろう（新井浩文「戦国期利根川流域における領概念について」、『河川をめぐる歴史像』）。

旧利根川流域や多摩川水系に「女体社」と呼ばれる小社が点在している。旧利根川水系に二十二社、多摩川水系に六社、見沼周縁部に四社が確認できる。「女体」とは、神仏習合で祀られた大日如来の女性像を表すものとも思われるが、社の立地が河川や湖沼の沿岸にあり、船人が祀る船霊が女神とされることから、この地域の水運をになっていた人々が航路の安全を祈願して祀ったものと考えられる。成立がもっとも古く信仰の中心となった三室の「女体社」は、かつて御船祭と称した祭礼を盛大におこなっていた。もともと見沼に往来した船人たちが、船霊を岸辺に祀り鎮めたのが起源と考えられる（牛山佳幸「旧利根川水系と多摩川水系の交流」、前掲書）。

旧利根川が東遷され、銚子に流れ下る新利根川が開通すると、利根川は太平洋の海上輸送とも結びつく内陸水路として発展した。時宗では最高位の僧侶がみずから全国を行脚してまわり、直接民衆に布教をおこなっていた。これを遊行上人と呼ぶが、百人以上に及ぶ僧侶が随行するため、その応接（全員の食事や宿泊、泊所の寺院の修繕費）には巨額の費用がかかった。富豪のみならず有力大名まで受け入れを辞退する中で、利根川河口銚子近郊の野尻河岸では、六代にわたる遊行上人の一行を応接している（河岸問屋滑川家史料）。遊行は、野尻を拠点として利根川流域の城下町や時宗寺院の所在地をめぐっている（一行に頼む加持祈祷の内容は、病気平癒がほとんどだが、色恋の精算まであり、祈祷料は高額であった）。この遊行を可能にしたのは、利根川水運の繁栄を背景とした河岸の経済力と文化の先進性であったと考えられる（菅根幸裕「近世遊行上人応接にみる利根川文化の展開」、前掲書）。

人の交流はどうであったろうか。利根川と日光東街道が接する境の河岸は、商品流通の拠点としてだけではなく、江戸との定期乗合船を運航して北関東や奥羽と江戸をつなぐ人の往来の拠点としての役割も果たしていた。乗合船の江戸行き旅客数は、幕末で年に一万人弱で、（河岸問屋のデータによれば）下総、下野、常陸、奥州、武蔵の五国の住人が合わせて八割で、大坂、京都などの上方からも含まれていた。人の移動は、この地域に宗教、学問、文芸、諸芸、思想など広範な分野にわたる文化をもたらしている。江戸からは学者や文人墨客（儒学の松永北溟、国学の賀茂真淵、平田篤胤、俳人では小林一茶、農政学では中沢道二など）、寺社の御師（特定の寺社に所属して参拝・宿泊の世話をする）や先達、勧化の外（仏教以外への入信、寄進を勧める）、地元からは豪商・豪農、村役人の子弟などが、文化や学問の伝播をになった（和泉清司「物・人・文化の交流」、前掲書）。

利根川中・下流域では、獅子舞や「百万遍」の行事がおこなわれている。獅子舞は、ほとんどが洪水を起源伝承にしており（雨乞いや疫病封じも一部にある）、水害除けの祈願に根づいたものと思われる（獅子頭が水神の龍と認識されている)。「百万遍」は、数珠あるいは藁の蛇形を持って神社参拝と村回りをして、川や堀に入って疫神を流す行事である。蛇は水神と見立てられており、やはり水害や疫病を封じる行事であったと考えられる(飯塚好「春・夏祈祷」、前掲書)。

埼玉平野における神社の分布を、香取、氷川、久伊豆、鷲宮の四神社についてみると(松浦茂樹「大河川に挑む」、『日本人はどのように国土をつくったか』)、それぞれ河川を境として流域ごとに祭祀圏を形成していた。香取神宮は下総の一宮で、水運に縁が深く朝廷の崇敬も厚い神社だが、古利根川の流域に広く分布している。律令国家の庇護を受けた氷川神社は、古荒川、綾瀬川から西に多摩川までの武蔵の国に展開している。それに対して地元の産土神を祀る久伊豆と鷲宮の神社は、綾瀬川と古代の利根川筋に囲まれた氾濫原に立地している。

文化交流を担った修験道　以上のことを一言でまとめるとしたら、山で囲まれた平地や農業の「面」を、河川が水運・物流の「線」で結びつけてきた、といえるだろう。河川に沿って川港が営まれ、なかには商業・交易で栄えて、「都市的な場」を形成していったものも多かった。河川水運のネットワークは、布教のための遊行・廻国もたすけ末寺・末社の開設も促した。「都市的な場」においては、日蓮宗・時宗・浄土宗などが布教のために教線を伸ばしていたと指摘されているが(湯浅治久『中世東国の地域社会史』)、河川沿いの町場や都市でも各宗派の布教が盛んにおこなわれた。

河川流域における信仰と文化的交流に、修験道が果たした役割は大きいと思われる。修験道は、近世に入ると本山派か当山派の傘下に組み込まれ、山伏の中には「里修験」となって平野部の村や町にも定住するようになった。修験道が、古代からの自然信仰・山岳信仰や神道に、仏教、道教が習合していったため、宗教・宗派を横断して人々にも広く受け入れられた。仏教徒であって同時に修験道の信者や修行者であることが認められている。「里修験」が、天台宗や真言宗の密教系寺院の経営、地域の神社や祠堂の管理、祭や行事の運営に加え、霊山登拝の先達・御師、配札、占い、加持祈祷、病気治癒など、人々の暮らしに広く関わっていたことも大きい（宮家 準『修験道の地域展開』）。また呪術師、祈祷師としても活動しており、神楽などの伝統芸能の担い手、伝播者としての側面もあった。中世では軍事的性格もおび、諜報にたずさわる者もいた。貧農の次三男、隠居侍、落人、陰陽師などの漂泊民までが山伏となっている（木場明志「近世村落修験派寺院について」）。その実態に加え、修験道が人々の社会的地位や宗教の垣根を越えて、異なる地域と文化の仲介役となってそれらの交流に貢献したことは、もっと明らかにされてよいだろう。

（金澤成保）

21 結庵解原

室町時代に多くの僧、商人、武士達が市中の山居で対話や対禅をし、心身爽快にした

黒木造　「わびすき（侘数寄）」と「きれいさび（綺麗寂）」、いずれも茶の湯空間を表現し、日本文化においても重要な言葉であるが、これまでの茶室について書かれたものでは、具体的に扱われることはほとんどなかった。しかしその視点で茶の湯空間を見直すと、その多面性と日本文化の一側面が鮮やかにうかびあがる。いっぽう、その共通点に、自然という言葉がみいだされる。それは建築を含む人為的なものと対立する概念である。

編者の上田は、日本人にとって自然とは、その気配を感じることだという。すなわち地震や台風など自然災害のきわめて多いこの国にとって、その気配をいち早く感じとることが古来より重要であって、そのため人びとは、自然に深くかかわり観察してきたというが、筆者もこの考えに強く同意するものである。自然は、人びととの力や考えをはるかに凌駕するもので、いうまでもなく日本文化において自然との関係は大変重要なものであって、ここにしめす茶の湯空間においても、自然とどう向き合っていくかが大きなテーマとなった。人智を越えたものであるがゆえに、それは永遠の課題でもある。そしてその過程でさまざまな考えがうまれ、場合によっては「真逆」の形態を持つことすらしょうじるようになった。「侘数寄」や「綺麗寂」の言葉は、その成立状況は違うが、いずれもそのような自然と人間との関係からうまれた日本文化をうつす言葉で、茶の湯空間のさまざまな性質を物語ってくれる。

まずは、少し時代をさかのぼって、日本人が、自然と建築とをどう関連づけてきたのか、という事例を示すことからはじめよう。次に示す歌は、万葉集に掲載されているもので、奈良時代の建築を詠んだものである。

「はだすすき尾花逆葺き黒木もち　造れる室は万代までに」
「あをによし奈良の山なる黒木もち　造れる室は座せど飽かぬかも」

この二首は、元正上皇と聖武天皇が、長屋王の屋敷の新築の祝に詠んだものという。両者に共通しているのは、「黒木」という言葉である。黒木とは皮のついた自然の丸太そのままを使用した木材のことで、その黒木でつくった建築を黒木造とよぶ。黒木造のこの屋敷は、また歌の内容から茅葺の屋根をもつことも理解される。いずれの歌も、黒木でつくられたこの屋敷が永遠であることを祈念したものである。当時は、宮殿建築や仏教建築として大陸から優れた新しい建築技術が伝わってきたが、ここではその形式ではなく、それ以前からある日本古来の技法で住宅をつくっている。それはより自然を感じさせる建築であった。

黒木造の建築としてよく知られたものに、大嘗祭の悠紀殿と主基殿がある。千木や堅魚木など、自然木をそのまま使用している。あまり人工的な加工をせず、より自然のままの皮付きの材料を使用した建築である。そして内部においては、神の座としての八重畳、神座、天皇の座として御座が設けられる。天皇の即位にさいして、大陸からの技術で造営された大極殿を使用した儀式もあるが、いっぽうで、このような自然に囲われたような空間も重視される。

黒木造から思い起こされるもうひとつの建築が茶室である。一般の茶室の形態を黒木造とはあえていわないが、皮付き丸太を使用することもあり、また樹皮をむいただけの丸太が使用され、自然を意識させる空間となっている。屋根は茅葺や板葺（柿葺）などの植物系のもの、壁は人工的な意匠ではなく、より自然に近い土壁とする。そして内部には、上段形式の変化したものと考えられ、しかし着座することを否定する床の間が設けられている。

自然と人工の境界　さて、時代は中世の室町時代。現在は世界文化遺産にも登録されている銀閣寺に着目したい。ここに現代の茶室を理解するための源流がみられるからである。銀閣寺、正式には慈照寺（じしょうじ）といい、室町幕府八代将軍・足利義政が文明一四年（一四八二）頃からつくりはじめたものである。当初は寺ではなく山荘としていて、東山殿（東山山荘）とよばれていた。そこに東求堂（とうぐどう）という建築がつくられたのは文明一八年（一四八六）のことであった。

その東求堂に同仁斎（どうじんさい）という四畳半の部屋がある。この部屋は一般に書院造の初期のものとして紹介されるが、いっぽうで茶の湯空間としても知られている。もちろんその後の茶室とは同じではない。およそ九〇年後に来日したジョアン・ロドリゲスは、足利義政の茶の湯について記している。『日本教会史』である。また座敷飾りを記した日本の同時代の文献にも記述があり、そこには付書院や違棚に茶の湯の道具の飾り方が描かれ、囲炉裏があったこともわかる。

では、この東山殿の同仁斎で足利義政がおこなっていた茶の湯とは、どのようなものであっただろうか。ロドリゲスはこの東山殿について「森とそこに漂う爽快さとに包まれた一種の御殿や家屋を建てた。彼はそこに閑居して隠遁生活に身を任せ」たと、その自然に囲まれた優れたロケーションを記述する。

その東山殿にはじめに建てられたのが常御所（つねのごしょ）（文明一五年（一四八三）、現存セズ）で、義政は最初、そこで茶の湯を楽しんだという。このときの茶の形式は、主室ではなく別の専用の部屋で同朋衆（どうぼうしゅう）らが茶を点（た）て、客のいる主室に運ばれたものと考えられている。しかし義政はすぐに別の形式での茶の湯空間を考案した。それは珠光という奈良の僧侶がおこなっていた茶の湯を参考にしたものであった。珠光は一休禅師とのかかわりもあったと考えられる人物。ここで義政は、隠棲に向いた田舎風の、しかし造作が優れていて極度に清浄な、小さな建築をつくった。これが現在の東求堂である。彼自身のためと、彼自身が「公的な交渉を捨ててしまった隠遁孤独の身」として、訪れて来る人たちを、自らが茶を点ててもてなしたという。元の将軍が孤独の身として自ら茶を点てたのである。この瞬間、来訪者との間に当然あった身分差は、人智を越えた大自然のもと、解消されている。建築としてみるなら、この座敷には上段がなく、車座（くるまざ）の形式である四畳半の座敷で、平等に茶の湯を楽しんだのである。『日本教会史』には、日本の茶の湯には、身分差があっても客を同じようにもてなす、という趣旨のことが記されている。おそらくそれは、一五〜一六世紀の世界においても、きわめて特異なもてなしの方法であっただろう。

市中の山居　さて、義政ののちの茶の湯は、彼の形式を理想として展開する。いっぽうで、義政のように東山山麓の風光明媚なロケーションに、多くの舶来の道具を用いて茶の湯を楽しむことは、ひとつの理想であったものの、現実は不可能ということになる。

やがて数寄者（すきしゃ）とよばれる、茶の湯を専門とする人びとの活躍がみられるようになる。そして堺や京の町衆たちはその茶の湯をさらに進め、それにうち興じるようになった。これをロドリゲスは「侘数寄（わびすき）」といい、義政時代の「本数寄（ほんずき）」と区別する。侘数寄はとくに堺のような、風光明媚な場所のない土地において、自然を感じる仕掛けをつくり、その自然にひたることをいう。その仕掛けを総じて「市中の山居」という。町の中にあって山の中の庵居のような雰囲気をつくることをいう。建築は人工物であり、元来自然とは対立する概念であるが、ここではより自然を意識したイメージで組み立てられるのであった。

残念ながら、堺における侘数寄の具体例は現存しない。しかしながらその初期のものと考えられる武野紹鷗（じょうおう）の屋敷の四畳半茶室の図を、茶人の山上宗二が書き残している。それによると、この茶室は角柱を基本としつつも一部で丸太が使用されていた。角柱は人工的であるが、丸太は自然そのままの表現である。床の間は、元来、貴人の座、すなわち上段としてあったと考えられるが、奥行きを浅く設定して、貴人の意味は取りのぞかれた。当時の町家の裏庭は共同の空間であったと考えられ、住民たちの日常が営まれる場所であったが、ここでは「坪の内」という小さな囲いを設けて、日常から切り離した［図1］。その上部は吹き抜けており、裏庭の樹木の上部がみえたはずである。茶の湯のときは、その樹木をみて室内に入り、人工的な建物の内部における、素朴さを感じる床の間や自然をイメージする丸太の柱などを観照しながら、観念としての自然に心を馳せたのである。人の営みによってうみだされた都市と建築、その中で自然を意識させるべく組み立てられた空間が「市中の山居」なのである。

［図1］洛中洛外図屏風（歴博甲本）町家の裏庭と坪の内
（部分、国立歴史民俗博物館所蔵）

　ロドリゲスは侘数寄を宗教とみていた。自然は人智を越えたものであり、それは当時の人びとにとっては神あるいは仏であったかもしれない。茶室内において、具体的なものではなく、心の眼で自然をみる。この時代の観念的な要素の強い茶の湯は、「茶禅一味」ともよばれる。茶を点てることは、禅と同じ意味を持つとの言葉であるが、客を迎えての茶を、編者の上田は「対禅」と呼び、その結果身心の爽快感を得る。客と亭主があいたいして、周囲の自然の気配に心を澄ませていたのである。

侘数寄の極致　千利休の茶室待庵は、天正一〇年（一五八二）の山崎の合戦のち、ほどなくしてつくられたと考えられている。小さな躙口（にじりぐち）によって外部と切り離され、極限に小さくした二畳という空間は、丸太の柱と土壁と小さな窓で構成される。外部から隔離された小さな空間では、自然の素材が誘因となって、大きな自然を観念としてもつことを仕向ける。ロドリゲスのいう、侘数寄の空間として、じっさいの自然に相対するよりまさる空間をうみだしたのである［図2］。

床の間は、三つの節が大きく目をむいたような桐の床框、細く頼りなさげに感じる杉の床柱、そして奥の壁面は土壁を塗回して洞穴のような構造となっている。貴人を称えるにはほど遠い形態である。自然を強く感じさせる素材に囲まれ、具体的な何者かが着座しない畳。それは大嘗祭の神座にも通ずるものである。さきの武野紹鷗の四畳半の床の間をさらに進めた形とみられる。そして床の間には、花一輪飾られることがあるが、おそらくそれは大自然の象徴として活けられたのであろう。

［図2］妙喜庵待庵（千利休）

「人間はただ神の前においてのみ平等である」とはキリスト教の言葉ではあるが、茶室空間においては、どのような立場の人間でも平等に扱われることを、やはりロドリゲスが記している。床の間がキリスト教の影響だとはいわないが、特別な存在、それは神あるいは仏、または人智をはるかに超えた自然という存在、そういった場を設けることによって、その空間内が平等に扱われるということになったのではないかと考えられる。

綺麗寂（きれいさび）から世界へ　江戸時代に入り、安定した時代になると、茶の湯そして茶室にも多様な拡がりがみられるようになる。千利休の孫、千宗旦（そうたん）は、利休の侘数寄をさらに進め、現在の三千家の基礎をつくった。いっぽう、千利休の弟子には多数の武将たちがいた。彼らは利休の茶を受け継ぎながら、しかし時代にあった茶の湯をおこなうようにもなっていった。

小堀遠州の茶はのちに「綺麗寂」といわれるようになるが、その茶室は多くの窓をもち、明らかに外部との関係を重視したものとなっていた［図3］。窓の多い茶室は遠州の特徴で、さらには懸造（かけづくり）形式で空中茶室もつくったという。これなどは具体的な外との関わりを無視して成立し得ない形式である。もちろんすべての利休時代のものを否定したのではないが、ここで大きく舵を切ったといえよう。侘数寄を継承する千家とは違った、新しい流れがここに誕生するのであった。

この新しい方向性は主流となり、住宅建築にも敷衍されていく。桂離宮や修学院離宮など、この頃以降の住宅建築には、侘数寄の観念の呪縛が取りのぞかれた、茶の湯のデザインが応用されるようになる。意匠についての観念的な要素に重きをおくことがなくなり、より自由になったのである。のちにいう数寄屋造（すきやづくり）、数寄屋風（すきやふう）書院造の誕生である。つまり心の問題としてあった利休時代の茶室の意匠は、ここにきて造形的な面白さや美しさ、技巧性などが切り取られてクローズアップされ、そして具体的な自然との関係が重視され、それらが洗練されていった。さらには軽やかさを帯びることによって、多くの人びとから支持されることになった。綺麗寂の建築は、ヨーロッパにおけるマニエリスムにも似た傾向ともいえるかもしれない。この流れは江戸期を通じて、そして明治以降においても続いていく。

やがてそれは世界へと繋がる。二〇世紀になってからであるが、ドイツのグスタフ・アドルフ・プラッツは『現代住宅』で、第一次大戦

［図3］擁翠亭（小堀遠州）

以後の近代住宅は日本住宅からはじまるとのべ、堀口捨己(すてみ)の作品を紹介し、岡倉天心(てんしん)の『茶の本』から数寄屋の理論を引き出して説いている。またミース・ファン・デル・ローエやル・コルビジュエらの作品が日本住宅に負うているとして、イギリスのクリストファー・タナードが、やはり堀口の作品や孤篷(こほう)庵忘筌(あんぼうせん)を紹介する。綺麗寂の空間、つまり建築と自然との深い関連が彼らを惹きつけたのである。当の堀口は「今、ここで現代建築として利休の茶室をとりあげる」といい、侘数寄に着目するが、ヨーロッパで日本住宅が認められるのも茶室の構成理念があるからだとし、綺麗寂にも理解をしめす。そして日本でもよく知られたドイツの建築家ブルーノ・タウトは、小さい頃から日本文化に興味をもっていたが、少年時代のドイツにはあまり日本の情報が入らず、イギリス人が羨ましかったとのべていた。彼が日本に来て最初に訪れたのは桂離宮。「泣きたいほど美しい」といった言葉は、近代建築として桂を見て、そしてその美を感じとった言葉であった。

日本の文化そして歴史は、自然との深い関係をもって展開してきた。茶の湯空間は、それを体現してきた。侘数寄・綺麗寂と、観念あるいは具体としての自然を取り入れてきた建築は、西洋人の日本イメージの形成にも少なからぬ役割を果たしてきたのであった。

（桐浴邦夫）

22 弱屋強家

火事や大風には京町家は強く江戸長屋は弱いが、それは神様の在、不在のせいだろう

私はかつて京都の西大路通りに住んでいた。

淳和院といわれるそのエリアは、平安京の中心にほど近いが、近世にその中心が東に移っていく中で、小学生のころには、いくつかの小さな畑や田んぼが淳和院の西の方にまだ残っていた。背の高いビルも少なかった。お盆のときに大文字が鑑賞できた所がたくさんあった。盆地の山々が格子状の路地で三方向には感じられ、木造の家々が通り沿いにひしめきあっていた。友人の家に遊びにいけば、トイレは坪庭に出て外にあったり、手水鉢が庭にあるのはあたりまえだった。その庭に、後にプレハブ式の風呂小屋が添えられたりしたが、かつては銭湯が近くにいくつもあった。私の住んでいた木造の家もモルタルやタイルで、元の姿とはかけ離れ、アルミサッシなどがついてはいたが、築年数はかなりのものだった。

京都の町家とは何か、その定義は難しい。しかし、一般的に町家という単語を用いれば、ある一定の人達は、「ちょうか」と読まずに「まちや」と読み、比較的多くの人が京町家、すなわち京都にある町家をイメージする。では、その京都の町家とはどのような特質があるのか。それには町家が成立していく過程を見ないといけない。それは平安京の成り立ちに端を発する。

延暦一三年(七九四)に、桓武天皇によって奈良から京都へ遷都し、平安京が作られたのは有名である。その一つの原因は、最初の長岡京での河川による災害の問題があげられ、京都は水路、陸路とも交通の便が良かったことが見出されたようである。また、平城京からの脱出要因には、木造建築のために奈良盆地の森林が枯渇していたという指摘もある。当時の都とは政事の中心地だけでなく、商業や交易を行

うための新しい建築のための立地であるべきことは理解できる。

もっとも、遷都による歴史的なインパクトが大きかったのは、北の一条から南の九条までの約五キロメートル、東西約四キロメートルの領域が設定され、それを中国長安の条里制にならって約一二〇メートル角の碁盤の目状に都市を切刻んだことである。

世界的に見ても珍しいのは、その格子状の街路によって区画されていた一二〇メートル角のブロックを分割することでできあがった鰻の寝床状の敷地にできた京町家が、時代の移り変わりのなかで、そして現代においても、建築そのものにおいて建築的理念が継承されていることである。つまり京町家は、いまでも京都のまちの構成要素であり、かつ京都の都市のイメージを表現しているのである。一つの小さな建築が、現代の大都市においても、そのイメージの骨格となるということは、とても希有なことでないだろうか。

構造的特性　町家は構造的に自立する独立住宅である。これに対して、長屋は棟持梁が棟をまたいだり、棟間の柱や壁を共有したりする形式である。町家は幾代にもわたって所有者が変遷したり、また改築をする際に構造的に独立することで改変可能性といったことが高まる。一方、長屋は、構造が連続することで倒壊しにくい安定したプロポーションとなり、耐震性としては有利に働いても、長屋形式は健全な構造体の継承にはつながりにくい。また独立した建築としての構造体のタイムスパンが長いからこそ、長さ一二〇メートルという碁盤による幾何学支配を延命させたともいえるのである。
町家の構造的独立性を担保していたのが大黒柱である。半外部空間であり、吹き抜けである通り庭にその架構は君臨する。多くが五寸角、一五センチを超える太さで、座屈という柱が折れるような状況を回避するサイズになっている。そして石場作りの石の上に柱を置くだけの構造は、免震システムの先取りである。このような構造の整合性はいったいどのように計算されたのか。編者の上田は、日本建築の構造設計の緻密さは計算によって得られたものではないと言う。例えば法隆寺の五重塔は、構造理論的に制振的かつ、免震的木構造であることが近年の解析によって分かってきた。現在においては、コンピューターに木の素材のあらゆる形状を入力し、有限要素法という方法で解析をすれば、どのように地震の力を受け、またいなしたりつぶれたりする、という様子をシミュレートできる。これによってどれだけの柱の太さにすれば、ある大きさまでの地震では大丈夫で、これより華奢にすれば、つぶれると近年になってようやく詳細に把握できるようになった。しかしかつては、力学の解析技術はそこまでいっていないが、様々な地震の経験からどのようにダメージを受けたかは分かったはずである。それでも、建築家のような総合的に全体を統合しながら設計する立場の技師がいない状態でどうしていたのだろうか。実は当時は、一〇分の一模型を指物師のように組み立てて考えていた、と上田は言う。(日本建築設計学会機関誌、「建築設計」〇八上田篤インタビュー)それをモデルとして実験するのである。地震力を想定して横からの力を受けとめ、木が変形して熱エネルギーへと変換できるような形状に追いこめば、あとは模型の部材をばらして大工に発注すれば、大工はそれの一〇倍の部材を作るという仕組みである。現在においても、実験によって崩壊試験をすることで、仮定の理論と実際の崩壊現象との食い違いを多々見る中で、古来から実に合理的で巧みな木造の緻密設計や建設手法が実践され、町家建築の秀逸な骨組みが出来上がっていったのであろう。

このように、通り庭に吹き抜けがあろうとも、太い柱や自然のままの木の形を利用した太鼓梁など、適材適所に組まれた町家の木の骨組みには、別の優れた特性がある。現在の建築には木造、鉄骨造、コンクリート造、組積造等があるが、ローマ時代のコンクリートをのぞいては、竣工後、強度が増していくのは唯一、木による建築構造である。自然乾燥による古材は含水率が一〇パーセント以下に落ち着くが、そこからセルロースの強度が経年変化により増していく。一説によれば、伐採されてからの樹齢の年限後に最大強度に達するという、まさに木は生きた構造物であるといえる。従って、長年育った樹木によってできた町家を、長年、丁寧に使用すれば、有機物でできた構造体は成長していくといえるのだ。文政一三年(一八三〇)の京都の地震では『京都大震災』(三木晴雄―文政十三年の直下型地震に学ぶ　思文閣出版、一九七九)によれば、土蔵や塀は倒れても京町家本体は瓦屋根が載せられているにもかかわらず倒壊したものは皆無であった、と述べられている。また、阪神淡路大震災でも梁が傾いた被害は出ているが、大きな被害は報告されていない。京都の町家に日本古来からの木造建築の技術が結晶しているといえるのだ。

これに対して、東の京都、つまり江戸に多くあった長屋はどうか。町家の独立構造性の観点からいえば、長屋形式は合理的である。壁や柱を共有し、数間の間口が二倍、三倍となって倒壊しにくいプロポーションとなる。さらに太い大黒柱も不要で、棟持梁は棟間をまたぐので、連続梁として働き、ブツ切れの骨組みの接点よりも弾力性を発揮して強くなる。しかし、考えてみれば逆により小さな断面(小径化)の、華奢な材料で建設することを可能にしたともいえ、実際、江戸時代初期の三〇〇〇万人までの人口増加や商業主義が、木材資源の経済的消費や木割り術の発達を促したことは想像に難くない。それでも江戸中期には、建築用と薪の材料用として日本全体の里山が大量に伐採されたために、しばしば台風と大雨の災害に悩まされたという。また地盤についても江戸は京都とは対極的で、関東ローム層が軟弱地盤であるので、水平方向の地震動を受けとめられなかった。東日本大震災一ヶ月後の余震の横揺れの揺れ幅の大きさを東京で体験したが、京都のそれとは大きな違いがあった。

火災と町家　また大きな断面をもった柱や梁は、地震だけでなく火災にも強い。なぜなら木の表面が燃えると炭化して保護膜を形成し、その奥を燃やすには相当の火力が必要となり、火元が小さいときには、鎮火方向へとすすむ。だが、露出した木の骨組みが華奢だと、炭化層が完結する前に燃え尽きてしまう。構造合理性のある長屋が、初期消火においては不利となる。

火に対する住み手の意識は東西で異なったのか？　実は京町家は西日本にあることと、京都盆地のせいで、蒸し暑い夏に対するそなえが必要であった。京都に住んでいた鴨長明は、家の作りようは夏を旨とすべしというが、京都は底冷えで冬も厳しい。しかし保温性より通風性が求められる。では、冬は古い木造建築でいわれる隙間風によって障子越しでふるえていたのか。実はそうではなかったことが分かってきた。すなわち夏には高低差による気圧差で、有効な自然換気を促す役目もあった通り庭の大きな吹き抜けは、また火袋空間で、冬中火を焚いていたというのだ。それは竈のせいで全館暖房である職住一体型の町家であるから、一日中火を焚いていて、寒さをしのいだというのだ。このように火と隣り合わせの空間で生きるということは、中世にはじまったことではない。例えば民俗学においては、沖縄には不絶火という火を絶やさずに燃やし続け、消えれば母屋に元種を取りに行くという伝統があったという。また、京都では白朮祭(おけらまつり)が有名である。四条通りの東端(どんつき)にある八坂神社の年始の風物詩である。宮司が火鑽杵(ひきりきね)と火鑽臼(ひきりうす)で熾した火に参拝者の願いを書いたおけら木をくべて燃やす神事である。この京都で新年に繰り広げられる行為で注目すべきは、参拝者が火縄に火をもらい、消えないように、絶やさないように空気に触れさせせんと回しながら家まで持ち帰り、雑煮の火種にするとするおけら参りの習慣である。ここにも火を絶やさず火とともに生活する、という意識の伝承がある。ここで熾された火は御神火であり、家に火を常在させるのは火が神様であり、食事、暖房、その他、日常を支えるエネルギーが身近に神の一種として重宝されていた点を指摘したい。すなわち京都の町家では火は火災の恐れがあり、火袋で延焼をおさえながら、一方、それと共存する神格化の概念が居住システムの大きな背骨となっていたのである。そのように考えると、京都人の火事に対する態度も理解に困らない。一二〇メートルのエリアには、近代にも町家がひしめきあっていた。隣棟間隔が小さく、大きな火が出ればエリア内が全焼するという意識が絶えずあったのだろう。近代には通りの幅が改訂され、すべての町が通り向かう関係性が高かったわけでないが、編者の上田の言うように、京都には向こう三軒両隣が交差点までも続く、その結果ブロックを亀の甲のように割る町内が形成されていた。（上田篤『京町家・コミュニティ研究』鹿島出版会、一九七六）およそ五〇世帯までの「おちょうない」という共同体意識には、火事に対する相当な警戒心があった。例えば、消火桶を三段積みにして初期消火体制を整えていたこと等が知られるが、火事を起こした当人は瓦版に掲載され、村八分にされるなど「おちょうない」ならではの掟があった。戦後ですら、防火戸の役割をもつ木戸をしめて、逃げ後れた女や子供を封鎖した事件等の相当厳しいものがあった。このような共同体意識が、応仁の乱以外に大きな火災にみまわれなかった京町家群の真髄であったと思われる。

一方、近代都市江戸は火にたいしてどのような距離感で接していたのだろうか。武家から商人の町へと規模が拡大していく江戸では、火にまつわる道具も小型化の道を進み、火口箱、長火鉢など火をおこすたびに、制御する火道具のインテリア化がすすむ。また都市計画も拡大し、広小路や火除地など積極的に設けられた。しかし明暦三年（一六五七）の大火では、六万人の死者を出し、江戸の六割を焼くという大規模な火災となり、大火は繰り返された。大火直後には、広小路、火除地への増築等は減ったようだ。対策として玉川上水の設置や井戸の義務化、定火消の設置など火事を押さえ込もうという近代的延焼防止都市が目指されたが、よそものが集まる侍と商人と職人のまちの江戸では、京都とは違うかたちの共同体意識があり、現代的な防災都市へと発展をしている。

共同体の自然観　京の町家を中心にその構造的特性、火や災害にたいする住民の意識等を論じたが、副題の通り江戸長屋に災害が多く、京町家に災害が少なかったのはなぜかという命題に応えてきた。またそれは神の在・不在のせいかと極論すれば、そうであるといえる。京都では人間を超越するような存在を意識した、木や火を畏怖する自然観を前提に街ができあがって、町家を維持してきた。たいして江戸は現代のように、自然を抑えこみ制御しようという方向性が強かった。三・一一直後の東京での新建築社によるシンポジウムで震災後にはまったく面識のない両隣の人々と素直に助け合った、というエピソードを聞いた。現代資本主義と日本の中心地である東京では、血縁最小単位である核家族がばらばらに住んでいる。しかし歴史の長い京都では現代になってもなお地蔵盆や氏神などの祭で自治会が町内ネットワークを延命させ「おちょうない」的連携が続いている。京都の共同体を支えているのは義理としか言いようがない、と編者の上田は述べる（『京町家・コミュニティ研究』）が、現代都市の核家族化が血縁力による関係の成れの果ての状態だとすれば、京都の「おちょうない」は、町家という建築群によって成り立つ町を基点にした地縁力の結晶と言える。しかしながら、一方では京都にかつて根付いていた神社や寺院での地縁的行事も現代人にとって形骸化しはじめていることも忘れてはならない。

新しい地縁力　そのような京都の町家の人々の生活で、現代においても地縁力が延命した理由はなぜであろうか。第一は冒頭に述べたように、住み手が変わっていっても、京都の碁盤の目が継続することでその町家の形式が踏襲されたことである。これは、まれに見るハードによるソフトの継承が起こっている事例である。第二に、現代資本主義においてもなお京都の経済のスピードが緩やかで職住一体型的な生活を可能にしている点である。様々な形で京都の伝統産業が現代資本主義と折り合いをつけている例があるが、しかし現在の観光依存型が増えつつあることによってこれもいつまで続くのか分からない。

第三の理由は、本来、日本人は血縁より地縁を好むことだ。町内の原型は農村の部落である。部落は仇どうしでありながら同一の空間に居住しなければならない呉越同舟的な共同体である。(『京町家・コミュニティ研究』)町内の町家のように部落においては土地や財産は人格の一部をなし、それを保全するための掟が設定される。その公的精神性が義理がたいことや世間体を気にするという思想で、日本人特有の社会性ではなかろうか。それが町家群が残っている京都の「おちょうない」で自然に引き継がれた。

そういう地縁的なつながりは、現代社会の会社や学校の同窓会でも重宝されている。しかし建築の技術発展による不燃化や、火の制御システムや、グローバライゼーションによって建築や場所は均質化し、地縁がどんどん希薄になってきている。

では、今後地縁力を取り戻すにはどうすればいいのか。ヒントは京町家にある。そこでは建築家は施主だけでなく、自然や文化を含めた地域のことを考えなければならない。新しい地縁力はその地域を愛することから生まれる。人々に長く愛されるような土地、そして建築を考えること。それが京町家の中に隠された、災害を含んだ自然と共生しうる建築による地縁力の作り方であり、今後の私たちの取り組むべき仕事ではないだろうか。

(竹口健太郎)

23 天武百巴

日本歴史は天皇と武士と百姓の三つ巴で展開されてきたが、明治維新後百姓は消滅か

日本の歴史を形作ってきたであろう主要な三者について考える。

それは天皇と武士と百姓である。それについては人によって異論もあるだろうが、しかしいずれにせよその三者が重要な存在であることについては問題がないだろう。ところがそれが明治維新の前後に大きく様変わりした。そしてその影響は現代にも続いている。とすると、その将来をどう考えたらいいのか？

そこでまず天皇から始める。

天皇には苗字がない　日本の歴史、とりわけその政治史や社会史を論ずる場合に、天皇という存在を避けて通ることができない。しかもその天皇は単なる歴史的存在にとどまらず、現在の日本においても存在しておられて「日本国の象徴」ないし「日本国民統合の象徴」となっておられるのであるからなおさらである。ために天皇を論ずることは相当に覚悟を要するが、しかし、本書の論の展開上、欠かすことができないので敢えて一文を草したい。それはまず「天皇とは何者か？」ということから始まる。

世界の多くの国の歴史では、王や帝王、皇帝といった首長が多数、存在してきたし、今なお存在しているが、そのなかで日本の首長である天皇は相当に変わっている。変わっているというより、よく考えると摩訶不思議なものである。その摩訶不思議な姓である。つまり苗字である。どういうことかというと、現在の令和天皇には徳仁という名があっても、その上の苗字がない。それは現天皇だけではなく、遡れば平成天皇も昭和天皇も、その他の歴代の天皇もみな同じだ。天皇にはそもそも苗字というものがなかったのである。

そんなことは世界のどんな首長にもない。

天皇には家がない　では「苗字のないことがそんなに重大な問題か？」と問われるかもしれない。がしかし、じつは苗字がないことと関連して、じつは天皇には家というものもないのである。その家とは、厳密にいうと住まいなどといったフィジカルなものも含むが、しかしその問題も大きな問題であるから別に論ずるとして（たとえば第08章の「飛鳥多宮」）、ここでは制度的な家というもののないことを問題にしたい。その制度的な家がないことの結果、つまり天皇はあっても天皇家というものがない結果、じつは天皇の世襲ということが行われにくくなっている、と私は理解している。

とはいっても、じつは大正天皇以降には世襲が行われているのであるが、それは天皇の歴史においては珍しいことであって、一三〇〇年の、見方によっては一八〇〇年の天皇の歴史においては世襲ということがあまり行われていなかった、というか「世襲ということを避けるためにこういった制度が考えられた？」とおもわれるぐらいに世襲というものを拒否してきた歴史ではないか、と私は見ている。

天皇は豪族の娘たちをツマドイした　ではなぜ天皇は世襲ということを避けようとしてきたのか、というと、これは重大な問題である。そこでいろいろ考えてみて、私はそれを「天皇制という制度を温存するためであろう」とおもっている。

どこの国でも、またどの時代にあっても、一般に王や帝王や皇帝はみな「世襲したい」と考えている。王や帝王や皇帝は絶大な権力を持っているから、その絶大な権力を可愛い息子たちにとらせたいのだ。そしてそれが良いばあいもあるが、しかし、そういう世襲の結果、世の中が停滞したり、あるいは暴虐な王が出てきて人民を苦しめたりすることもたびたび起きている。

そこで誰が考え出したのかはわからないが、日本の天皇制はそういった王制の停滞性や暴虐さをなくすために世襲ということを嫌って作られたのではないか、それが結局、制度の長続きになるのではないかと見ている。

ではどうして世襲をなくしたのか、というと『記紀』のなかの神話的な話によるとこうである。アマテラスの孫のニニギノミコトとその子孫は妻を持たず、代わりに各地の豪族の娘を次々にツマドイしている。同様に以後の大王ないし天皇(以下天皇という)、も、多く皇后なるものをもたず、各地の豪族の娘たちをツマドイしてアマテラスの血を受ける子供たちを多数つくりだすことに専念している。それは神武天皇の出雲の娘に始まり、浪速、葛城、近江、吉備、尾張などと数多い。『古事記』のなかの応仁天皇についてはそういった話が麗しく書かれている。そうしてそれら多数のアマテラスの血を持つ子供たちのなかから、豪族たちの推挙などによって次の天皇が決められているようなのである(拙著『わたしたちの体にアマテラスの血が流れている』)。とすると、なるほどそれは世襲制による停滞をなくす一つの民主的な方法かもしれない。


アマテラスの血の繋がる証拠に後朝の歌を残した

それを女の側からみると、それは古来の日本の母系社会の制であった。母系社会では家の女は他家に嫁に行かず、生涯、生まれた家にいるからである。そして他家の男たちの来訪を待っている。そういうことは例えば大正時代ごろまで飛騨の白川村で行われていた(拙著『白川村に見る縄文の風景』「環」五四号所収)。

神話の場合も豪族の娘たちはアマテラスの血を持つ男、つまり天皇の来訪を待っている。そうして生まれた子供はその女の家の多数の男女たちが共同で育てている。そこにはその子の父親つまり天皇の姿はもうない。天皇はその家に短期間、滞在したあと、次々にまたツマドイに行くからだ。ただし、しばしば後朝（きぬぎぬ）の歌なるものを歌っていく。

そうして男の子が生まれたばあい、その後朝の歌などが天皇のご落胤である証拠になって次の天皇の候補者になるようだ。たとえば神武大王あるいは天皇は一人の女が宮中に来たとき、かつてツマドイをしたことを覚えておられて「葦原のしけしき小屋に菅畳いやさや敷きて我が二人寝し」という後朝の歌を示し、その結果、伊須気余理比売（いすけよりひめ）は妃になる。そしてイスケヨリヒメの生んだ子が次の天皇になる。このばあいは妃の子が天皇になったが、妃がないばあいにはしばしば現天皇が死んだあと豪族たちが寄り合って、あるいはかれらの力関係によって、天皇の血を受ける多くの候補者の中から次の天皇が指名される。

そういったことを中国の文献は「共立」と書いている。たまたま男王でなく女王のばあいであるが、ヤマタイ国のヒミコについて「共に一女子を立てて王となす」などと書き残しているのがそれである（『魏志倭人伝』）。なおこのヒミコには男弟があり二人で政治を行っていたようである。ヒメヒコ制つまり男女の両王制だろう。それはのち沖縄にも見られる。聞得大君と国王である。とすると、確かにこれも一つの民主的な首長の選出方法だろう。

豪族の時代が終わり官僚の時代が始まった　しかし、そういう制がいつもうまくいくとは限らない。というのは飛鳥・奈良時代のように「豪族の共和国」といった国家体制が続くうちはよかったのだが、そこに中国製の中央集権的な律令制が導入され「律令国家」なるものが生まれるとしだいに官僚というものが力を持ってくるからだ。地方の豪族より中央の官僚のほうの力が強くなるのだ。

その結果、天皇は豪族の家々の娘をツマドイしなくなる。代わって官僚の娘や、地方から献上されてきた采女などが天皇のお相手をする。そしてそういうご落胤の中から次の天皇が決められていったのだが、そこには豪族より官僚のほうが強くなった時代の姿が見られるのである。

なかに藤原一族などが大きな力を持ったが、そうすると何もかも官僚がやってしまい天皇の政治も行われにくくなる。ために天皇は歌や書に多くの時間を割いて気を紛らわせられるのだが、また子作りにも熱中される。その結果、桓武天皇は三〇人、嵯峨天皇は五〇人といった沢山の皇子、皇女がお生まれになったのであった。

しかし、そんな沢山の皇子、皇女を抱えるとだんだん国家の財政がひっ迫し、やむなく律令政府はかれらに「源平藤橘」などの姓を与えて民間に降下させたのであった。

けれども民間人になったとはいえかれらは天皇の血筋を引く高貴な人間であるから、みんなから一目置かれる存在になる。そしてとうとう桓武平氏、嵯峨源氏などといった大きな武士団が生まれ、両者が争って世は騒乱に巻き込まれていったのである。

武士が現れた　時代は前後するが、じつはそういう源平の争いが起きる前から国家によって土地の稲作開発が行われるほかに、各地の有力者や近辺の農民たちの手による山地、盆地、河川辺地、扇状地その他の遠隔地や狭隘地等における稲作開発が進んだ。それらは公田ではなく私田であるが「税金逃れ」のためにそれらが有力社寺等に寄進されて半私半公ともいうべき荘園になった。のちには名田という名の私田にもなっていったのである。

しかし、その私田を国家は守ってはくれない。ために私田の開拓者たちは自らの力で防衛せざるを得ず、その結果、私田に名をつけて名田とし、さらに刀と館と逃げ城と一族の菩提寺とをもって武士という存在になっていったのである。そういう武士たちは田を持つだけでなくそれぞれ出自の由緒を持ち、また経済力も持って、ここに武士という階級が生まれてきたのであった。

もっともその武士という者自体は、八世紀の終わりごろ大和朝廷軍と東北の蝦夷との戦争から起きたとみられる。大和朝廷軍は東日本の農民が多く、彼らは大陸伝来の盾や矛や兜や重い剣やらをもつ重装備軍だったが、対する蝦夷軍は馬に乗り、柄の先が蕨(わらび)のように曲がった軽やかな蕨手で刀を持って、切り捲ってくる騎馬隊だった。しかも戦場は多く大平原ではなく、山並みが重畳し川が入り乱れ、かつ、木々の生い茂る沼地だったために、大和の大歩兵軍団は神出鬼没の蝦夷の騎兵隊に追いまくられて敗北を繰り返した。「一騎当千」という言葉はこの時に生まれたといわれる。

以後、日本の武士の装備は見直され、軽装で、かつ、機動性のある姿に変わっていったのであるが、その元はこの対蝦夷戦にあっただろう。それでも長年月にわたって多勢の大和軍が無勢の蝦夷軍を攻め込んだために、蝦夷の大将の阿弖流為(アテルイ)は蝦夷軍と蝦夷一族の赦免を条件に降伏し、粛然として斬られたのであった。その潔い姿に大和軍の武士たちは心を打たれた。

ここにその阿弖流為を範とし、その「潔さ」を良しとする日本の武士道の精神が生まれていったと私は見ている(拙著『西郷隆盛・ラストサムライ』)。

武士は所領安堵と引き換えに臣従する　以上のように武士は平安時代に生まれ、以後、鎌倉・室町・戦国そして江戸の各時代にその主役になっていくのであるが、その間に季節的な農民兵から、戦時においては刀を持ち、平時には筆を持ついわば職業的な武士へと変貌していく。しかし、その精神の根源にはこの阿弖流為の潔さがあったとみられる。のちの武士道精神といわれるものである。

また武士道精神だけではない。戦国時代の各地の武将たちは戦争をするだけでなく、しばしば家臣たちの所領を安堵する文を書き、花押を押し、さらに外交と領地安堵保全のために各地の武将たちに手紙を書くなど、能筆で、かつ、文武両道に秀でていた。ということからもわかるように、武士たちの生きざまの根源には常に「所領安堵」という問題があったのである。つまり自分が開発した、あるいは主君から賜った稲作地の安堵ということである。つまり、武士もまた「稲作の民」だったのである。

それも日本の稲がもつ強力なエネルギーのせいであろう。ヨーロッパなどではしばしば小麦などは連作が効かず、農地は栽培と放牧と放置の年を繰り返さざるをえなかったが、日本は一つの田んぼで何十年、何百年という連作が効く。そのうえコメは栄養価が高く、美味であり、さらに俵に入れて保存や移動が容易である。こんな素晴らしい食料は世界にない、といっていい。今日も、世界中でスシやオニギリが愛される所以である。日本のどんな家にも炊飯器があるが、それが日本の電機製品の最大のヒット商品といわれるわけである。

百姓の原型はアマテラス　そういうコメは日本神話の上ではアマテラスが推進したことになっている。おそらく縄文人の血と海人族の血をもつアマテラスなる人物が、人々が砂鉄を取るために中国山地を乱開発した結果の出雲の島根島の、今日では島根半島の大規模な土砂災害地を見て「この葦原の中つ国を豊芦原の瑞穂の国にしよう」と考えたのだろう。神話にはそう書かれているが、そういう事実があったからこそ神話も生まれたのだろう。そしてその後の歴史的経過を見ると、そこから日本の国の歴史が始まった、とおもわれるのである（第06章「東西出雲」参照）。

そこでそのアマテラスである。この神話上の人物の職業は、本来は機織り女であった。しかし暴れん坊のスサノヲがやってきたときには十握（とつか）の剣や弓矢をもつ武装する武人であり、スサノヲの行為に憤（か）って天の岩屋に閉じこもって世の中が真っ暗になったという行為からは暦を司る人つまり暦人あるいは日読女（よみ）と見られる。さらにオオゲツヒメの体から出てきた蚕や稲や粟や小豆や麦や大豆などを取ったことから農人とも解釈される。つまり機織り女、武人、暦人、農人と何でもやった百姓の原型がこのアマテラスに見られるのだ。

ということから神話に見るアマテラスは百姓の起源といっていい。そういうアマテラスが泥海日本を稲田日本に作り替えていく構想を示し、その後の日本の歴史は、そのコメの開発と、生産と、分配をめぐって展開していったのである。

百姓が近代日本を作った　考えてみれば、明治政府が殖産興業として新たな産業を起こしたほかに、百姓が都市にでて新たな産業を興して成功したケースが少なくなかった。たとえば、豊田佐吉は遠江国吉津村の村大工だったが、人力織機や動力織機を発明し、その子孫は今日、世界的な自動車産業をつくりあげた。さらには住宅、金融、情報通信など多方面の分野にも進出している。

また倉敷紡績をひらいた大原孝四郎も備中国倉敷村の大地主だったが、農業をみかぎって紡績業に転身して成功をおさめるとともに、倉敷の町そのものの活性化にも貢献している。さらに松下幸之助は和歌山県和佐村の貧しい農家の出だが、都市にでて火鉢屋の丁稚、自転車屋の店員、電灯会社の社員などをへて零細電気会社をおこし、今日、パナソニックとして世界の電気事業界に君臨している。

武士は百姓の生まれ変わり　日本の武士もまたその線上に位置する。というのは、日本の武士には、世界の戦士たちに見られない強力な「臣従」の精神あるいは「滅私奉公」の精神が培われてきたが、それもまた百姓と同様、その根底には所領安堵を通じての強力な土地愛護精神があったからだ。そういう意味では、西郷隆盛が常に示唆していたように武士もまた「百姓の生まれ変わり」といっていいものだろう。

武士が役人となる　しかし、その武士は幕末をもって終わり、その歴史を閉じる。その象徴的事件を私は「上野の山の戦争」に見る。西郷隆盛と勝海舟の会談によって江戸城は無血開城となったが、それに不満な幕府の若い旗本たちは彰義隊なるものを結成して上野の山に立て籠って抵抗をした。西郷はそれを無視したが、関東大観察使となった三条実美は、軍学者の大村益次郎に命じて上野の山の山裾にアームストロング砲を並べ、半日で粉砕してしまった。それを見た当時の人々は「これからは武士より武器の時代だ」といったという。

その言葉に示されるように、続く明治に武士なるものは廃され、代わって「国民皆兵」が執行されて、若い男たちが銃を持って国防に従事するよう強制された。一方、多くの武士たちは新しくできた役所の役人になり、これで武士の時代は終わったか、とおもわれたがそうではなく、じつは「役人の時代」が始まったのであった。武士が役人になっただけなのである。

じっさい西郷隆盛は新政府にあって「廃藩置県」などを実行したが「遣韓使派遣問題」を巡る偽詔勅事件に嵌められて、やむをえず故郷の鹿児島に帰り、兵・農・官を一体化した「私学校」なるものを作って独自の政治改革路線を歩んだ。しかし、政府のスパイが鹿児島に侵入する事件が発生し、それを契機に西南戦争が起きて心ならずも果ててしまったのである（拙著、前掲書）。最後の武士が死んだ、といっていい。

「官主主義国」日本の危機　西郷はじつは、スイスを範とする国民の「皆農・皆官・皆兵」を目ざしていたのであったが、そしてそのために従弟の大山巌をスイスに派遣したのだったが志ならずに死んでしまった。

一方、中央政府は武士の持っていた行政の仕事を、形を変えて役人に引き継がせようとした。なかに教育制度があり、国民に西洋の学を学ばせるべく文部省管轄下に多くの中学校、師範学校、工業学校、商業学校、大学などを作って人々を勉強させた。あるいは外人教師を招聘したりした。そしてそこを卒業した多くの人たちを官公吏にした。結果、武士はいわば刀をペンに持ち替えて生き残ったのである。

しかし、長らくこの国の農業を始めとする社会の多くの生産活動に従事していた百姓たちは、明治維新以後、しだいに農、林、漁、鉱、工などといった分野に分解され、第二次大戦以後にはそれがより徹底化した。米作などの農業だけをやる人々は専業農業者として珍重されたが、農地を持っていても林業、漁業、鉱業、工業、運送業、教育業などと言った分野にも従事する人々は兼業農業者として差別され、その身分は貶められていった。日本歴史においては専業農家というものは僅かな土地を持つ農奴に近いものであり、昔からその土地に生きてきた人々はみなその土地の特性を生かしてさまざまな仕事をしてきたのであったが、そういった歴史は無視され、専門制や特化制ばかりが強調されて百姓というものの存在は次第に貶められていったのである。

実際、明治になって日本国中のあちこちに小学校ができ、銀行が作られ、私鉄が動き、電気事業が起こされたりしたが、それらもみなこの国の百姓たちがやったことである。しかし今日、それはあまり評価されていない。評価されていないのはみな民活で、官活ではなかったからだろう。

しかし本書の第一章で田中充子が述べているように、日本人の大方は縄文以来この方、農民といういわば限られた範囲の仕事をするのではなく、百姓といっていいような多面的な仕事をする人間であった。しかし明治以後、この国の複雑な地形も、気象も、また複雑な自然災害なども知らない帝国大学を出た西欧志向のインテリたちとそれに従う官公吏たちとによって、何かにつけて西欧をモデルにして日本の国が運営されてきたのである。

しかし、はっきりいって日本の国の形は中国とも欧米とも違う。そのことは日本国民みんなが知っている。たとえば旬というものは日本にはあるが中国や欧米にはない。日本にそのことがあるのは高級料理屋や日本旅館に行ってみるとすぐわかる。そこにはメニューなどというものがないからだ。値段に応じて旬の料理が出てくるだけである。しかし、それで大方の日本人は満足している。日本という国の一年には三六旬があり、その旬に応じていろいろの料理が出てくることをみな知っているからである。

しかし、そういうことを日本の学校ではあまり教えない。教えないのは中国や欧米にないからである。したがって文部省の検定に通らない。かつて国定教科書というものがあり、そこでの一年生の国語の本の冒頭に「咲イタ咲イタ、桜ノ花ガ咲イタ」という一文があったが、東京や京都では四月に桜の花が咲いても、九州や北海道ではそういうことはなかった。従って学校の教師たちはみな困っていたが、そこには中央中心・地方蔑視の姿勢が垣間見える。しかし、そういう地方があったからこそ今日の日本があるのである。

人間が生きていくためにはいうまでもなくいろいろの仕事をしなければならない。であるから、かつてはみないろいろの仕事をした。そしていまもいろいろの仕事をしている。そして社会的に迷惑をかけないかぎり、それら多様な仕事を抑える権限は日本の官公庁にはない。

ところが日本の役人は「兼業農業は好ましくない」などといってきた。それは日本の役人の権限争いの結果である。明治以来、かれらはお互いに統制しやすいように仕事を分けてきたからだ。しかし「田んぼを持ちながら学校の先生になったっていいではないか」。私は建設省の役人として霞が関で一〇年ほど生活したが、その実感を今も強く持っている。

実際、人間の自由な活動を拘束するのは憲法に違反する行為だろう。もしこういうスタイルが何時までも続くとなると、日本の国の将来も危ういといわざるをえない。こうなったのも、日本は民主主義国ではなく「官主主義国」だからである。そしてそういう官主主義というのはじつは共産主義国家や社会

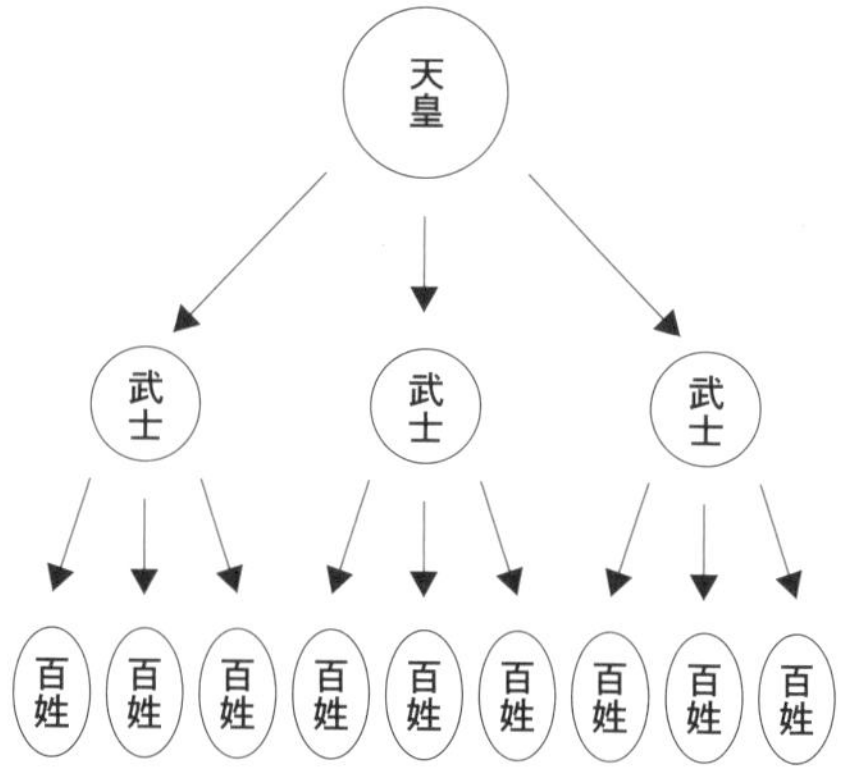

［図1］ピラミッド型構造

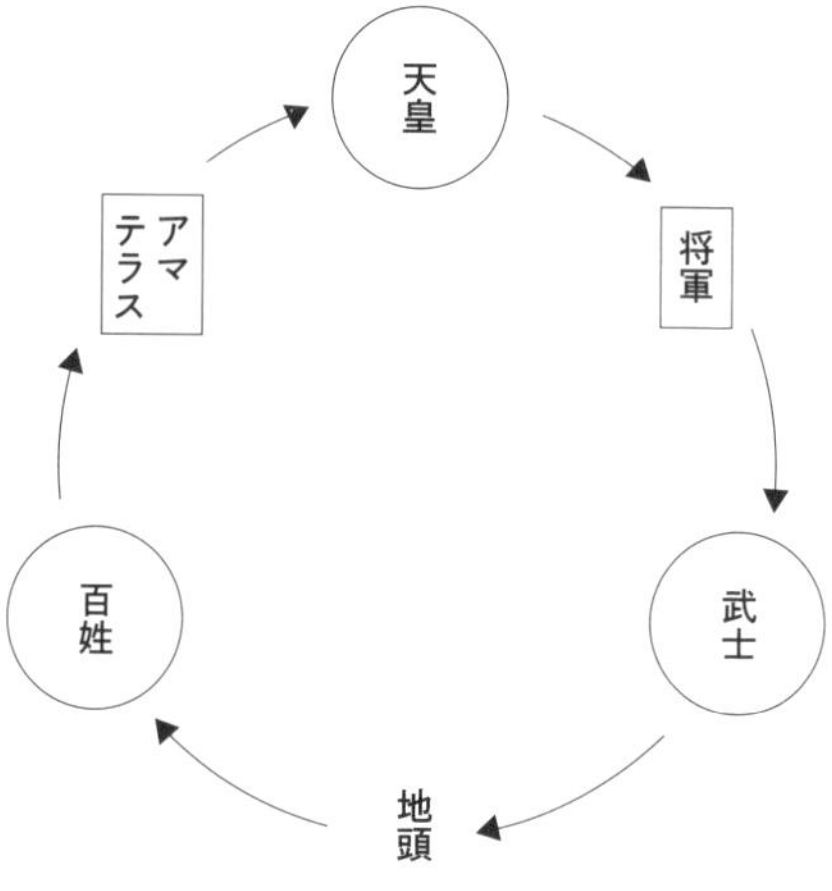

［図2］巴型構造

主義国家の制であった。ソ連という国が滅んだのも、その官主主義のせいである。

天皇・武士・百姓の巴形構造　というように見てくると、明治に始まって今日にいたる近代日本にはいろいろ問題のあったことがわかる。

そこで改めて今日の日本という国の構造を考えてみるのだが、それは歴史的に見ると、いま述べてきた天皇と武士と百姓の三者の絡まりとしてみることができる。ではどういう絡まりなのか？［**図1**］をご覧いただきたい。

ふつう天皇と武士と百姓というと［**図1**］が考えられる。天皇が各地の武士を支配し、各地の武士が百姓を支配するピラミッド型構造で、これはわかりやすい。が、実際はそうではなかった。実際は［図2］の巴型構造のようである。江戸時代には天皇と武士と百姓のほかに将軍と地頭とアマテラスがあったのだ。つまり天皇が将軍を任命し、その将軍が各地の武士たちを統括する。その武士たちとは大名や小名である。その大名や小名の武士たちはその治下に多数の地頭を抱えている。その地頭は元来が各地域のボスだったが、大名や小名に抱えられて百姓たちから年貢を取り立てる役を持っている。しかし、地頭の苛斂誅求な取り立てに苦しんだ百姓たちはしばしば地頭に対して一揆を起こしたりした。そういう百姓たちの多くはアマテラスを信仰していた。ところが、元来はそのアマテラスの血を受けて天皇候補者が天皇になられたのであった。

じつは、今まで述べてきた論述はこの［図2］である。天武百巴(てんぶ)である。こうしてかなりの年月、日本の国は運営されてきたのであった。

ところが今日、天皇は政治に一切かかわられなくなった。アマテラスの存在も大きなものではなくなった。そして将軍の代わりに政府や霞が関が、武士つまり大名や小名の代わりに各都道府県が、地頭の代わりに各市町村が、そして百姓の代わりに一般人民がある、といっていい。そしてその一般人民は選挙によって将軍ならぬ総理大臣や武士ならぬ都道府県知事や、地頭ならぬ市町村長を選んでいるのである。とすると、曲がりなりにも今までの形が受け継がれてきている、といえる。

そういう風に見ていくと、じつは明治・大正・昭和の問題も氷解されてくる。というのはそこに軍という大きな存在があったが、その軍が、何と天皇を大元帥陛下としてその掌中に入れてしまったからだ。そして天皇を隠れ蓑にして自らの権限の拡大を図っていった。つまり軍が天皇になったのである。しかし、今後は再びそういうことのないようにしなければならない。

日本歴史を見ると、歴代の天皇はしばしば女になって歌を詠まれている。女として男である神や自然の荒々しい行為に対して祈る行為が行われてきたのだったが、明治天皇以降はそういうこともなくなってしまった。それどころか天皇は軍服を着、サーベルを下げ、馬に乗る、という大元帥陛下になられ、その前には一切の批判が許されなかったからである。

そして天皇は明治二年三月二八日、まだ維新の硝煙が消えやらぬころに、大久保利通らの計略で「東京へ行ってくる」といったまま行幸され、今日まで京都にお帰りになっておられない。いまから一二〇〇年ほど前に桓武天皇が平安京へ都を移されたときには有名な「山河襟帯」なる遷都宣言が行われたのだったが、明治にはそういった遷都宣言もなく、ただ逃げるよう行幸されて今日に至っている。いうまでもなくそんな大それたことをお若い天皇がなさるはずもない。すべては当時の取り巻きのせいである。その取り巻きによって西郷もまた殺されたのであった。

しかし、明治天皇がお亡くなりになられた時にはその御陵は東京ではなく京都の伏見桃山に作られた。天皇の御陵は、生前、お住まいになられていたお近くに作られるのを制としていたのに、それができなかった。あまりその問題を議論すると、天皇が東京に来られたこと自体が問題になったからだろう。そして都民に対する言い逃れとして、代々木練兵場跡に明治神宮なるものが作られたのであった。関係者としてはせめてもの埋め合わせだったのだろう。

今日、そういう明治維新を無批判に評価する小説や論が多いが、私は考えることが多い明治維新だった、とおもっている。天皇一つとっても、それは天皇に対する大きな不敬行為であるだけでなく、日本の国の構造を滅茶滅茶にする行動だった、というほかないからだ。

問題は、こういうことを再び起こしてはならないということである。

（上田篤）

Ⅶ トシ

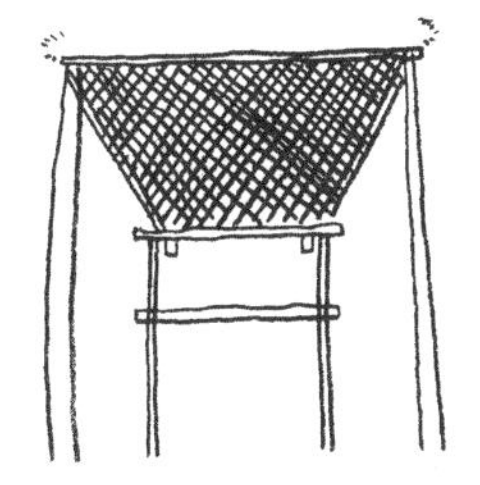

24 嫌木好鉄

明治政府は「和魂の建築」を捨て「洋才の建築」を進めたが、建築界は今なお混迷中

鹿鳴館を偲んで出来た明治村　明治の建築といえば明治村が思い浮かぶ。明治村のホームページに「日本を木の文化の国というなら、ヨーロッパは石と煉瓦の国である。（中略）その歴史は日本人に依って短期間に学習された」とある。明治という時代に日本の建築は劇的に変化した。その様子を陸奥（みちのく）から見ていくことにしよう。

津軽弘前の明治と建築　筆者は青森県津軽の田舎で生まれ育ち、中心都市・弘前の小、中、高の学校に通った。津軽藩は戊辰戦争では当初、奥羽越列藩同盟に加盟したが、のち脱退し新政府側についた。そうした弘前にも明治の新しい建築の波が押し寄せ、現在、明治の洋館が一〇棟残っている。意外なのはミッションスクール系の建物と教会が多いことだ。

弘前藩の藩校、稽古館は明治になって弘前漢英学校となり、続いて東奥義塾と名付けられて明治六年に本多庸一が初代塾長となった。現存する洋館の一つの東奥義塾外人教師館は、堀江佐吉の設計、明治三四年竣工である。本多は津軽藩士で、奥羽越列藩同盟から離脱した藩に抵抗して旧幕府軍側に立ったが、戦争終結後、藩主に許されて帰藩し、藩の命令で英語を学ぶために横浜に留学した。本多は横浜でキリスト者となり、帰郷後、日本基督教団弘前教会を拠点として活動した。本多はこの教会の下に弘前学院という女学校を創設した。弘前教会は堀江佐吉の設計、明治四〇年竣工。弘前学院外国人宣教師館は桜庭駒五郎の設計、明治三九年竣工である。

明治の初め頃「近代化とは西洋化であり、西洋化の根本はキリスト教化である」という考えがあり、

それが弘前にも開花したのである。明治一一年、青森を訪れた駐日英国大使夫人イザベラ・バードは、弘前教会で活動していた東奥義塾の三人の学生に会っている。

洋館を建てた大工・堀江佐吉　弘前に残る一〇棟の洋館のうち五棟が堀江佐吉の設計である。佐吉の設計になる建物は弘前以外にもあり、例えば太宰治の生家の斜陽館もその一つだ。

佐吉は弘前に生まれ、祖父が藩の御用大工だったため、幼少の頃から大工仕事に親しんだ。幕藩体制崩壊後、諸藩は経済的に苦しい状態となり、それまで多くの仕事を藩から請けていた大工たちは、仕事を求めて出稼ぎしなければならなかった。佐吉は若い頃から弘前組の大工の取りまとめを任され、各地に赴き仕事をした（船水清『棟梁　堀江佐吉伝』）。

明治六年、政府は北海道屯田兵を募集し、それに応えた多くの人びとが弘前を経由して渡道した。それを目の当たりにした佐吉も大工を引き連れて北海道に赴き、さまざまな政府関係の建築工事に関わるなかで洋風建築を研究し、その技術を身に着けた。

佐吉の手になる建築は生涯で一五〇〇棟を超えるといわれるが、洋館の他にも弘前城の石垣修復工事や寺の修理も手がけている。また佐吉は、地方都市弘前の産業を牽引する企業人でもあった。

第五九銀行本店の建築に見る佐吉の技術　堀江佐吉の一番の建物は明治三七年に竣工した第五九銀行本店といわれる。国の重要文化財にも指定されている。ルネサンス風の意匠を基本とした木造二階建てで、外壁は瓦貼り漆喰塗籠、窓は漆喰戸でふさぐ工夫がされ、屋根は和小屋とトラスの折衷構造。重い積雪荷重があるにもかかわらず一、二階とも大空間がとられている。屋根は桟瓦と煉瓦と銅板の組み合わせで和洋が調和し、軒に回された低い手摺は雪止めの機能も担っている。ビザンチン風の展望台が華をそえる。室内では円柱の上に斗栱を思わせる白いオーダーがあり、天井には金唐の革紙が張られている。全体に地場産のヒバやケヤキがふんだんに用いられている。

会津喜多方における木骨煉瓦造の展開　戊辰戦争の主役だった会津の喜多方では、じつは煉瓦蔵が普及した。喜多方で最初に煉瓦を焼いたのは新潟出身の樋口市郎である。彼は喜多方に冬の出稼ぎにきたまま居つき、明治一三年に瓦を焼く登り窯をつくって窯業会社を興した。その後、鉄道建設などで煉瓦の需要が増えて煉瓦も焼くようになったという。他方、明治二七年ごろ煉瓦師を志して東京に出た田中又一は修行ののち喜多方に戻って建設業を始めた。やがてこの二人は出会うことになり、そのころ出版された近代建築学の書物を共有して研究に励んだといわれる（北村悦子『喜多方の煉瓦蔵』）。

一方、東京では明治の初めに都心部の大火が起き、銀座煉瓦街の計画が浮上し、ただちに事業が行なわれた。次いで東京府は「中心地域では煉瓦造、石造、土蔵のいずれかにすべし」という防火令を出した。こうした状況下で瓦製造業者が煉瓦製造に転換するなど、多数の煉瓦製造業者が出現した。さらに煉瓦は、鉄道工事の展開とともに各地で焼かれるようになり、それが建築にも影響を与えたのである。

喜多方式「木骨煉瓦造」の出現　明治になって各地で小学校が建てられた。喜多方の岩月村もこれに取組み、樋口の請負で明治三五年一一月に完成をみた。校舎の外壁はすべて煉瓦で、地面から一階の腰のあたりまでを釉薬のかかった赤褐色の煉瓦、それより上を普通の赤煉瓦と使い分け、壁には頂部がアーチ状のガラス戸が入り、屋根は寄棟で釉薬のかかった赤褐色の瓦葺きである。この洋風ともいえる外観に対して、内部は漆喰の真壁で、廊下と教室の間の間仕切りは腰までが板壁、上部には紙障子が入るなど当時の木造校舎とまったく変わるところがなかった。この美しい装いをこらした校舎は人びとから

「花嫁学校」という愛称で親しまれることになる。

工事を取りしきったのは一般の大工棟梁であった。工程では木の骨組みが先行し、上棟が終わると屋根を葺き、壁の煉瓦を積み、内部の間仕切り作業が進められた。こうして地震に強い喜多方式「木骨煉瓦造」が出現したのである。

喜多方ではもともと蔵造が好まれていたが、明治一三年の大火がさらに拍車をかけ、また新校舎の出現が煉瓦蔵の普及を後押しすることになった。ために喜多方は今も蔵の町として名高く、四〇〇〇棟を超える蔵が存在している。

中央における洋風建築導入への没頭　外国人居留地などには早い時期から洋館が建設され、日本人職人もこれに習熟し、洋館建設は次第に津軽や会津といった地方にまで広がった。こうした動きの中で、政府は、外国人建築家を招聘し本格的な洋風官庁の建築を委ね、さらにはヨーロッパの建築を日本人に習得させるために大学校を設立した。

明治六年、政府は工部省工学寮工学校（明治一〇年工部大学校と改称）を設置し、「造家」という名称で建築分野の高等教育を行なった。教師はイギリス人建築家ジョサイア・コンドルで、七年間で二〇名の卒業者を出した。この少数の卒業生たちが近代日本建築の創造を牽引したのである。当時の西洋の建築の考え方は歴史的な様式を重視するものであったために各国の状況を学ぶ必要があり、中心的な卒業生であった辰野金吾はイギリス、片山東熊はフランス、妻木頼黄（卒業前に退学）はドイツに留学し、先端の建築を学んだ。

工部大学校は工部省の廃止に伴い文部省に移管され、明治一九年に帝国大学工科大学（今の東京大学工学部の前身）になった。

明治政府の建築政策の基本は西洋建築一辺倒であり、伝統的な建築は全く軽視された。工部大学校の目的は「国家有為ノ工業士官ヲ養育スル」ことにあり、「リーダー格の辰野金吾は、和風の建築をやることは不忠のきわみ、お国の期待に対する裏切り行為であると考えていたのではないか」と建築史家の村松貞次郎は述べる（村松『日本近代建築の歴史』）。「工業士官」は後に「工学士」に改められた。

そうして新たに設置された帝大工科大学では、日本人による建築教育が本格化していく。英国留学中に辰野が、日本建築の特色について問われて何も答えられなかったことを反省してか、明治二二年には「日本建築」の科目が開講されている。最初の講師は宮内省の技師の木子清敬で、神社、宮殿、佛堂の建築について講義した。帝大工科大学の造家学科は、順調に卒業生を送り出し、そのなかに、日本やアジアの建築に関心をもつ人材がようやく生れてくる。

鉄骨、RC建築の登場と普及　明治二四年の濃尾地震、二七年の酒田地震を経て、鉄筋コンクリート造、鉄骨造の近代建築がそれまでの煉瓦造に取って代わり、急速に普及していくようになる。鉄骨は早くから鉄道施設のほか海軍でも用いられていたが、明治三四年に官営八幡製鉄所において鉄鋼が国産化される頃から建築界でも注目されるようになった。このような流れのなかで、帝大造家学科を明治二二年に卒業した横河民輔の設計になる日本で最初の鉄骨煉瓦造、三井本館が明治三五年に建てられた。

一方、鉄筋コンクリート造（以下RC造と記載）建築については、明治三八年に建てられた佐世保の海軍施設が最初である。またRC造建物の初期の現存例に、明治四四年に建てられた三井物産横浜ビル（現、KN日本大通ビル）がある。設計者は遠藤於菟と酒井祐之助。遠藤は帝大造家学科明治二七年卒業である。

日本的な建築に関する問いかけ　明治初期の欧化政策に対する反動、さらには条約改正や日清戦争を通じてのナショナリズム高揚などを背景に、建築も明治二〇年代には伝統に対する意識が高まった。このころ奈良では西洋式建築に対する市民の反発に配慮し、和風を意識した建築が建てられだした。奈良県庁舎（旧庁舎）などである。

こうした時期を経て明治四三年に、建築学会が「我国将来の建築様式を如何にすべきや」というテーマで討論会を開催した。懸案の帝国議会議事堂建設において、コンペ方式導入をアピールする取り組みでもあった。第一回の討論会では、和洋折衷主義、新様式創造説、進化主義、西洋直写主義などが議論されている。

明治神宮の社殿の様式を巡る論議　明治天皇の崩御を受けて日本の建築のあり方を問う出来事が起きた。明治神宮の創建である。ここで、帝大造家学科明治二五年の卒業の伊東忠太が重要な役割を果たした。伊東は中国、インド、トルコなどを旅行し、独自の建築観をもっていた。神宮建設は、短期間のうちに検討が進められ、大正四年に着工、大正九年に竣工した。明治神宮の社殿についてはさまざまな意見が交わされ、当時の識者の意識を垣間見ることができる。社殿とは別に日本のパンテオンたる記念殿と明治の一大正倉院として記念博物館を建設すべき、建築様式としては神明造がよいが最新の建築技術を用いて永久的なものにすべき、歴史的に見た社殿様式は壮大の感に欠けるので明治時代の気宇を十分に反映させたものにすべき、などなどである。

社殿の様式は如何にすべきかの議論を伊東は伝統的な「流れ造」に導いた。大社造とか春日造とか神社の名を冠した様式はその神社の個性であって普遍性がない。これに対して流れ造は普遍性をもっている。また大社造や神明造は余りにも古代に属し、その性質は南洋的でさえある。流れ造は平安朝に入って成立したもので、大陸的な建築から進歩したと同時に純日本趣味をも発揮している。建築的に考えてみても美しい、という理由をもってである（伊東忠太談「明治神宮の建築について」『學士會会報』三九七号）

伊東の説得に対して強い反対の意見はなく決着をみたといわれる。後に、伊東は「RC造の社殿は御神體格納庫だ」、「神社建築に新意匠をこらすことは建築家の不謹慎なる遊戯」とも述べている（大丸真美「伊東忠太の明治神宮社殿構想」『明治聖徳記念学会紀要（復刊第四三号）』）。

伊東の選択について、当時の文明批評家の南方熊楠の考えと重ねた興味深い考察がある（千田智子著『森と建築の空間史』）。熊楠は地域固有の神社に価値を見いだし「神社合祀」に反対した。一方、世界のなかの「日本」を探索していた伊東は、「日本」を「イセ」というイメージには集約しなかった。このように両者の間に、「イセ」を頂点としない共通点があるというのである。

明治神宮の建設にあたって、付帯する二棟の建物がRC造で建てられている。明治神宮宝物殿と明治神宮聖徳記念絵画館である。建築は既に、鉄骨、RC建築の時代であった。しかしこの状況下で伊東は、明治神宮の建築材料として「檜材」にこだわっている。

日本的なるものとしての神社風意匠の登場

新しい日本建築の追求のなかで、大正の半ばごろから和洋折衷の帝冠様式とも呼ばれる、城郭や寺院形状の上屋を載せた建築が建てられだし、昭和に入ってもその数は増した。やがてその上屋に神社風意匠の屋根形態が提案されるようになった。昭和一五年に開催が予定された皇紀二六〇〇年万国博覧会の建国記念館のコンペにおいてである。

同じころ盛んになってきたモダニズムも、無装飾で直線的な神社建築の形態を支持する傾向にあった。ナチスの迫害から逃れ、昭和八年に日本に滞在した、ドイツ人建築家ブルーノ・タウトの言説もこれを後押しした。伊東が「余りに古代に属す」といった形態を、である。

太平洋戦争の最中、「大東亜共栄圏」が叫ばれ、建築学会は昭和一七年に「大東亜建設記念営造計画」のコンペを行なった。「大東亜共栄圏確立の雄渾なる意図を表象するに足る記念営造計画案」の募集である。このコンペで一等当選案になった丹下健三の提案における、富士山麓の配置透視図は印象的である。神域の中央に神明造を思わす巨大な大屋根の本殿があり、その頂部には九本の鰹木風の突起がある。これが丹下が提案する新しい日本建築の姿であった。

この提案の立地計画は彼の後の「東京計画一九六〇」を、神域部分は後の広島の平和記念公園の空間構成を思わせる。また、鰹木が載った巨大な屋根は後の国立代々木競技場を連想させる。こうして丹下は新しい日本趣味の建築を、第二次大戦後に次々と生み出していった。

和魂建築は生まれたのか

明治政府は、はじめ西洋一辺倒の建築政策「洋才建築」を進めたが、大正以後の時代になると日本趣味を重視する考えが生れ、新生のモダニズムと呼応しながら、日本固有の近代建築への挑戦が試みられてきた。この過程を建築構造からみると、「石と煉瓦」の建築から、震災などの影響を受けて「鉄とコンクリート」の建築へと主役が移っていったのである。

村松貞次郎は、こうした建築の「洋才化」の過程について、「和風建築を見落とした、和風建築の技法の細部はほとんど知らない、ヒノキもマツもスギも区別できずに行なわれた」と述べている（村松、前掲書）。本稿の表題を「嫌木好鉄」としたのは、このような状況を踏まえてのことである。

それでは、「洋才建築」は生まれたにしても、「和魂建築」はどうなったのか。上田篤は、先に見た丹下のコンペ提案が「和魂建築」の一つだと評価する。象徴的な屋根と高柱を思わせる意匠、太陽の出没への意識からである。しかし、全国を見渡しても、このような特徴をもった建築は、なかなか見当たらない。「和魂の建築未だならず」なのかあるいは「それぞれの和魂建築」が生まれたのか、である。

一方で、津軽の堀江佐吉や会津の樋口市郎、田中又一は、日本の大工仕事の技術を基礎におきながら、洋を取り入れることに挑戦した。それは地方における新時代の建物づくりであり地域の産業起こしでもあった。これを「実の和魂洋才」と呼んでおきたい。

会津喜多方の煉瓦蔵について、建築家の北村悦子は次のように述べる。「彼らは「洋風建築」をつくろうと考えたのではなく、煉瓦という材料が、会津盆地一帯の風土に建つ建物づくりにふさわしい材料であるという判断から、すべてをはじめたのである」（北村、前掲書）。喜多方の煉瓦蔵が昭和三〇年代まで造られてきたことが、この工法が地域に根ざしたものであったことを雄弁に語っている。

津軽で堀江佐吉が行なったことを振り返ってみると、洋風の優れた建築を地方に実現したことはもちろんだが、重要なことは多くの職人を育てたことだ。明治二三年には弘前匠工会を設立し、一〇〇名を超える匠工を育成したといわれる。

本稿を書きつつ気付いたことは、中央の建築の世界で、町場のストリート建築というか当たり前の建築に関する関心がはじめから低かったことがある。ジョサイア・コンドルは工部大学校の学生たちに「日本将来の住宅について」という論文課題を課したことがあるそうだ。機会があればそれを見ることから、別の視点の「和魂建築」を考えてみたい。つまり、市街地を構成する建築、とりわけ住宅を「和魂洋才」で考えたらどうなるか、である。そこに木石混合都市の未来が見えるかもしれない。

（鳴海邦碩）

嫌木好鉄

25 民愛木宅

庶民は近現代にも和風木造住宅を愛し、郊外に「庭付き一戸建て住宅」を建て続けた

現代住宅双六　昭和四八年（一九七三）に編者の上田篤は「現代住宅双六」を発表した。高度経済成長期の都市にくらす住民が様々な住まい方を経験しながら、最後は郊外に「庭付き一戸建て住宅」を手に入れるという筋書きになっている。上田は「住み替えの〈上がり〉は本当に庭付き一戸建て住宅なのか根本的に考えてみる必要があるのではないか、多くの人がこれを願望している現実を認めたうえでその意味と構造を諸学挙げて徹底的に再検討すべきだ」と訴えた。

上田はそのご、平成一九年（二〇〇七）に、「新しい住宅双六」を発表した。そこでは上がりは一つではなく六つ示された。人口減少と高齢化が進むなかで庭付き一戸建て住宅はゴールとはならず、さらに次のステップが複数、示されている。いつの時代になっても終の住まいは現れず、人々は住宅問題から逃れることができない。庭付き一戸建て住宅とはいったい何だったのだろうか。

流民の住まい　常民という言葉がある。民俗学者の柳田国男が使い始めた。平民つまり一般人のことなのだが、定住者という意味合いが強い。柳田民俗学の対象は常民を基盤としながら、漂泊者（流民）を強く意識している。そこで上田は近世までの住宅像を武家、農家、職人、商人という士農工商の階層に準じて次のように説明し、都市の住まいは「流民」のための住まいであったと指摘する（上田『流民の都市とすまい』）。

ヤシキ（屋敷）は数十人を擁する大家族を前提とした武家住居である。在地在郷を否定された武士が城下に屋敷を構える。サラリーマン化した武士は専用住宅である屋敷から登城して仕事を行い、時には屋

敷に賓客を迎える。だから式台と客間は必須の空間だった。

ソンカ（村家）は農民の住居である。農家の庭や土間は農作業を支える場にもなっていた。柳田国男は「家には二通りの種類がはやくからあって、それが日本では入り交つて居たという事実である。一方は通例大きくて念入り、他の一方は粗末のものであったが、（中略）同じ一戸の通例の百姓でも、やはりこの二種の建物を持つ必要は多かった」と述べる（柳田『明治大正史 世相篇』）。つまり農作業や山での作業のための簡素なコヤ（小屋）と、集落の中の母屋とを使い分ける農家が多かった、という。

ナガヤ（長屋）は農村などから流入してきた庶民の住まいである。流入者が都市で生活するための仮小屋のようなもので、近世には都市生活をささえる職人層のための賃貸住宅となった。近世から近代の大阪では庶民住宅の大半がナガヤであり、建具や畳は家主でなく住人が所有し、家財道具と一緒に引っ越しを繰り返す、という「裸貸し」のシステムが発達した。

マチヤ（町家）は商売のための仮小屋から派生して室町時代に成立した店舗併用の住宅である。隣家と軒を連ねているものの、建物の構造は独立した一戸建て住宅に他ならない。屏風絵などには初期のマチヤは簡素な建物として描かれているが、商売が成功して裕福になると建物も敷地も大きくなってヤシキ化した。近世の裕福な商家では建物内にたくさんの奉公人を住まわせ、坪庭をはさんだハナレは芸事や趣味の空間として使われて町衆文化の発信源ともなった。

どの住居タイプにもカミサマや祖先の居場所があった。古い家には必ずといってよいほど様々なカミサマが仄暗いところに祀られていて、そこに行くと子供心に畏れのようなものを感じた。上田は日本の住まいには、仏壇が畳の間に、神棚が板の間に、そして荒神さんや水神さんの御札が土間に祀られている、と指摘する（上田、多田道太郎、中岡義介編『空間の原型』）。住まいの広さやタイプに関わらず、床の有無と素材に合わせてカミサマが棲み分けている、という。

庭もまたカミサマの居場所であった。日本建築において庭と建築とは不即不離の関係にあり、農家の庭のように生業の場としての機能を持つこともあれば、カミサマとの交感の場にもなった。たとえば神社の斎庭(ゆにわ)は高天原の聖なる庭で育てた稲を下界で育てるようにという「斎庭の稲穂の神勅」を語源とし、一般的には「斎み清めた祭りの庭」を意味する。また浄土式庭園では仏教世界を再現した庭があり、須弥山や三尊石も、庭がカミサマの居場所であり、カミサマとの交感の場だったことを示している。稲作を起源とする斎庭や仏教世界を再現する寺院庭園が、日本庭園のデザインの根源にある。このような庭の精神性は時代とともに規模やデザインを変えながら、ヤシキやマチヤの庭にも受け継がれていたのではないだろうか。

郊外ユートピアの形成　さて明治になると身分制が解体され居住地選択も自由になる。近世の武士階級は専用住宅に住んで職場へ通勤する、というライフスタイルを有していたが、これが多くの職業にも広がった。コヤやナガヤに住んでいた流民がサラリーマン化して、武士のヤシキを理想の住宅と考えるようになった。明治維新後の東京では財閥系に払い下げられた大名屋敷の跡地に高級官僚や資産家のための高級住宅街となったところがある。広大な大名庭園を活用する邸宅もあり、そこには洋館建築も建てられた。

一方大阪では町なかに大名屋敷のようなタネ地が少なく、都市環境の悪化と上町台地などに別邸を作る別邸文化の伝統を受けて、阪神間や堺方面に居を構える商人たちが現れた。とくに阪神間の山麓部には大規模な敷地に和館と洋館の両方をもつ邸宅が多数出現した。独立した洋館をもたず和風の邸宅に洋風応接間をもつ邸宅もあった。こうした邸宅が中産階級にとっては郊外住宅のモデルとなり、立派な門構えと玄関、それに応接間と庭を備えて客人を迎えられる一戸建て住宅こそ理想の住まいという意識が形成されていった。また第二次大戦までの大阪では市民の大半がナガヤ住まいだったが、ナガヤにも小さな門構えや前栽をもつものが少なくなかった。

農村から大都市への人口移動が盛んになるなかで、職住分離が進み、専用住宅の需要が急増した。しかし既成市街地のなかに彼らの住宅を大量に用意することは難しく、そこで農地や丘陵での宅地開発が進むとともに、住まいと職場との距離が広がり始めた。これに拍車をかけたのが鉄道会社や土地会社による郊外住宅地開発である。明治末期から昭和初期にかけて、鉄道沿線には都市に通勤する中産階級をターゲットとする郊外住宅地が広がっていった。そしてそこは地元のコミュニティとは少し距離をおいた、ユートピア的なクラブ社会の様相を呈した(角野『郊外の二〇世紀』)。

住宅の形は武家屋敷の空間構成をコンパクトにしたものが主流だったが、なかには故郷の農家を彷彿させる住宅もあった。たとえば昭和初期に阪急が開発した伊丹養鶏村や石橋温室村は敷地の中に鶏小屋や温室を備えた住宅地で、農家の庭のイメージを無意識のうちに踏襲したものといえる。田舎から都会にやってきた都市流民の理想的住まいが武士や豪農のヤシキだったとすれば、そのことが彼らの郊外住宅のデザインに影響を与えたと考えても不思議ではない。都市への定着を目指したからこそ、住まいの近代化を率先して受け入れる一方で、伝統的住宅の空間構成と精神性にならって、カミサマの居場所や賓客を迎える空間も強く意識されていた。

定着への道のり　農村人口を飲み込んでいった「流民の都市」は、戦後さらに拡がり続ける。高度経済成長が始まると地方から大都市をめざして大量に人口が移動し始めた。住宅需要に拍車がかかり、ナガヤ型の木造賃貸住宅が周辺の農地を食い荒らすように拡がっていった。水洗トイレやダイニングキッチンなど新しい設備と生活様式を提案する鉄筋コンクリート造の公団住宅も建てられたが、これは都市流民のためのナガヤが立体化したものと理解すべきである。公団住宅は「団地族」と呼ばれる憧れのスタイルを生み出したが、供給戸数は限られており、住宅建設のほとんどは民間の木賃住宅（木造賃貸住宅）や自力建設によるものだった。

木賃住宅や初期の公団住宅は、子供が生まれ家族が成長する中で手狭になり、居住者は都市に定着するためにより広い住宅を求め始めた。常民化のアイコンは戦前と同じく庭付き一戸建て住宅であり、これが地方出身者の都会での定着の象徴ともなった。だが地価が高騰するなかでは、戦前のヤシキのような住宅はなかなか手に届かない。取得可能な価格の住宅を通勤可能な場所で手に入れることが優先され、戦前の郊外住宅のような立派な接客空間と広い庭は後回しにされた。戦前の郊外住宅が理想的な環境とライフスタイルを実現できるユートピアの住まいであったのに対して、高度経済成長期のそれは積極的に郊外に建てられたというより、郊外に出ざるを得なかった流民の、ぎりぎりの定着の証しというべきである。そうしたなかで、流民の思い入れが端的に示されたデザインの戸建住宅も現われた。都市近郊で敷地規模の小さな「ミニ開発」住宅が多数建設される一方で、戦前の邸宅街の一角には、敷地を小さく分割してそれぞれに立派な門構えや忍び返し、見越しの松などをパッチワークした、ミニヤシキ型住宅が誕生した（角野「血の流れる仮面・流れない仮面」上田、多田、中岡編、前掲書）。

マイホーム主義というのは、都市空間が流動する中で必死に定着しようとする都市住民の抵抗の表われである。彼らは流されていく力に抗って常民化するための手段として、マイホームを求めた。核家族の彼らは新しいイエを築くために、限られた広さのなかで子供部屋を最優先し、仏間や客間など祖先や来訪者との接点は後回しにした。住まいの近代化とともに土間や「おくどさん」もすでに無く、家の中から仄暗い場所が消え、カミサマや魑魅魍魎の居場所がなくなった。また戦前の郊外住宅地は鉄道敷設とともに広がったので、その多くは駅の徒歩圏にあったが、戦後になると駅から歩いては行けないところでマイカーに頼らざるをえない住宅地が急増した。マイカーとスマホとが都心との連絡手段となり、ヤシキの必須アイテムであった庭はマイカーたちに占拠され、その出入りのために生け垣や塀も削り取られてしまった。庭からもカミサマの居場所が無くなったのである。

　それでも彼らは、田舎のイエとのつながりが弱まるなかで、定着の証しとして庭付き一戸建て住宅を手に入れようとした。そして「郊外に錨を下ろし新しいイエを興せば世帯分離した子供たちが里帰りし、やがて一緒に住んでくれるかもしれない」と無意識のうちに信じた。しかしいつ戻ってくるかしれない子供家族のために部屋を改修し彼らを待ち続けても、少子化のなかでは子供世代が相続して住み続ける、ということはほとんど期待できなくなっていた。

記号化する素材と空間　ところで日本の住文化を論じるときに、木のことに触れないわけにはいかない。ハウジングメーカーが誕生して、軽量鉄骨構造の一戸建て住宅が郊外にも多数建設されるようになったものの、木造への憧れは今も根強い。

　もともと日本人は木の種類とその用途については深い知識と経験を持っていた。『日本書紀』の一節に、須佐之男命が次のように言ったと記されている。「杉及び樟、此の兩の樹は以ちて浮寶と爲すべし。檜は以ちて瑞宮(みづのみや)の材と爲すべし。柀は以ちて顯見蒼生(うつしきあおひとくさ)の奥津棄戸(おきつすたへ)に將(も)ち臥(ふ)さん具(そなえ)と爲すべし。夫(そ)の(くら)うべき八十木種(やそこだね)、皆能く播き生う」。その意味は「杉と樟は船、檜は宮、槙は寝棺を造るのによく、そのために木種を播こうと申され、よく木種を播いた」。この記述から古代日本人がスギ、クスノキ、ヒノキ、マキの特性を知りつくし、それぞれの木の使用方法をはっきりと意識してものづくりに反映させていたことがわかる。他にもケヤキ、ヒバ、クリ、マツをはじめ多種多様な木材が建材として随所に使用された。上級武士のヤシキだけでなく豪商や豪農のヤシキでも、四方柾のヒノキやケヤキの一枚板の扉、黒柿の床柱など高価な木材が競って使用されたのだった。

また木材の価値は、日本建築における「柱を立てる」ことの象徴的意味に加えて風合いや香りなど五感に訴えかけてくるところにもある。白木のすがすがしい木の香りは、カミサマや賓客を迎えるためにわざわざ建物を新築したり改修したりする日本人の美意識ともつながっていた。本物のヤシキの主人たちは懇意な大工や庭師たちに依頼して増築や改修を繰り返す中で、木材や装飾への知識を蓄積して「普請道楽」を競い合った。彼らは神社や寺院との日常のつながりのなかで、柱や梁、木の材質などの象徴的意味にも無意識のうちに通じていたに違いない。

ところが軽量鉄骨やツーバイ・フォーの住宅が普及し始めた頃から、住宅建築での木材の使われ方が大きく変化した。構造と仕上げが分離し、木材は柱を立てて梁をわたして組み上げるものでなく、レンガタイルや石材と同じように壁や床に貼り付けられるものになった。「木」という素材がプリント模様になって表層化し記号化した結果、ファッションのように移ろいはじめた。樹種ごとの特徴を熟知して木の香りや風合いを楽しもうとする都市住民は極めて少なくなった。そして住宅の庭もまた記号化した。緑化舗装ブロックは駐車スペースと庭とのせめぎあいの中から生まれた。枝葉をひろげることを拒むような狭い玄関先に押し込められた花木も、記号化した庭の姿である。そして庭付き一戸建て住宅自体がひとつの記号になった。

ジブンダイジ人間の住まい　イエ制度の桎梏から逃れて自分たちのスイートホームを作ろうとした都市流民は、さらに変貌を遂げる。上田はオイエダイジ、コドモダイジ、ジブンダイジというふうに都市流民の価値観が変化したことを指摘しているが、ジブンダイジタイプの都市流民にとっての理想の住まいとはどのようなものだろうか。

ジブンダイジ人間たちはイエを介して社会に関わるというより、個人としてつまり自分の部屋から直接、都市につながろうとする。ヘヤがイエになる、といってもよい。持ち家へのこだわりが薄い彼らはシェアハウスや都市空間の様々なシーンのなかに居場所を見つけ、そこでそれぞれのコミュニティを築こうとしている。家族の形態についても多様性と柔軟性が高く、その住まいは庭付き一戸建てにはこだわらない。マイカーへの執着も必然的に弱まる。

マンションが都市住民の代表的なすまいになって久しいが、一戸建住宅の庭に代わって「人間の心を安らかにする空間」として、上田はマンションのバルコニーがかろうじてその役割を果たす可能性があるという。日本人にとってバルコニーのないマンションは考えられない。バルコニーは単なる洗濯物の干場や物置や喫煙場所ではなく、一種の「オープン・サンルーム」つまり太陽の光を浴びる「庭」であり、そこがカミサマと出会う場になると指摘する。

都市とすまいとの関係が変化し、住まいの材料や構成要素の記号化を受け入れるとともに、日本人が庭付き一戸建て住宅に抱いてきた象徴性や精神性とは異なる、さらに新しい感性に支えられた都市の住まいが登場するかもしれない。もちろんその時にはカミサマの居場所も大きく変わっていることだろう。

(角野幸博)

26 防災人和

建物が木でも石でも防災の要は住民の和にあり、それが失われると地域は不安になる

日本の建物は木造が多い。そして、木造の建物はたしかに火災に弱い。

日本の都市と自然災害

第二次世界大戦の際、アメリカ軍はその弱点をうまく突き、焼夷弾攻撃で日本の国土を焦土とした。また歴史的にみても日本の都市は何度となく大火に見舞われ、大きな被害を被っている。逆に、その弱点を利用して都市を防衛しようとしたのが城下町である。西洋の城塞都市と違って、日本の城下町には堅牢な城壁がない。都市に敵が攻め入ろうとしたとき、城下町の場合は都市の境界で敵の侵入を防ぐことができない。そのかわり町に火を放って敵を城に近づけないようにする。当然、領民には火を放つことを伝えて事前に逃避させる。城下町を焼き払うのは城の防御だけでなく、都市を奪われた際に敵に町をそのまま活用されないようにすることにある。失火による大火だけでなく、城の防御のための放火など日本の都市は何度も火災によって焼失している。

しかし木造であるがゆえに再建も容易である。火災だけでなく、地震による家屋の倒壊、津波や河川の氾濫による家屋の流失、台風による家屋の破壊。日本は自然災害によって壊滅的な被害を被ることが頻繁にある。そのために再建に容易な木造建築を選択している。哲学者の和辻哲郎は『風土』の中で、日本を含むモンスーン気候帯に暮らす人々の気風として諦観を指摘しているが、大きな自然の力の前では人間は無力であり、被害を受け止めないと生きていけない人々の心持ちとして諦めの潔さを指摘しているのである。しかし、被害からの立ち直りの速さも同時に持ち合わせている。こうした状況を建物に反映したのが木造建築といえる。

災いを防ぐ、災いを凌ぐ　東日本大震災後に注目されたことばに「減災」がある。被害を防ぐ「防災」と違い、ある程度の被害を覚悟しつつ、被害の程度を軽減することをいう。あまりにも大きな津波の力に対して人間がいかに無力であるかを思い知らされた、また防災を過信したがゆえに被害を増大させてしまったことへの反省である。

現在の治水の考え方は高水治水と呼ばれる。河川の最高水位を考え、最高水位になっても水が溢れないように高い堤防を築くものである。しかし、異常気象にともなう激しい雨でいとも簡単に水が溢れ出してしまう経験を近年はするようになった。こうした高水治水は、明治二九年（一八九六）の河川法の制定によって採用された。一方、それまでの伝統的な治水は、霞堤などによって耕作地に溢れた水を誘導し、住居や人命を守る方法が採られていた。木曽三川の合流地域で有名な輪中は川ではなく集落を堤防で囲い、水害から村を守った。また淀川沿いの枚方や高槻には床高を違えた倉を連ねた段倉があるが、これは洪水の水位により、より大切なものを守るための工夫である。段倉では、最も床が高い倉の天井にさらに小舟が吊されており、いざとなれば舟で脱出できるようになっている。

東日本大震災でもっとも被害が大きかったのは津波の被害であるが、そこで有名になったのが「津波てんでんこ」ということばである。「てんでん」はそれぞれ、各自という意味だが「津波が起こったら各自が自分自身で身の安全を守れ」という三陸地方の言い伝えである。この言い伝えを防災教育に取り入れていた釜石では、小中学生が即時に避難した結果、九九・八パーセントの生存率となり「釜石の奇跡」と呼ばれた。ラグビーワールドカップの会場にもなった鵜住居地区にある鵜住居小学校の児童は、いったん校舎の三階に避難したが、小学校の前を避難してきた釜石東中学校の生徒が「そこは危ない、一緒に逃げよう」という声をかけ、中学生とともに高台に避難し直し一命を取り留めた。

逆に、津波が来ても防潮堤が守ってくれる、という過信が多くの貴い命を奪った。今日「想定外」ということばへの反省がなされているが、想定してしまうから想定外に対応できなくなってしまう。近代化の課題について多くの哲学者が指摘しているが、マックス・ホルクハイマーやテオドール・アドルノたちの指摘する「道具的理性」、すなわち自らの役に立つ道具として自然や社会を捉える姿勢こそが、自然への畏敬の念を失わさせているといえよう。

防災コミュニティの重要性　木造の歴史的な建物が建ち並ぶ伝統的建造物群保存地区では火災の危険性が高い。そのために地区ごとに防災計画を定めることになっている。防災計画は①地区防災体制の強化、②地区内建物の強化、③地区防災環境の強化の三つの観点でつくられる。「地区防災体制の強化」では、地区防災組織、消化設備、報知が、「地区内建物の強化」では建物の耐震性能の向上、建物の防火性能の向上、空家対策が、「地区防災環境の強化」では周辺地区との連携、避難路等の確保が述べられている。防災計画の内容をみて気づくことは、第一に「地区防災体制の強化」で、その中でも地区防災組織が位置づけられていることである。建物の防災性能の向上よりも防災組織を組織し、住民自らが防災に取り組むことが重要とされている。

災害を防止し軽減するためには地域の防災コミュニティが重要である、ということである。たとえば平成七年（一九九五）に起こった阪神・淡路大震災のときにも淡路島では、倒壊した家屋から住民同士ですぐに助け出すことができた。これは日頃の人間関係の濃密さから、どこの住宅で、だれが、どこに寝ているかをお互いが理解できていたからである。また震災前から住民主体のまちづくりを行っていた神戸市の真野地区では、住民自ら初期消火を迅速に行った結果、火災の発生が抑えられた。

火災を防ぐには初期消火が重要といわれているが、真野地区ではまさにそれが実践された。第二次世界大戦時、アメリカの焼夷弾攻撃に対抗するためバケツリレーの訓練が各地で行われたが、それには関東大震災時の経験が影響しているといわれている。地震で発生した火災で多くの人が亡くなった関東大震災で、大火災を防止するために初期消火が必要であることを学んだのである。

アメリカのジャーナリストのレベッカ・ソルニットは、防災コミュニティについて『災害ユートピア』という本を書いている。原題は"A Paradise Built in Hell"つまり「地獄の中の楽園」である。彼女は戦争や災害という地獄のような状況に陥ったとき、人々は助け合って生きようとする楽園のようなコミュニティが生まれることに気づいた。窮地に立たされると人々は利他的な行動を行う、そして支え合いが生まれる、というのである。

防災コミュニティの課題と展望　防災にはコミュニティの力が重要だ、ということで行政も地域ごとに自主防災組織の結成を呼びかけている。しかしこれには課題も多い。自主防災組織を立ち上げて定例的に防災訓練を行っても、自治会役員を中心とした限定した人々の参加だけに留まってしまう。防災だけでなく、地域活動への参加者も減少している。

これは社会的な関心が低下しているからだ、と分析されるが、そうだろうか。地域の防災訓練への参加者が限定される一方で、茨木市の「いばらき女子防災部」や三田市の「さんだ女子防災部」など各地で子育てママを中心とした女子防災部が立ち上がっている。河内長野市ではママさんたちのワークショップで『子連れおかんの防災サバイバル手帳』がつくられた。こうした動きがなぜ自治会などの地域組織とつながらないのだろうか。

それは活動の担い方に違いがあるからである。子育てママなど若い人たちはいわゆる「ネットワーク型」の活動を志向している。一方で既存の地域団体は「階層組織型」の活動を行っている。メンバーには上下関係があり、ものごとを上層部で決めて指示・命令を下に下ろす階層組織型の活動には若い人々は関わりたくないのである。フラットな関係で気の合う仲間と楽しく活動を展開したい、そんな思いが若い人々にはある。若い人も含めてさまざまな人々が地域活動に参加してもらうためには、活動のやり方を見直していく必要がある。

組織学者の太田肇は『「ネコ型」人間の時代』で、イヌとネコに喩えて社会の変化を読み解いている。イヌは主人に忠実だが、日ごろよく世話をしてやらないといけない。一方、ネコは飼い主の言うことなど聞かないが、世話もあまり必要ではない。こうした喩えを使って、今までの社会は管理する側に都合のよい「イヌ型」人間を育ててきた、という。その結果、指示を待つ消極的な人間を増やしてしまった。しかしこれからの社会では、自律的・自発的に行動できる「ネコ型」人間が重要である、と指摘する。この考え方は、階層組織とネットワークに重なってくる。階層組織ではイヌ型人間が重宝されるが、ネットワークではネコ型人間が必要なのである。

近代化によるコミュニティの衰退　若い人々のあいだでも、社会問題を自分たちで解決しよう、とする人が増加しているが、一般的にはまだまだ依存体質の人が多いのも事実である。このように人々が依存体質になっていくことを哲学者の鷲田清一は近代化による変化と捉えている。鷲田は次のようにいう。「日本社会は明治以降、近代化の過程で、行政、医療、福祉、教育、流通など地域社会における相互支援の活動を、国家や企業が公共的なサービスとして引き取り、市民はそのサービスを税金やサービス料と引き替えに消費するという仕組みに変えていった。」近世までの村落共同体では共同体の維持を村人の手で行ってきた。しかし近代化によって、行政と市場がサービスという形で行うようになり、その結果「市民たちの相互支援のネットワークが張られる場たるコミュニティ、たとえば町内、氏子・檀家、組合、会社などによる福祉・厚生活動の痩せ細り」を引き起こした。「ひとびとは、提供されるサービス・システムにぶら下がるばかりで、じぶんたちで力を合わせてそれを担う力量を急速に失っていった。いいかえると、これらのサービス・システムが劣化したり機能停止したときに、対案も出せねば課題そのものを引き取ることもできずに、クレームつけるだけの、そういう受動的で無力な存在に、いつしかなってしまっていた」と指摘する(鷲田清一『しんがりの思想』)。

行政や、企業などさまざまな主体が公共を担う「新しい公共」が近年注目されているが、問題解決に向けて、市民が自発的、自律的に動くことのできるコミュニティの力を再興していく必要がある。

マツリとコミュニティ　近年各地で、小学校区単位で住民自治を行う住民自治協議会のシステムづくりが進められている。そのひとつに八尾市の山本小学校区まちづくり協議会がある。ここではネットワーク型の地域活動を展開することでさまざまな主体の参加が促進されているが、その核である協議会の会長は福祉活動や防災活動など課題ごとの活動を整理し、楽しい活動を中心に展開を図ろうとしている。どんな活動でも、その企画、運営に携わることで人は育ち、活動に集まった人々のあいだにつながりが生まれる。人材とネットワークが強化されればどんな問題にも対応できる地域となる、という考え方である。こうした観点で伝統的に行われてきた祭を改めて考えてみると、祭を通してコミュニティの結束力を高めていく手段となっていた。

災害ボランティアの研究を行っている渥美公秀は「防災と言わない防災」という言い方をする。彼自身が阪神・淡路大震災で被災したとき、被災地で地域スポーツクラブの人たちが活躍しているのをみて思いついた考え方である。日頃からスポーツを通じて集団行動を身につけている人たちであり、そして体力に自信のある人たちであるからこそ、復旧活動で力を発揮することができる。防災のために組織された組織より、普段楽しみを通じて築き上げられたコミュニティのほうが重要ではないか、そんな問いかけが「防災と言わない防災」に込められている。

祭を通したコミュニティづくりを改めて考えてみる必要がある。しかし、伝統的な祭の担い手も減少し、高齢化している。一方で、若い人々は新たなイベントを手づくりで立ち上げて実施している。これも階層組織とネットワークの違いで説明できないだろうか。近年、各地でハロウィンが盛り上がっている。子どもたちが仮装してまちを練り歩きお菓子をもらうこの行事は、見方を変えれば西洋版の地蔵盆である。地蔵盆も同じように子どもたちにお菓子を分け与える。地蔵盆の世話役になりたい若者は少ないが、ハロウィンは自分たちで企画、運営できるから関わる人も多くなる。仲間たちと一から手づくりでできる、そういうイベントは関わる人も増えていく。こうした仲間とつくる楽しいイベントも新たな形の「マツリ」と位置づければ、マツリを通したコミュニティづくりの幅も拡がっていく。

縄文のマツリ・弥生のマツリ　稲作の伝播によって農耕が始まる、それをもって縄文時代から弥生時代へ移り変わったと昔は教えられた。しかし近年はそう単純でないことがわかってきた。たしかに縄文時代と弥生時代の大きな違いは狩猟採集から稲作へと食糧調達の手段が変わったことである。考古学者の寺前直人によると、近年の弥生時代研究は水田と金属器と権力生成の三要素で進んでいるという（寺前直人『文明に抗した弥生の人々』）。水田での稲作、青銅器の使用、稲作から生まれる集団統治から派生した権力の生成、この三つが揃ったのが弥生文明であるという。

狩猟採集を中心とした縄文時代と、稲作を中心とした弥生時代。食糧生産方法の違いが社会のあり方にもいろいろな違いを生んだ。マツリの意味や様相もそのひとつである。ドングリやクリ、クルミといった木の実、クズやワラビ、ヤマノイモなどといった野生植物を採集し、魚や動物などの狩猟を行う。そのような自然界からさまざまな食糧を調達する社会では、自然界全体への祈りがマツリとなっていた。

また災害をもたらす自然の脅威に対する畏怖の念もマツリにつながった。自然といかに共生するか、マツリに込められた縄文人の思いはそこにあったはずである。一方、水田での稲作を中心とした弥生時代には、マツリも雨乞いや豊穣祈願、豊作感謝といった稲作の意味合いが強くなっていった。また、水田・水路の整備や耕作を集団で行う必要性から、集団を統括する権力が生まれ、結束力を高めるためのマツリ、つまり「マツリごと＝政」へと変化していく。自然を制し、効率的な食糧生産を集団で行うことが弥生人のマツリに込められた思いといえる。

また数十人の血縁集団で生活していた縄文人にとって、血族結婚でなく子孫を残すためにも、地域間交流がさかんにおこなわれていた。それにも歌垣のようなマツリが重要な役割を持っていたと考えられる。若い男女が歌い踊りながら恋愛をし、子孫を残していく、そんな機会としてのマツリである。

縄文から学ぶ視点　以上見てきたように、自然の脅威にいかに向いあい、かつ、災害を減らしていけるのか、その視点として縄文時代から学ぶことは多い。まずは自然を制するのではなく、自然と共生していくという思想である。また権力によって集団を統率していくのではなく、小集団が交流しネットワークしながら社会を構成していく考え方には、これからのネットワーク社会にヒントとなることが多い。

地球温暖化によって自然の脅威がますます激しくなっていくこれからの社会においては、堅牢な建物や堤防などといった自然の脅威に抗する防災の考え方ではなく、自然の脅威をある程度受け止め、人の和や知恵によって災害を減らしていく減災の考え方が一層求められるといえよう。

（久隆浩）

27 有林無家

大方の日本人は、毎日、山と木を見て暮らしているが、その木でなぜ家が作られない

我が国は先進国と言われる国の中で、最も植生が豊かな国である。同時に降水量も多く、平地が僅かしかなく近年の異常気象で大雨が降ると国内各地で堤防が決壊し、被害を及ぼす。近年、山林の手入れが行き届かないためにスギ・ヒノキ等の人工林の下層には一木一草もない状況となり、保水力や土壌の支持力が低下し、斜面崩壊を及ぼしてしまうことも新聞やテレビなどの報道で国民のかなりが認識していると思われる。最新の林業白書に、森林に期待する役割の変遷という資料があるが、二一世紀に入ってからは災害防止機能と地球温暖化防止機能がトップ二になっている。

しかし、森林の機能はいわゆる公益的機能だけがフォーカスされ、木材生産機能は世論からいえば二の次、三の次になっている。

一方、近年には新国立競技場をはじめ、木造化や再生可能エネルギーの燃料として木質バイオマス発電など、森林や林業、木材産業に関係ない方々も、木を身近に感じ始めているのではないだろうか。では、「木が使われる」ことで実際に山林を所有している人や林業に従事している人たちは経済的に再び潤い始めているのだろうか。

本章のテーマの「森林があるのに林業がない」とはどういうことか。

森林国であるのに林業がない　日本は一八世紀半ばから人工造林を行い、収奪的林業から持続的林業に転換した。しかし第二次世界大戦中および戦後復興で伐り尽くされた森林資源は、戦後に人工造林で緑に戻したが、国内の木材需要と戦後復興のためには東南アジアの熱帯雨林や北米の森林資源で代替せざ

るを得なかった。その結果、二〇〇〇年以前に自国で自らが行った収奪的林業を繰り返してしまった。勤勉な日本人はけものみちしかないような奥山に飯場をつくって寝泊まりしながら、集落の近くから山の頂までスギやヒノキを植林し、今日のような高い人工林率を誇る森林資源を所有する森林大国とはなったが、しかし、戦後の燃料革命により日本人は燃料に木材を求めず、化石燃料や鉱物資源由来の代替品となり、建築資材は外国産材を用いて、先進国の中で有数の森林国でありながら「生業」としての林業が存立することが難しい「希有」な国になってしまった。どうしてわが国「日本」は林業が衰退してしまったのか、解決のための処方箋はないものかを考えたい。

儲からない林業

スギ・ヒノキは建築用材として古来から使われてきた樹種であり、わが国の気候風土に適した樹種といえる。スギは北海道南部から鹿児島まで、ヒノキは関東北部から九州の南部まで広く植栽されている。教科書的に言えば肥沃な場所はスギで、尾根などの乾燥しやすい箇所はヒノキである。長野県以北ではヒノキはカラマツに概ね代替される。これらの樹種は、幅一〇五ないし一二〇ミリ、厚さが三〇ミリ程度の挽き板に加工され、厚さ方向は接着剤で貼り合わせた集成材として、管柱や梁に使用されている。昭和五五年を境に国産材の値段は下がり続け、丸太の価格はスギの場合、一立方メートルあたり米ドルで一〇〇ドル（おおよそ一万円）が相場である。無垢の柱用の丸太や集成材用の挽き板も同程度の価格である。枝打ちして無節とされる柱の場合はより高値で取引されるがマーケットは極めて小さい。合板、中国への輸出、最近増加してきた燃料材などは一万円以下で取引されているので、一本のスギの丸太を伐採しても一立方メートルあたり一万円を超えることはまずない。ではヒノキはどうかというと、一立方メートル当たりスギより三〇〇〇～五〇〇〇円ほど高値で取引きさされている。日本国内で一般的に流通しているヨーロッパトウヒ、欧州アカマツの価格はスギと同価格である。

高く売れる工夫が必要なのか

林業界の人間は「だったら高く売るために木に付加価値をつけよう」と考えてしまう。しかし果たしてどのような付加価値の付け方があるのか。まずは前述したような枝打ちを行い、節の出ない無地の材を作ることを考える。京都や近畿地方の一部では一ヘクタール当たり一万本を超える苗木を植栽し、枝打ちを行いながら、間引き（間伐）も行い、足場用の丸太、床柱、管柱や大径の構造材や造作材用の丸太を生産するため、一〇〇年を超える伐期で林業を経営してきた。今日でも細い側の直径である末口が六〇センチを越える丸太を安定的に生産している林業経営者も存在している。通常のスギ・ヒノキでは、一ヘクタール当たり三〇〇〇本を植栽している。単に一坪に一本の苗木を植えているだけで科学的根拠はないが、これが標準とされている。通常の三倍以上の苗木を植栽すると、成長が遅くなるために年輪の間隔も狭くなり、和室の柱にでもすると木目の美しい製品が出来上がる。しかし三〇〇〇本で無節の柱を生産しようとすると、高密度で植栽するときよりも枝が太くなるため枝打ちも早期に実施していく必要がある。だがこのような無節の柱にどこまで需要があるだろうか。

部屋の四隅の柱が見え、仏間、床の間、縁側があるような伝統的な日本建築を行い、かつ風通しが良い住宅では、現代の熱帯夜や、冬場の採暖にどのように対応していくのか。実際、高気密、高断熱でエネルギー効率が高い家屋では、部屋の四隅に柱が見えるような住宅は極めて少なく、クロスで壁全体が覆われているものが多いのである。

木材の調湿機能はよく言われるところであるが、家屋での気密性が高くなるほど柱などの構造材は壁から見えないようにして、ひっそりと調湿機能を働かせなければならない。これは、水分を含めば木材は膨張し、乾燥すれば収縮するからで。柱や梁が壁と接するのが見えていたら、壁も木材と同様に膨張・収縮しないと隙間や浮きが発生してしまうからである。結果的に現代の住宅では構造材は見えなくなってしまう。スギやヒノキなどの四方無地の柱等も不要になってしまう。その結果、価格が安く、入荷量も安定し、工業製品として性能も安定している輸入材に国産材は席巻されてしまうことになる。この輸入材の原木価格は一立方メートル当たり一〇〇米ドルであるので林業経営をしていくためには、
①一〇〇米ドルつまり約一万円の原木価格で儲かる林業を行う。
②付加価値をつけ長伐期、大径材の生産を行い、神社仏閣や大規模木造建築物向けのニッチなマーケットを狙う。
のどちらかを目標に経営方針を定めなければならない。

森林計画制度　我が国では計画的に森林を整備していくために、政府が樹立する「森林・林業基本計画」のもとに一五年を一期とする「全国森林計画」、一〇年計画の「地域森林計画」(都道府県を大きな流域に分けて作成する)、「市町村森林計画」が策定されている(民有林の場合)。森林所有者は任意で上位計画に即した「森林経営計画」を作成することが可能で、認定を受けると、相続税、日本政策金融公庫の融資金、造林補助金、固定価格買い取り制度による木質バイオマス発電所への燃料材有利販売などのメリットが付与される。しかし、この計画制度に則って経営を行えば儲かる林業が実践できるのであろうか。

林業経営の仕組み　林業の第一歩は植林である。一ヘクタール当たり何本植えるかは議論の余地があるが(市町村森林整備計画で樹種別に何本植栽するか決められているので議論の余地はあまりないが)、植林しやすいように、雑木や灌木も伐採時、植林しやすいように地拵えを行った後に植林を行う。地拵えと植林で一ヘクタール当たり、一〇〇万円は必要だが、造林補助金を上手に使えば約八割は国が助成してくれる。自治体によっては残りの自己負担分を補填してくれるところもある。その後、五～六年間は毎年下刈りを行う。下刈りで総額六〇～七〇万円は必要である。こちらも約八割は国から補助金が出る。その後、蔓

切りや植林木の生長を促すための除伐や植林木の間引き等を行いながら、三〇年前後で間伐を行う。間伐は本来不良木の除去なので、販売できるような木は少ないため林内に放置されることが多いが、最近ではこれが社会問題となり、補助金を出して林外に持ち出し販売することを政策的に行なっている。しかし若齢小径木が多いことと昔のように足場丸太が売れる時代でもないので、一立方メートルあたり一万円にもならないような丸太を一万円以上の費用をかけて林外に持ち出し、補助金で損を薄めて間伐を行っているのが実態である。これは主に民有林の森林整備を担う森林組合の仕事である。しかし教科書通りの間伐（悪い木を間隔を見ながら間引く）を行うと一ヘクタール当たりの材積が少ないためにしばしば伐採しなくても良い立木まで伐採しながら、実際には損をしないように間伐を行っている（しかも一万円で売れる丸太もそれほど出てこない）。

近年、森林が適切に整備されていないために気象異変により山地崩壊が発生したり、水源涵養の機能が損なわれたりしている。この原因は適切な間伐が行われなかったためで、適切な森林を維持していくためには積極的な間伐を行うことが必要である。以上のような新聞記事やニュースを目にされた人も多いと思われるが、前述のような行き過ぎた間伐は植栽木の周囲に雑灌木を発生させ、林業経営的にはスギやヒノキの資源量をいたずらに減らしているだけに過ぎない。

戦後、日本人は裏山から山の稜線まで植林を行い、そのなかで人家や道路に近い地利条件の良いところは手入れをしたが、山道を何時間も歩かないと到達できないようなところの手入れは疎かにしてしまった事実がある。このような箇所は、植栽木の本数を減らして天然林を侵入させ、針葉樹と広葉樹の混交林化を図れば良いが、人の手が入りやすい植林地まで過度に間伐する必要は全くない。しかし、先に述べた市町村森林整備計画では間伐の間隔年まで定められており、その結果無駄な間伐と補助金が使われていることも事実である。

昭和時代の林業の教科書では、植林木が生長し、林内の灌木類が枯れ始める前に間伐を行うのを目安とされていたが、現在では、常時、下層植生が繁茂している森林が健全とされている。

そしていよいよ皆伐を行う林齢となるのであるが、これも市町村森林整備計画で皆伐を行う林齢が定められており、若くして皆伐を行うことはできない。そして林業の世界では、キャッシュアウトばかりで収入は全くない。補助金抜きで考えた場合、一ヘクタール当たりにつき二〇〇万円は必要となるだろう。補助金があったとしても最低でも五〇〜六〇万円は必要になるはずである。（金利や管理費は見込んでいない）実際、皆伐を行おうとすると間伐で蓄積は減ってしまい、一ヘクタール当たり、スギで三〇〇立方メートル、ヒノキで二五〇立方メートル程度が平均的ではないだろうか。伐採に五〇〇〇〜六〇〇〇円、トラック運賃に三〇〇〇円ほどを要し、一万円ぐらいでしか売れないのであれば、林業はまったく採算が合わない。皆伐なんてするべきではない。先に論じた長伐期多間伐を推し進めるべきだ、という考えも出てきて当然である。

林業経営として考えること　林業は、循環型産業として伐ったら植える作業を営々と繰り返すものである。すでに述べてきたように、間違った間伐の考え方を一度整理し、自然環境への負荷を最小化する正しい人工林施業についてのルールを試行錯誤しながらまとめていくべきである。そのなかで、人手が入りやすい箇所、入りにくい箇所ごとに所有者の意向を反映した管理ができるようにすることである。そして人手が入りやすい箇所においての最大の目標は、植林木の森林蓄積の最大化である。現状は丸太の代金が国際的にほぼ決まっているのに、単位面積当たりの収量を増やすことがほとんど議論されていない。これではいつまでたっても林業は復興しない。そこで科学的に議論をした上で、無駄な間伐は止めるべきことを提言したい。

日本では林業が産業として成立しないのか

一　豊かな植生と多い雨量

北欧やドイツ、米国やカナダは競争力のある林業国であるにもかかわらず、日本は豊かな森林資源を持ちながら競争力がない。それは、豊かすぎる植生と雨量の多さと言わずもがなの、急傾斜地によるものではないかと考えている。豊かな植生は、生物多様性と引き換えに繁茂しすぎる下層植生との競争にさらされ、植林木を健全に保つためには多くの人手が必要になる。ヨーロッパでは天然更新による下種更新で針葉樹は成林可能となるが、日本では更新力が旺盛な草本類や先駆樹種によって植林木は競争に負けてしまう。また日本の下刈り作業は夏場の重労働から林業の労働環境を悪くしている原因でもある。海外では国際的な森林認証であるＦＳＣを持ちながら、薬剤散布による下層植生の繁茂を軽減させている国もある。さらに日本の急斜面の雨量が多い状況は、林業を産業化させるために極めて重要な林道開設を極めて困難なものにさせている。林業先進地を模倣していくことは日本にとって重要なことであるが、この豊かな植生と雨量を考慮せずに海外の林業先進地を模倣しても成功には結びつかない。

日本の林業は明治以前は藩単位でそれ以降は市町村や流域単位で地域の産業に裏付けられた木材産業を形成しながら発展してきた。しかし木材が国際流通品となる現在わが国の林業はその局面から一歩も抜け切れていない。経営規模の問題もあるだろうが、それより先に行うべきものはわが国の林業は在来種であるスギ・ヒノキを中心としてこれからも続けるのかあるいは成長の早い樹種に切り替えるのか、国策としても方向性を出すべきでないか。そして永年日本の木造建築を支え、我が国の風土にも適しているスギ・ヒノキについては、その下刈り回数を軽減し、一年でも早く皆伐ができ、輸入材と比べて強度的に優れた品種改良を行うべきで、年輪幅を細かく均一にし、時間のかかる大径材生産を目標にした林業経営とは切り離して開発を行うべきである。さらに、林道網の整備は必須である。現在の日本林業の競争力を阻害している原因の一つは貧弱な林道網である。スギやヒノキが独自のマーケットプライスを維持していた二〇世紀までは、貧弱な林道網を補う架線集材（伐採した木材をワイヤーロープでつり上げて道路まで運ぶもの）の技術により、応分の伐採搬出コストを支払ってでも収益があったが、一立方メートル一万円時代では、道路に近く林業従事者の労働負荷を下げない限り収益性はないに等しい。一方、林道＝環境破壊のイメージが先行していて、公共事業としての林道開設は積極的にされていない。政府も「林業成長産業化」を叫ぶのであれば無駄な補助事業をそぎ落とし、林道開設による基盤整備をしっかり行うべきである。しかし日本の多い降雨量を考えると日常の道路メンテナンスが重要となり、地元行政や森林所有者が容易に管理できる体制をとることも必要である。ここまで実行できれば、林業先進国と同等の植林までの初期投資と、インフラは整備できるはずである。

二　伐期の短縮

かつては、「スギ八〇年、ヒノキ一〇〇年」と言われていたが、近年ではスギは五〇年弱まで、ヒノキも六〇年近くまで伐期が短くなっている。これは品種が改良されてきたのではなく、太らせても需要がないからである。ただし、天然木や長伐期大径材を目指して育ててきたものではなく、あくまで一般材生産を目指してきたが太くなってしまったものとは違う。このような大径材の需要はある。今日、高効率の製材工場では、同じ太さで均一な品質の丸太を大量に製材できるようにデザインされており、丸太の末口の直径が二〇〜三五センチくらいで最大の生産性が出るため太い木は結果的に使い道がない。その結果、これより太い丸太は合板用として一ランク下がった価格で取引されることになる。合板工場でも概ね直径六五センチが工場の規格の最大径で、これより太いと残念ながら製紙ないし発電所用のチップにしかならない。現在の伐期は以上のような需要の論理で短くなっている。今後、林業経営は、今の需要を満たすための道のりは長いが木材の伐期を短縮出来るよう、育種、育林の技術を磨いていくしかない。

三　生産性の改善と労働安全性の確保

林業生産性の改善のためにまず必要なことは、単位面積当たりの蓄積を増やし、収量を増加させることである。わが国の林業も一九九〇年以降に徐々に機械化され、近年、伐採後の決められた長さに幹を伐っていく造材作業や枝払いは、プロセッサと呼ばれるエクスカベーター(ショベルカー)のアタッチメントとして多くの林業事業体が使用している。このプロセッサは林業の生産性を大きく改善したが、プロセッサを動かすためには、絶えず伐採された立木を機械の側まで集材し、造材された丸太はすみやかに林外に持ち出すことが必要である。プロセッサ自体の生産性を上げるためにもまず必要なことは、単位面積当たりの蓄積を増やし、機械の移動を減らしながら生産量を上げることである。このためには、効率よく伐倒し、集材し、造材された丸太を速やかに林外に運び出すトラックの大型化が必須となる。しかし現在このプロセッサの台数を見ると、日本の丸太生産量の約三倍もあるフィンランドより多いことからもわが国の林業の生産性の低さが容易に想像できる。

プロセッサの前に必要な伐倒、集材についても、単位面積当たりの蓄積を増やすことはもちろん、道路から近い作業の場所の確保が必須である。北欧の平坦な林業地では、ハーベスタとよばれる緩傾斜なら作業ができる特殊なベースマシンに装着された機械で伐倒、玉伐りを行いフォワーダと呼ばれる不整地を走る運搬車が丸太を運び出しているが、中欧の傾斜地では、人間が伐等を行い、三〇〇~四〇〇メートル程度の架線集材で伐倒木を林道の近くまで集材し、プロセッサで造材を行っている。オセアニアや南米では、急斜面でもテザーマシンと呼ばれるワイヤーでハーベスタを支持し、急斜面でもチェンソーを使わない作業を行っている。共通して言えることは、人間が屋外でおこなう作業を極力減らしていることである。労災保険の掛け率が鉱山業と同率というほどに高い林業の危険性は、日本以外の国では、安全でしかも格好の良い仕事に変貌しようとしているのである。

四　林業＝山なのか

以前、わが国の林業は山の傾斜を巧みに利用しながら発展してきた。しかし機械の進歩により、傾斜があるよりない方が格段に効率よく経営ができるようになってきた。わが国は、高齢化と人口減少により今までの行政サービスを維持していこうとすると、街もコンパクトにして行かざるを得ない状況である。そういうなかで現在、滋賀県や福井県とほぼ同じ面積の耕作放棄地が存在しているといわれている。そしてこの流れは、加速することはあっても減速することは考えにくい。農地と林地には特有の制度があり、現状では転換は簡単ではないが、険しい山岳地形での林業はともかく、耕作放棄地での林業は検討に十分値するのではないか。林地と違い規格は小規模ながら農地は最低限のインフラも整備されている。また製材に適さない丸太も発電用として近年使われるようになってきているが、再生可能エネルギーの一つであるバイオマス発電を、今後、増やすためにも、耕作放棄地で燃料用早生樹を生産し、五年程度で回転させれば、伐期の長い林業経営者にとって安定的な現金収入になるのではないか。儲けるための手段を講じることができるよう、行政側も柔軟に対応し、セクショナリズムを考えなおす段階にきているのではないだろうか。

五　流域単位、都道府県単位で林業を考えてよいか

林業や木材製品を日本の戦略的資源と位置づけるためにも国際競争で抜きんでる必要がある。食料の

ように口に入るものは「地産地消」の意識も高いが、住宅用構造材でかつ、壁に隠れて目に見えないものは地産地消の意識もそれほど高まらないし、消費者にとっても大きなこだわりはないだろう。となると、林業の政策や施策を方向づける計画制度も考え方を変えるべきではないだろうか。各地域の森林資源の状況や、林業が盛んな地域とそうでない地域もあるので森林造成についても差が出て当然だろう。しかし、林業活性化という名の元に必ず付いてくるものが製材等の加工施設である。一般的に流通されている構造部材用の製材品は、乾燥させ、含水率を一定にし、強度や等級も分類されている。ここに、間伐材しか出てこないような自治体向けに小規模の加工場を作ったとしても、外材と競争して全く勝ち目がないことは明らかである。小規模の製材工場の数は統計的には下降の一途をたどっており、その行く末は分かっていても、このような工場が官製主導で各地にいまだに立ち上がっている。

今から一〇年ほど前に、床下地などに使われる構造用合板がロシアの輸出関税引き上げの影響もあって一気にスギを中心に国産材化した。その使用量は一〇年前には一〇〇万立方メートルだったが、二〇一八年には四五〇万立方メートルまで増加している。しかし工場内のラインの新設、改良等はあるが合板工場はほとんど増えていない。これは製材工場も同様である。広域なところから丸太を集め大規模な施設で効率的に生産し、余分なコストを徹底的に排除し流通ラインに乗せて販売していかないと外材に太刀打ちできないからである。地域に利益を誘導していくような加工施設を整備する時代はすでに終わっている。中国や東南アジアが世界の工場として生活必需品から家電、精密機械等を生産し、コンテナ船で世界各地に運ばれていく。欧米の木材製品は、その帰り荷のコンテナを使用することによって極めて安いコストで日本まで運ぶことを可能にしている。その価格は、国内の伐採現場から製材工場までのトラック運賃より遥かに安く、大量に都心の港まで運ばれている現実を国内の林業・木材加工業関係者は認識すべきである。

日本の国内で輸入材を競争相手にしていく戦略的加工施設は、国内数カ所に留め（都心から遠距離であれば港湾の近くか、衰退してしまったが鉄道輸送もあり得るかもしれない）、物流コストを最小限に抑えて、広域から原木を集荷するシステムの方がはるかに理にかなっているといえる。たとえば製紙メーカーは広域の集荷に対応していくため、遠距離からの購入価格は運賃分を上乗せしてきた歴史がある。林業政策でも、森林造成に対する助成は必要かもしれないが、一番の出口対策となる工場への遠隔地域からの出材には助成する仕組みの方が経済的な理にかなっている。

六　森林整備のための補助事業について

以上のように輸入材と対等に競争していくためには、生産性を高めコスト競争力が必要であると論じてきたが、じつは日本林業のコスト競争力が醸成しない最大の理由がある。それは「補助事業」だ。補助事業のメニューには伐採跡地の残材を整理する地拵え、造林、下刈り、除間伐、枝打ち、利用間伐、作業道開設等があり、近年では前述したように皆伐しても補助金がもらえる。補助金額の算定には、そのベースとなる標準単価なるものが、面積当たりや苗木一本当たりまで都道府県ごとに細かく定められている。この標準単価に、補助率等を乗じて補助金額が算出されるわけだが、革新的な森林整備方法を考案し、通常より安い労賃で作業が完了したとしても、この「標準単価」を使用して旧態依然の方法で作業をしないといけない。その理由は、会計検査時に標準単価の指摘を受けた際、都道府県の担当者に余分な説明責任が生じたり、標準単価の算定に疑義を呈されることなどを回避するためである。また林業用の苗木に関しても同様で、安く生産できる事業者がいても、都道府県で決めた単価で苗木は流通することになる。これではいつまでたっても日本の林業は、森林造成までもが世界のトップランナーから大きく引き離されてしまう。

また最近ではシカによる食害も大きな問題になっており、若齢木の葉っぱや収穫直前の高齢林の樹皮までも食べられて、枯損してしまう被害が急増している。最近では植林エリア全体を鋼線入りのネットで囲い、その中を植林するケースにも補助金が交付されている。しかし、ネットに巻き付いた蔓や台風等でネットに被害が出るとそこからシカが侵入するケースが絶えない。明らかに個体数が増えすぎたことによる被害であるが、個体数減少のための手段を真剣に考えないと、国土保全にも影響するだろう。

有林有業としていくために

一　一般材を生産目標にした成功事例を作る

近年、自伐林業や里山をキーワードにした山村振興、林業経営のあり方などについて書籍や雑誌が出ている。これはそれぞれの成功談として重要ではないかと思う。しかし、我が国の林家と呼ばれる森林所有者の七四パーセントは五ヘクタール未満の所有面積でしかなく、しかも林家の保有する面積の二五％になる、と直近の林業白書に記されている。同様に、林業を行っている林業経営体のうち一〇〇ヘクタール以上を所有している経営体は、林業経営体の保有する森林面積の実に七六％にも及ぶ。効率や規模を考えるとある程度の経営規模の山林所有者が林業経営で成功するモデルを作るべきである。自然環境に配慮することは当然であるが、徹底的なコスト削減とインフラ整備を行い、どのような投資や経費のかけ方をするか、一般材生産のためにはどのような施業を行っていくかを、モデルを作って必要な補助政策を考えるべきではないだろうか。現状の森林をいくらかけて整備し、伐採のコストや目標を定め、どのように販売していくか。「森林施業特区」なるものを作って、規制を一切排除した経営モデルで点検するべきではないだろうか。このモデルには自伐林家、森林組合、篤林家、大面積所有者、国有林などに参加してもらい、透明性のある事業とすることが必須であろう。異なる所有形態における課題もいろいろ抽出されていくことになるだろう。

二　木材をより身近に

一般住宅においても、和室、床の間や欄間、縁側など日本古来の姿は減少の一途にあるが、木質感のある住宅が決して人気がないわけではない。和のテイストを取り入れていくことは十分可能なはずである。また新国立競技場の屋根にも木材と鉄のハイブリッド構造や、戸建て住宅以外にも木質感のみならず、鉄、コンクリート、木材の混構造を用いようとする機運が高まりつつある。とはいえ高くてかつ、供給量が安定していなければ輸入材に代替されてしまうだろう。国産材は、今まさに利用拡大ができる状況にある。豊富な森林資源の利益を森林所有者、加工業者、需要者が平等に享受する仕組み作りは待ったなしである。

（森育男）

Ⅷ 未来のトシ

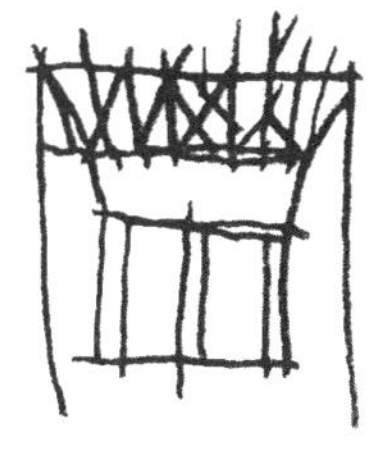

28 千年木家

鉄骨造やRC造の寿命は短いが、木質建材の家は工夫次第で「千年家」も可能である

木を使った建築を巡る日本の近年の状況

現在、日本では国をあげて国産木材利用の促進に取り組んでいる。公共建築に関していえば、「公共建築物等における木材利用の促進に係る法律」(以後木促法)という法律が平成二二年から施行されて役所や学校などの建物で木造建築がじわじわ増えており、実際、同法の成立後、日本の国産の木材の使用量は少しずつ、しかし着実に増えている。木材自給率を用いてこの状況をみると、法律施行後の平成二三年の二六・〇パーセントから、平成三〇年には三六・六パーセントにいたっている。そして国産木材の利用振興によって二酸化炭素の固定と林業の振興、それに伴う森林環境の整備が進んでいる。

千年木家

このように一定の成果を上げている木材利用振興だが、私自身はこの動きが単なる木材利用振興のキャンペーンとして終わるのでなく、この機会に木について考えることで、ここ日本から次元の違うはるかに大きな変化を起こすことを期待している。我々はこれまでのライフスタイルや社会のあり方について待った無しで見直しを迫られているわけで、その回答へと導く道筋が、木について考えていく中で見えてくるのではないかと考えている。というのも地球環境問題などといってみても、所詮は人が住み続けられるかという問題であって、人類が滅びても地球は存在するし、ために困る訳でもなく、結局、現在の問題は突き詰めれば「持続性」の問題である。その持続性を考えるとき木が物理的に非常に役にたつ材料であることは当然だが、さらに木の存在そのものが我々のものの考え方、ひいてはライフスタイルを持続的なものへと変化させていくきっかけ、もしくは触媒のように働くと思われるからだ。

もちろん持続性という言葉は、単純に物理的に耐久性が高い材料をつかえば達成出来るような簡単な話ではない。我々は既に物理的に耐久性の高い材料を用いてつくった（建築に限らず）モノが、社会的な要求の変化に対応できず、物理的な寿命の尽きる前に廃棄されることを多く目撃してきた。素材としての耐久性の高さと、社会の中で持続的に長く使われることが可能という二つの側面を兼ねあわせる存在が木であり、恐らく主要な建築材料としては唯一のものである。それゆえ千年続く持続的社会は、木でできた建築すなわち千年木家によってしかできない、と思うのである。しかし我々が今まであまり木を使ってこなかったことにはやはり「わけ」があり、そしてその背景には「思考の型」がある。であるから木を使うことを考えることで、間違いなく我々の「思考の型」も変わっていくだろうと考えている。

建築での木材の方法　つまり千年木家のメニュー　まず建築での木材利用の方法をいくつかのカテゴリーに分け、そのカテゴリーごとに紹介する。

イ　新築建築で木造といえばまずは戸建住宅が頭に浮かぶ。これまでの建築における木材利用の王道であり、現在でも新築住宅の構造種別を見ると木造が圧倒的に主流であり、令和元年でも、居住専用住宅の新築は棟数ベースで実に八三パーセントが木造である。問題は木造住宅の建て替えまでの年数が短いことで、その中でも経済の論理など実際の耐久性そのもの以外の付帯的な理由で壊される建物が非常に多いことである。加えて木造住宅での国産材の比率を上げることも課題である。一方、新築木造の新しい可能性があるのがこれまであまり木造ではつくられてこなかった、戸建住宅以外のいわゆる「ビル建築」である。ある程度の規模以上の建築は、防火制限が厳しくなることもあってこれまで木造以外で建てられてきたが、近年、技術開発や、法整備が進んだことで今まで木が使われてこなかった建物でも木造が建てられはじめた。このカテゴリーの木材利用促進におけるメリットは、何といってもこれまで使われていなかったために劇的なシェアの向上があり得ることであろう。そして更なる展望としては、木の極めて高い耐久性という物性を活かした非常に寿命の永い建築の実現である。

ここではまず最近の新技術によってつくられる木造建築の例と、（技術的には従来から可能であったが）法整備等によって建築が可能になった例とを取り上げ、その利点や難点、課題を見ることとする。

ここでとりあげる最近の新技術による木造の代表選手はCLT材。紙幅の都合で詳しく述べないが、そのメリットは「山」側での生産が簡単で負担が少ないこと、工場製作による精度の高さと現場作業の効率化、高強度、断熱性、ある程度の耐火性といったところか。一方の課題は日本の道路交通法上、工場製作のメリットがあまりでないこと、日本には質の高い現場技術者がまだ多くおりその彼らから仕事を奪う可能性があること、非常に強度の高い部材であるが故に、使える部位が限られるという逆説的な状況もある。木材は結構強度の高い材料であるから、従来からあった技術でも既に結構な規模のものができる。従来からあった技術で十分にできるものをCLTでつくることはオーバースペックであり、市場の論理からすればあり得ないのである。この辺りは更なる法整備などによってCLTを使える範囲をひろげる（混構造など）ことが必要と考えられる。

次に筆者が設計した従来からあった技術でできる中規模建築の実例［写真1］を挙げる。廣志房は京都大学医学部キャンパス内に建つ全寮制の博士プログラムのための合宿型研修施設で、三階建、延床面積約一一〇〇平米の木造建築である。構造材料は特殊なものではなく木の柱梁と構造用合板による耐震壁を組み合わせた、現在、最も一般的な木造住宅と同じ構造でつくられたものである。一般的にこの規模の「ビルもの」建築は木促法以前は半ば自動的に非木造でつくられていたものだが、石膏ボードを上に貼ることで（準）耐火構造と認める、という法改正によって実現が可能となったものだが、構造技術的には元々可能だった建物である。この方式の大きなメリットは、多くの現場技術者にとって取り付き

［写真1］ 思修館廣志房（京都市／撮影すべて：平井広行）

やすい、間口の広いものであることである。残された課題としては人々の意識の問題が大きいと考えられる。例えば廣志房はその寮という性質から、各室が基本的には小さく柱間をそれほど長くとる必要がないために、全体としては比較的大きな規模の建物を在来工法で建てることが出来るという有利な点がある。では学校の教室を木造在来工法でつくれるか、と考えるとどうだろう？　構造技術としては可能ではあるが、見える所に少し壁や柱がたくさん要るということになるはずだ。では例えば教室の真ん中に柱が一本出てきてしまったとする。これは許容可能か？　それとも不可？　私は現在の日本の社会的コンセンサスでは不可となると思う。曰く「柱の後ろの席から黒板が見えないから」と。しかし実際のところこの柱は本当に許容不可能なものだろうか？　巾一〇センチ程度の柱のせいで黒板が見えなくなる範囲は極めて限られている。そこに座った人が三〇センチ程度でも座る位置をずらすといった程度のことを許容すれば木材を使うことによる様々なメリットを享受できるわけなのだが、現代の日本の社会では何の我慢も工夫もせずに建築に問題解決を全て要求するという姿勢がある。私はこのような不寛容な考え方そのものが現代社会の大きな課題の一つであって、むしろ木造の普及によってこのような人々の意識を変えていく方が社会全体の持続性を高める、と考えている。

ロ　**［写真2］**　新築のＲＣ造建築の内装に木材を使うことはかねて

［写真2］平安郷（うるま市）

より一般的に行われてきたので、新築RC造で木を使う新たな方法論として、ここでは新築RC造建築の外装にも木材を使うケースを取り上げ、そのメリットや課題などを見ていく。

コンクリート自体は建材としてローマ時代から使われてきた古い材料だが、コンクリートに鉄筋を組み合わせた鉄筋コンクリートは二〇世紀に開発され、世界中にひろがり、二〇世紀を規定するといって良いほどの材料である。鉄とコンクリートという二つの材料の特性が偶然に上手く重なり合い、ある部分では補い合って出来た奇跡的な材料だが、数少ない弱点の一つはコンクリートの「お肌が弱い」ことである。［写真2］の平安郷が建っている沖縄本島は島内全域が塩害地域であるし、本州でも酸性雨などによってコンクリートは常に中性化の危険に曝されている。そして鉄筋コンクリートの表面からの中性化が鉄筋まで到達すると鉄筋が錆び始めて膨張し、鉄筋コンクリートは内部から自壊するようになる。一方このような塩害や酸などに意外なほど強いのが木材である。その証拠に硫黄分の強い温泉（例：蔵王温泉など）の街ではほとんどの建物は木造で建てられている。つまり耐候性耐久性の観点からは一般のイメージとは逆に、ひ弱なコンクリートを丈夫な木材がガードするという図式が正しいのである。他に外壁に木材を使うメリットにその発信性がある。内部に使われた木材は基本的にその建物を利用する人の目にしか触れないが。外観は公共の場から見えることが多く、それだけ人々の「認識度」は高くなる。そして外部への木材使用で忘れてはならないのは熱的な利点である。コンクリートは熱容量が大きく、木材は熱容量が小さい材料である。別の言い方をすればコンクリートは熱的挙動が緩慢で木材はそれが速い。そう考えると沖縄のような暑い地域では外側に木を貼って熱を遮断しつつ、中のコンクリートで熱挙動をゆっくりさせることが正解といえるであろう。さらに木外装には都市景観上の利点もあり、その普及は一石二鳥、いや三鳥を狙える妙手である。

ハ **[写真3]** 鉄骨は比強度(重量あたりの強度)が高く地震に最も強い構造材であり、それゆえ地震国日本ではある程度以上の高層建築は鉄骨造で建てられている。但し鉄骨造の建築物は鉄の物性上、他の建築に比べてよく「動く」特徴がある。鉄骨造建築は動く事でエネルギーを逃がしている面もあり、この動きを避けるわけにもいかない。そこで鉄骨造の建物の外壁材料にはこの動きに追従する性能が求められる。鉄骨造のビルを木外装とするメリットは前述の発信性にくわえて軽さとこの追従性にあるといえる。具体例に挙げた「四条木製ビル」は実質的に日本で初めての木製外装の防火地域内の耐火建築である。その木製外装は一見伝統的な下見板張りに見えるが全て工場でパネル化されて、下地のコンクリートパネルに取り付けられたアンカーからつり下げられており、ビル全体の揺れに対応して動いても損傷しないようになっている。

ニ 木造住宅の改修は木でやるのが王道、ということでこれも従来からある安定のカテゴリーである。実際、木造住宅の改修は

[**写真3**] 四条木製ビル(京都市)

木を使って自由自在で木造建築のサステナビリティーは木材の物理的な耐久性ではなくこの木材のメンテナンス性の高さによって支えられている。紙幅の都合で特に具体例を掲載しないが、私も京町家の改修を含め、多くの木造家屋を改修してきている。

［写真4］大阪木材会館外壁木質化実験（大阪市）」

［写真5］上京のサービス付高齢者住宅（京都市）

ホ **［写真4、5］**鉄筋コンクリート造建築を木質化する効果としては既に述べてきた発信性と熱挙動の問題を挙げることができる。古い無断熱のコンクリートの建築物は熱挙動としては最悪で、木で外壁改修をすることで大幅に性能を向上させることができる。その熱挙動の問題（中でも特にヒートアイランド現象）の解決に関する木外装の効果を林野庁の補助金によって実証実験したのが「大阪木材会館外壁木質化実験」である。改修で外壁を変更や追加する場合、その外壁材の重量増加による影響を考える必要があるが、その際に木材は軽いという大きな利点があり、一方、コンクリートは非常に重いため、相対的には追加された木材の（重量の）影響がさらに小さくなるため有利なのである。くわえて鉄筋コンクリート造の建物は鉄骨造の建物に比べて動きが少ないため取り付ける為のディテールなども簡略に出来、結果としてコストも安く押さえることができる。

ヘ 改修鉄骨造は取り上げた六つのカテゴリーの中で最も技術的なハードルが高いものであり、いまのところ私自身も実績が無い。そのハードルが高い理由はほぼハの改修鉄筋コンクリート造のメリットの裏返しと考えて良いのだが、鉄骨造は熱挙動も、質量も軽い為に木による外壁改修をしてもメリットが出にくく、また取り付けの技術に関しても鉄筋コンクリート造であれば概ねどこにでも下地をとめつけにいけるのに比して、鉄骨造の場合は下地を取り付けにいけるポイントがかぎられており、改修でその部分に上手く下地を取り付けられるかどうかは個々の建物ごとにかなり異なる。

このように様々な意味でハードルの高い改修鉄骨造木外壁であるが、出来るだけ近い将来の展望として、このカテゴリーも技術的に確立してみたいと考えている。

千年木家を支える大断面とメンテナンス性の高さ

まず素材としての「強さ」だが強さには「強度」も「耐久性」もある。木は相対的にいって強度のかなり高い材料である。例えばコンクリートより体積あたりの強度は低いが重量あたりの強度＝比強度は高い。つまり物性だけからいえばコンクリートより耐震性が高い。木はある条件下では鉄よりも火に強い。鉄骨造の建物の火事後の写真で、グニャグニャに壊れてしまった鉄骨を健在な木材が支えている写真があるほどだ。次に耐久性。建築の主要材料で千年以上の耐久性が証明されているのは木と石しかない。我々はこの壮大な実験の結果をもっと謙虚に聴くべきだろう。鉄筋コンクリートは一〇〇年持たせることが技術的挑戦なのに、木材は千年持つことは証明済である。我々は近年の浅はかな人間の知恵が生み出した魔法の材料の多数の屍（典型例はアスベスト）を見てきた。木材が人体にとって有害性はなく、耐久性が高いことは既に証明済のことであり、今、新たに数十年、数百年かけて新たな実証実験を行う余裕はないと思う。

実はここまであげてきたような木材のつよさの一つの前提に大断面ということがある。木はある厚さを境にその性質が大きく異なり、極端にいえば別の材料となる。細い枝や薄い板、究極の薄板といえる紙は焚き付けに使えるが、太い木は割ってある程度薄くしないと薪として燃やすことは出来ないのである。木は大断面（柱なら大径、板なら厚板）であれば「強い」。このことは日本の伝統建築でいえば千年もつような建築はすべて大径木を使った寺など、いわゆる堂塔建築であることからもわかる。ではそのような堂塔の系譜に属さない日本の伝統建築はどうだろう。民家は物理的に創建当初の材料が残っている訳ではなくとも、痛んだ部材を順次とりかえることによって長く命脈を保っている（箱木千年家など）。部分的な補修や改修といったことに関していえば、これは木という材料の独壇場である。鉄筋コンクリート造や鉄骨造ではこのような柔軟性を得ることは実質上不可能であろう。

大断面とメンテナンス性が千年木家の為の必要条件であるとすれば、我々は何処に主眼を置けば良いか？　まず大断面材については調達の問題がある、既に大断面の部材をとれる巨木の数は限られており、野放図に伐っていけば枯渇してしまうことは自明だ。植林を行っていく必要があるが、成果が出るのは数十～数百年後であるから、材料の有効利用のことも考えれば大断面材をつくるための技術的なポイントは集成材だろう。その集成材は基材の木が千年もつことはわかっているので、技術的ハードルは接着剤ということになる。現在、研究開発は進んでいるが、さらに進めて、数百年から千年の次元での安定した接着ができれば、大断面材による千年木家を持続的につくることが可能になる。一方のメンテナンス性だがこれは材料の物性でなく構法技術の問題である。取り替えが物理的に「可能」なだけでなく「容易」であること、社会的な実現可能性、つまり技術がオープンなものであることが必要となる。そのためには今回取り上げたようなカテゴリーに従い、誰でも使えるようなマニュアルをつくり、オープン工法化することが有効であろう。この素材の大断面化と高いメンテナンス性の両輪を組み合わせることで、これからの社会の持続性を支える「千年木家」が可能になると思う。

（河井敏明）

29 流域宇宙

源流の息遣いを留めつつ山・里・海へといたる「河川流域中心の新高天原」を作ろう

巌・源流から山里を経て海に至る古代人の道」を再生する
東日本大震災の復興と、高天原を再生する課題　二〇一一年、東北地方太平洋沖地震は、人口減少を続けていた東北農村地域を直撃した。

とりわけ、大規模な津波に襲われた東北の太平洋沿岸地域は、人口減少が加速し、復興そのものが長期化するだけでなく、「地方消滅」という言葉さえ生み出すに至った。

しかし、復興支援の一環として、岩手県の遠野市や気仙郡住田町の調査を実行すると、むしろ、震災を契機として、「結い」という社会的なつながりを示唆する人間関係が再生し、水源で暮らしつつ、縄文人が個性を尊重しあいながら、才能の差異を生かしあい、地域資源を生かした人里を開拓してきた、その生活様式が思い起こされる。さらに、河川に添って山から海、海から山を往復した縄文人の生き様が、自然と人間が共生できる河川制御システムや道の整備を伴って、現代の市民生活のなかに復活してくる。山岳地帯で巌が林立する気仙川の源流にある、住田町には鏡岩洞窟があり、源流の息づかいを感じさせる古代人の住居跡からは、森林の木の実だけでなく、海産物の遺物も発見されている。古代人は、気仙川を遡ってくるサケやマスを採取するだけでなく、沿岸地方と山岳地域を往復しながら海の食物も摂取しつつ、仕事や生活を営んでいた。ここは、鉱物資源に恵まれ、食料も豊かで、沿岸は冬でも暖かく、太陽が輝く。

神話に登場する高天原(たかまのはら)は、このような地域のシンボルとして描き出された可能性もある。

さらに、「結い」は、地域コミュニティを再生する絆を意味しただけでなく、地域の外部へも開かれていて、「津波災害に備える平素からの〝後方支援体制〟」が動き出していたことが分かってくる。東北地方の津波が襲う地域には、もともと、「後方支援」という考え方が根付いていた。通常、「地区」と呼ばれる水源地域におけるコミュニティの最小単位が、それぞれに救援隊を組織して、それぞれに支援対象地域を決めて出動してゆく。各地からのボランティアも、多くは水源地域にある小学校跡地、旧体育館に宿泊し、列車やバスを乗り継いで沿岸地域に通う。

文化を創造する人々と職人の力量を発揮する人々　古代人の社会は、ヒメ・ヒコ制と呼ばれる、祭事や文化をつかさどる女性と、武力をつかさどる男性が、分担して地域を治めたという高群逸枝説がある（高群逸枝『母系制の研究―大日本女性史一―』）。

遠野・気仙地域では、遠野弁や気仙語と呼ばれる自らの言語を誇りとし、地区ごとに、しし踊りや、神楽、営農のノウハウなどの伝統文化を体得し、次世代に伝えるプロデューサーが存在する。プロデューサー役は男女ともにある。

他方、沿岸部における災害からの復興を支援する後方支援隊が各々（おのおの）の地区ごとに編成され、隊長が引率する。隊長は男性が多い。復興においては、建築職人としての腕前を持つ人材も多く、農林工芸の職人の力量をも併せ持つ。

ここには、「文化を創造しつつ、次世代を育てる人々」と、「災害と闘って克服できる建築職人など、職人の力量を持つ人々」が存在する。

前者は、伝統文化を継承しつつ創意工夫を加えて、より質の高いものに発展させようとする。これらの伝統文化活動のノウハウは、中学生を中心に次世代に継承される。

祭りや神楽は水源を守る神社の空間を生み出し、卓越した演技を披露する舞台となり、交流と学習の機会を生み出す。地域の長老や先輩との差異からの学び、同世代同士の差異からの学びは、伝統の祭りや文化の継承の中で、学習習慣として定着してゆく。

伝統文化を学習する機会に恵まれているので、これを基礎に、遠野市や気仙地方においては、現代でも多くの習い事文化（大正琴、和歌、俳句、手品、書道、などなど）が生き残り、さらに、多くの市民が建築・工芸・食文化の職人技を身につけていて、被災地の復興に当たっても木造の住宅を被災者に提供できるし、手仕事を生かした産業の再生に貢献できる。また、栄養や食のデザインに配慮した、食生活の再生にも貢献できる。被災者の健康を取り戻すために、湯治の場を提供し、各地の文化と交流しながら、交通手段をも提供する。

後者の復興支援・建築職人プロデューサーは、「災害と闘って克服できる、建築職人など、職人の力量を持つ人」であり、職人の力量を発揮する人々に学びあいと育ちあいの場を提供する。現地人は、小農経営を基礎に、資金を出し合って、地域コミュニティ単位に、「産直市場」を創出し、大規模スーパーと対等に渡り合う。売り場には、生産者の男女の顔写真がつき、高地特有の美味しいコメ・野菜・畜産品、乳製品、菓子、さらには、そばやソフトクリームの売り場が並ぶ。いかに、大規模企業が規模の経済を誇ろうとも、ここは、小農と小規模製造業、社会企業としての民泊事業などが主軸である。

「文化を創造しつつ、次世代を育てる人々」と「災害と闘って克服できる、建築職人など、職人の力量を持つ人々」とは、その地、固有の文化や職人技を生かして、他の地域から多くの支援者や訪問者をこの地に招き寄せる力量を持つ。ここには、他の地域の人々に対する「おもてなし」の精神が生きているのであった。

高天原の発見　日本固有の個性的差異を生かしあう、開かれた地域学習コミュニティ

二宮尊徳の思想とアマテラスの開拓者精神

生産・生成や、創造を意味する日本語は、植物の生育に関わるものが多い。とりわけ、高く伸びる樹木は組織や集団のシンボルとして、しばしば、採用されてきた。例えば、京都大学のシンボル・マークは、時計台の前にある高木、「楠」であった。

神話に登場する高木神は、天空の理想郷である高天原と、現実にある地上の大地とをつなぐ。アマテラスは、天空から地上に降り立って、自然力を背景にしながら地上を開拓する「開拓者のシンボル」であった。例えば、二宮尊徳は、アマテラスを神ではなく、開拓者として高く評価している。

「神仏儒一丸薬」という有名な言葉を残した尊徳は特定の宗教にこだわらず、日本を開拓した人物のシンボルとして、アマテラスを位置付けた（福住正兄原著・佐々木典比古訳注『訳注二宮翁夜話』）。

その上で、尊徳は、日本人一人一人が開拓者としての覚悟を決めて、他人に頼らず、自らの可能性を基礎に、地域固有の資源を生かすことに活路を見出した。

「さてこの地に来て、いかにしようかと熟考するに、わが国開闢の昔は、外国より資本を借りて開いたのではない、わが国はわが国の恩恵で開いたに相違ないことに気がついてから、本藩（小田原藩）の下付金を謝絶し、近郷の財産家に借金を頼まず、この四千石の地の外は海外と見なし、自分が神代の昔に豊葦原へ天から降りたったと決心をし、……天照大神の足跡だと思い定めて、一途に開闢元始の大道によって努力したのである。開闢の昔、豊葦原に一人天から降り立ったと覚悟するときは、流水に潔身をしたように、潔いこと限りがない。何事をするにも、この覚悟をきめれば、依頼心もなく、卑怯・卑劣の心もなく、何を見ても羨ましいことなく、心の中が清浄であるから、願うことは成就しないことがなくなるのだ。この覚悟が事をなす根本であり、私の悟道の極意である。この覚悟が定まれば、衰村を起こすのも、廃家を復興するのも、いとやすいことだ。ただこの覚悟一つだ」（前掲書を参照）

開拓者としての覚悟。この精神文化こそ、地域を高天原に変革する原動力であった。尊徳はこの文化を日本文化の神髄として、地域の祭りなど、「文化を創造する人々」の価値を自覚させたのである。

開拓者精神と生命生活を生み出す力量　現世で実現される高天原　アマテラスの開拓者精神文化が、人々に活動の場を拓くのに対して、もう一つの、人間活動におけるシンボルがある。それは高木神であり、拓かれた場に万物を生み出し、地上の人々に健康な生命力を吹き込み、子供を産み育てることによって、生命と生活を創造する役割を担う。人類活動のこの側面は、「職人の力量を発揮する人々」を象徴する（『郷土資料事典：ふるさとの文化遺産11（埼玉県）』人文社、一九九七年）。

自然と共生しながら開拓する人こそ、地域をつくる人々にとっての安全と安心、生産や生活の永続性を保障する。アマテラスは、太陽神となって開拓者のシンボルとなり、地域づくりのプロデューサーとして豊かな自然の恵みの自然環境や土壌を人々にもたらす。これに対して、高木神＝タカミムスビは、女性の安産を約束し、自然環境や土壌の上に植物が繁茂し、動物が繁殖して、人とともに動植物が繁栄する場を生み出す。

アマテラスが人々にとっての心の支えとなる開拓者を象徴するとすれば、タカミムスビは、開拓された大地に生きる人間と動植物の生命力を象徴する。

アマテラスとタカミムスビが、その差異を認め合い、差異から学びつつ、それぞれの役割を演じるならば、開拓された大地を、生命・生活力が開花する「共生」の場に発展させることができる。

天空の高天原を構想しながら、現世に高天原の候補地を発見して、その地を開拓し、生命と生活が共生できる世界を生み出すこと。縄文人は、それぞれの源流を持つ山間部に高天原を創出し、「巌・源流から山里を経て海に至る古代人の道」を往復しながら、この世にムラを生み出してきた。

かつて、二宮尊徳は、自身をアマテラスの位置に置くことによって、何物にも頼らず、地域の人々の活動の場を生み出し、人々が人生の中で構築してきた多様な力量を生かしあえる、新たなシステムを構想した。それは、尊徳を含めて、資金を出せるものは資金を出し、土地を出せるものは土地を出し、技術や技能・職人力を持つものは職人力を出す。労力を持つものは労力を出し、病人も、自分の病気と闘って地域に貢献する。

かれは、これを「仕法」と名付け、このシステムを推進できるのは、精励奇特人と呼ばれる、篤農家であり商人である人材である。彼は、このような人材を人々の投票によって選出し、奨励金や無利子無担保融資を提供する。そして、彼らを教師として、人々が、模範から学び、交流の中で学びあい育ちあう地域コミュニティづくりを実行した。いわば、地域コミュニティ自体を学校化したのである。

これによって形成される地域信託資産システムこそ、現代にも通じる「地域信託資産構想」である。いま、各地で展開されている、ふるさと学校や地域創生大学づくりの動きは、尊徳思想の現代における展開として注目される(池上惇『文化資本論入門』)。

高天原の永続的発展　源流地域に「ふるさと学校」をつくる　遠野市の地区には小農経営が存続し馬搬と呼ばれる木材運搬の技術、地区ごとに伝統文化の古典＝かぐらや「ししおどり」、独自の職人文化があり、住田町にも伊達藩のシンボル、鉄砲隊の伝統文化、伝統建築(気仙大工)や、木工、工芸職人の存在もある。

多くの農家は第二種兼業と呼ばれる、専門的な「もう一つの定職(教師、介護士、商社・保険販売関係などが多い)」をもつ。農業だけでは採算が取れないが、伝統の職人技と現代技術を結合すれば、農業は維持できて、兼業や定職あるいは大工や伝統工芸などの腕前を持って「家族総出で」経営をすれば成り立ってゆく。残念なことに、後継者の確保は難しい。

後継者の確保には、農林漁業・工芸職人と、次世代をつなぐ学校が必要である。

遠野では、「遠野早池峰ふるさと学校」、住田では、「ふるさと創生大学」が、地元の要望を基礎に創設されている。

また、二〇一八年に、京都の一般社団法人　文化政策・まちづくり大学校や、文化政策・まちづくり大学院大学設立準備委員会が一万円単位のマイクロ募金を基礎に、復興支援の一環として、岩手県気仙郡住田町五葉地区に「ふるさと創生大学」学舎・研究棟・哲学の道・ふるさと農園を、地元のご支援で開くことができた。京都に次ぎ、学校づくり活動における、第二の拠点を東北にもつくり、同様の動きが岐阜高山でも始まっている。八百の高天原を実現するには、地域の「文化を創造する人々」や「職人の力量を持つ人々」が教師となり、後継者育成から、さらに進んで、学校が企業活動の実験の場を提供しつつ、研究開発費を集めて、研究開発の成果を事業に生かすシステムが求められる。

これらの学校は、いずれも、地元の農林漁業・建築工芸職人などと、その後継者に出会いの場を創り、後継人材を育成しつつ、多くの起業人材を生み出すことが期待されている。

長らく、石油エネルギーや自動車の農村への売り込みが主軸で、高価格、逆に、農村からの農産品の「域外輸出」は低価格であった。このために、日本の農村部は疲弊して、所得を稼ぐには、若手の勤労者は高校を卒業すれば、大都市の大学に進学して、大卒の給与を稼ぐことが、当然のように思われていた。人口減少は継続してゆく。しかし、大都市に出ても、安泰ではない。そこは、非正規雇用の本場であり、日本の大企業は再編成期にあって、いつ、リストラに直面するか不明である。

そのなかで、「巌・源流から山里を経て海に至る道」が拓かれたことは、日本農村が再評価されて、ここには、仕事も、市場も、生活もあることが見え始めた。さらに、石油依存のエネルギー構造からの転換が始まり、水素や自然エネルギー開発が急速に進み始める。農村部にも、エネルギーや運搬手段、電気自動車や、ライドシェアの波が押し寄せる時代が迫っている。ここでは、山間部・地域コミュニティ自治組織から沿岸部への復興支援活動と、山間部の公共施設に寝泊まりして沿岸部に通う、全国からのボランティア活動が合流して、鉄道・道路を生かした「巌・源流から山里を経て海に至る道」が蘇る。ここに、八百の高天原が生み出される原動力があると考えられよう。

（池上惇）

30 田園都市

世界の「一千万都市」は崩壊。日本は百花斉放の「三千の田園都市」をめざすべきだ

『菊と刀』 今回、日本歴史を勉強し直してみていろいろなことがわかった。その大事なことの一つは、日本人は日ごろ「日本は和の国」などといっているが、国内戦に限ってみるといつの時代にも戦争ばかりしていたことだ。戦争があまりなかったのは鎌倉時代と江戸時代のあわせて四〇〇年ぐらいに過ぎない。

実際、ちょっと思いだしてみても戦争はたくさんある。よく知られているものを年代順に挙げると、倭国大乱に始まり蘇我・物部戦争、壬申の乱、平将門の乱、藤原純友の乱、前九年の役、後三年の役、保元の乱、平治の乱、源平合戦、承久の乱、鎌倉幕府の滅亡、南北朝の乱、応仁の乱、加賀一揆、関ケ原戦、大阪城冬・夏の陣、島原の乱、戊辰戦争、西南戦争などなどだ。このほかにも小さな乱はいっぱいあるが、以上挙げたものを私は「日本二〇大戦争」と呼ぶことにしている。そうしてそれら二〇大戦争の歴史を眺めていると、しみじみ「日本は乱の国だなあ」とおもうのである。

ではなぜ乱の国になったのか？　そういったことのヒントを与えてくれるものに、アメリカの文化人類学者ルース・ベネディクト（一八八七〜一九四八）が書いた『菊と刀』という本がある。一九四六年に日本で出版されたとき、敗戦に打ちひしがれた日本人は驚喜したが、しかしよく読むとこれは恐ろしい本である。その題名が示すように「菊は天皇」で「刀は武士」だからだ。つまり日本は東洋にも西洋にもない「天皇」と「武士」という特別な存在を持つ軍国主義の国だった、戦争に勝つことにすべてを賭ける「武の国」だったのだ。日本は和の国ではなく「武の国」で、その根源は天皇と武士にあったようなのである。

天皇と武士　実際、先に述べた「日本二〇大戦争」も、たいていそこに天皇と武士が絡んでいる。さらに平安時代以降、政治の実権を藤原一族に握られてすることがなくなった天皇が各地の豪族の娘たちを次々にツマドイし、結果、たくさんの子供が生まれた。しかし、たくさんの子供を皇子や皇女にするには律令政府の財政がもたず、結果、かれらを臣籍降下させ「源平藤橘」の姓を与えて民間人にした。その結果、桓武平氏や嵯峨源氏などが生まれた。平清盛や源頼朝なども桓武平氏や嵯峨源氏の出自の一人である。しかし民間人になったかれらは天皇の血筋をもっていることを誇りとし、民に降りてもその気位の高さは並み並みならぬものがあった。そうして暴れに暴れて源平合戦などを引き起こしたのである。

そもそも天皇という制度は壬申の乱後に律令制度を受け入れるなかで、大海皇子らによって確立されたものだったが、それ以前は大王とよばれた。『記紀』を読むと、そういう「首長制度」は北方の胡族の伝統から来たとおもわれるが、それと南方由来の「稲作文化」とが習合して、わが国独特の「大王制＝天皇制」が成立した、とみられる。

もちろん、そういう首長制度は世界各地にあって別に珍しくはないが、ただ日本の大王制＝天皇制の特色は、縄文以来のこの国の母系社会の伝統に従って、大王が各地の豪族の娘をツマドイしたことだろう。そうして大王は、一時、その娘の家に滞在し、やがて後朝（きぬぎぬ）の歌を残して去り、のち子供が生まれたらその後朝の歌が証拠になって大王の実子とされ、大王が死んだあとに豪族たちの力関係によってそれらの子供たちの誰かが新しい大王の位についた。つまりは豪族間の一種の民主主義である。そうして死んだ大王のすまい、つまり宮殿等は焼却され、新しい大王のすまいはその母と親族たちの手によって建てられた。従って大王とその子は同居せず、同居しないどころか父の大王は子の大王の名も顔も知らずに死んでいった。ためにそういう大王には姓も財産もなく、ただアマテラスの血を受け継いだ、といういわば血統の塊で大王が死んだあとには、しばしば豪族たちの合意によって新しい大王が選出されたがそれは豪族たちの力関係によって決まった。そういう制はついこのあいだの孝明天皇から明治天皇への承継の時にも行われた。孝明天皇は明治天皇のお顔も知らずに亡くなられたのである。つまり日本の天皇制は世界に類例のない独得の首長制といっていいものなのだ。

しかし、そういう承継が伝統に従って順調に行われたときにはよかったが、そうでないときには問題がおこる。天皇の血統が二つの家に分かれ、ために時の幕府が交代制を進めたもののそれがもつれ、結果、天皇が二人存在した南北朝がそうだった。続いて戦国時代が起こり、のち一朝にはなったが幕府の力が強くなると庶民は天皇の存在を知らなくなった。庶民は日本の神様の「元母」ともいうべきアマテラスだけを信仰し、何百年間にもわたってお伊勢参りが庶民の憧れの的だったのである。そこで討幕派の武士たちは「アマテラスのご子孫は天皇である」といって天皇を担いで明治維新を決行して成功させた。成功した武士たちは明治以後、役人や軍人になり、何度か国外戦争を決行した。そして昭和に大敗戦した。その結果、軍人たちはパージされたが、天皇と役人だけは生き残った。

『火と菊と刀』 以上のように見てくると、天皇や武士たちには戦争のイメージが絶えずつきまとう。しかし一方では、それとまったく違った平和な日本もあった。縄文時代の一万年である。縄文時代にもアジア各地から日本列島へたくさんの人々がやってきたが、しかし戦争のあった形跡はほとんどない。そういう縄文人はルースが生きていたころは問題にもなっていなかったのでルースも触れなかったが、もしルースが長生きしていたら『菊と刀』の叙述も変わったかもしれない。題名も『菊と刀』ではなく『火と菊と刀』になっただろう。縄文の家々はみな火を絶やさず、お陰で縄文人は炉に架けられた土器のなかの煮物で一万年の食糧問題を解決したからである。

とすると「菊と刀」の二〇〇〇年の日本の歴史は動乱続きだったが「火」に象徴される縄文人の一万

三〇〇〇年は戦争などのない平和な時代だった。

そういう縄文人は、わかりやすくいうと百姓である。見晴らしがよく陽の当たる山の高みに住んで、害獣や毒虫を避け、さらに女たちは訪問する見知らぬ男を選択しつつ、採集、狩猟、漁労のほか、簗猟、罠猟、蛸壷猟、河道制御、石器製作、木器製作、土器製作などの何でもやるいわば「縄文百姓」だった。つまり百の仕事をするのである。なかでも太陽観測に基づく独特の暦と、その暦に従う四季の生物生態の観察から生まれた各種の罠猟、簗猟等は圧巻で、土を焼いて作った尖底土器などの豊富な土器類とともに縄文人の最高の文化といえるものである。それらはかれらが山海で行う四季の食料の獲得、料理そして保存に役立ち、かれらをして「縄文百姓」といわしめるものであった。

そしてそういう縄文時代に始まる日本歴史を建築サイドから見ると「柱の変化」としてとらえることができる。日本海ベルトの「ランドマーク柱」に始まり、弥生人の「すまいの棟持柱」、古墳人の「古墳の上の立柱」、続いて「神社建築の大鳥居」、「五重塔の心柱」、「民家の大黒柱」、「数寄屋建築の床柱」などなどだ。であるから「建築の柱から見た日本歴史」ということも考えられるのだが、そうなると縄文時代のこともっと知りたいとおもう。そのためか、最近、縄文時代のことが少しずつ世間の話題になってきている。

建築や都市から見た日本の歴史　また柱だけではない。建築や都市の形から見た日本歴史というものもある。実際、アジア大陸の動乱で多数の難民が日本に流入し、かれらが持ってきた米と鉄で日本の農業時代は始まった。縄文人も山を下りて「稲作を始めとする弥生時代」に参加した。しかし難民たちの数の多さと、持参した鉄の威力とによって世の治安が悪化し、各地に環濠集落や逃げ城的な高地性集落ができて世は騒然となった。そのなかでイギリス人哲学者デイビッド・ヒュームのいう「国家は防衛から生まれる」論の通りに各地の地域紛争に勝利した人々のなかから地域の指導者が生まれ、豪族となってあたり一帯を支配した。さらに豪族どうしが争って「倭国大乱」が起きていったのである。

しかし、それら豪族のなかで大和の纏向に拠った人々は、縄文人が焼畑などで実行していた火で石を割る技術の「蹴裂き」を用いて大和にあった泥海といっていい、巨大湖の水面を下げ、木の杭と矢板で排水路を作って沃野を作りだすことに成功した。そうしてそれを指導した巫女が死んだとき、人々は残土等を用いて彼女を記念する巨大前方後円墳を建てた。その蹴裂きと古墳建設技術とが日本各地に伝わり、地域の人民と豪族も争って新田と古墳を作った。そうしてさしもの「倭国大乱」も治まったのである。稲作の威力といっていい。

以上は中国の史書にいう「邪馬台国と卑弥呼の話」だが、そこにいう「鬼道」とはこの蹴裂きのことだったろう。古くから縄文人が行っていた河道制御技術や焼畑石割技術をさすものとおもわれる(拙共著『蹴裂伝説と国づくり』)。

ここで大切なのは、それらの新田開発や古墳建設などは奴隷労働によるのではなく、各地で土地を獲得した人民と墓所を得た豪族たちの喜びの事業だった、とおもわれることだ。そうでなかったら日本中に一六万基あるといわれる古墳の出現の説明がつかない。そうして「稲作日本」の基礎ができ、五〇〇年にわたる「古墳時代」が始まったのである。さらにそれらの事態を現出させた纏向の人たちは大和に国家を作ったのであった。

以上は文献のない時代のことなのでその多くが日本史の謎となっていることだが、建築や都市から見た一つの問題提起とご理解いただきたい。

一千万都市の崩壊　以上のような問題意識をもって本書の企画、執筆にとりかかって、いよいよ結びに入ろうとしていた矢先のこと、突如、世の中がひっくりかえるような大事件が発生した。西暦二〇二〇年のしょっぱなに中国の「新型コロナウイルス事件」が起きたからだ。本書の多くの執筆者が私の問題提起に戸惑いながらいろいろの論を展開していたころのことだった。

その報道のなかで、日本人のみならず世界の七〇億の民がびっくりしたのは巨大都市の脆さである。中国湖北省の一千万都市武漢が新型コロナウイルスの蔓延に対処しきれずに都市を封鎖してしまったからだ。ところがそれから二ヶ月もたたぬ間に、イタリアのローマ、ミラノ、ベネチア、スペインのマドリッド、バルセロナも続き、さらにフランス、ドイツ、イギリス、そして日本の東京や大阪も例外ではなくなり、とうとうブラジルのサンパウロやアメリカのニューヨークでは爆発的患者発生が起きた。それらの現場では医療崩壊現象が発生し、新型コロナウイルスにかかっても現代社会では容易には治療できなくなり、さらに火葬場崩壊までも起きて、人は死んでも埋葬もままならぬ事態になっていった。

そういう状況になると、これは世界の一千万都市の崩壊というしかない。たとえこの難が去っても、また再現しない保証はどこにもないからである。

大都市はもはや労働のためにあるのではない

そういうなかで考えさせられることがいろいろ起きた。

その一つはオンラインということ、つまり会社従業員の在宅勤務などである。このごろは人間の労働の多くが機械やコンピューターがやっているので在宅でもかなりの仕事ができる。もっとはっきりいうと、機械やコンピューターのお陰で人間はしだいに要らなくなってきている。実際、よくみると会社員の多くは会社に行ってほとんど自分のパソコンを見ているが、それなら自宅でだってできるはずだ。あとは上役への応答と会議だがそれだってオンラインで可能だ。そうなると人々は必ずしも大都市に住まなくてもいいことになる。実際、そういう会社仕事だけでなく、学校の教育でさえオンラインで行われるようになっていった。とすると、大都市居住ということ自体が問題になってきているのだ。

人々は群れ合っている　ところが今回の事態で、一国の総理や都道府県知事らが何度も何度も新聞やテレビで「不要不急の外出禁止」を訴えているのに、東京の渋谷や新宿などではしばしば若者たちが群れ合っている姿がテレビで報道されている。若者は新型コロナウイルスに感染しても死なないからだろうが、それにしても群れ合うこと自体が生き甲斐のように見える。

　とすると、大都市はいまや工業生産の場でも情報交換の場でもなく、人々が群れ合う場になってきている。群れ合うことによって人々が生き甲斐を感じる場になってきているのだ。しかしそういう群れ合う社会は一人がこけると皆こける不安が絶えずつきまとう。進化論を研究する学者はしばしば「昔、ニホンオオカミは群を作らなかったが、あるとき群を作るようになって滅びた」という。「いままで個体として、あるいは家族的に生きていた動物が群れ合うようになると滅びる」というのだ。もしそうだとすると、若者が群れ始めるようになったら人類は滅びるかもしれない。今回の新型コロナウイルスで大都会が群れ合う社会を蔓延させ、人類を滅ぼしてしまうかもしれないのである。

三千の田園都市のネットワーク　それはまあ杞憂だとしても、わたしたちはこんどの新型コロナウイルス事件で世界各地の一千万都市が崩壊する現象を目の当たりにしてきた。その現象的な原因が今いわれているたとえば「密集・密接・密閉」にあるのなら、これはもう一千万大都市の構造問題である。であるなら一千万都市を止めて、三万人ぐらいの都市が三〇〇ほど集まってネットワークを組んだほうがいいだろう。そうすれば少なくとも大量感染という事態は避けられる。

　そこで一千万都市の崩壊を避けるために、一千万大都市とは対極的な「小さな都市のネットワーク」

というものを考える。すると、一九世紀末にイギリス人エベネザー・ハワードが唱えた田園都市というものが思い浮かんでくる。産業革命により環境悪化した都市の対策として提唱されたものだが、それが今日に役立つかもしれないのだ。実際、それらのいくつかの都市を私は訪れたが、建設されてから一〇〇年も経つというのに今日もなお生きている。生きているどころか私が見たレッチワースやウェルインは家々の赤瓦といい、真っ白な壁といい、窓辺の花々の黄や赤の鮮やかな色といい、木々の緑の青さといい、小鳥の美しい鳴き声といい惚れ惚れするような美しさだった。私はしばらく立ち止まったまま動けなくなった。「ここで死にたい」とさえおもったほどである。であるから、私は「今こそハワードに帰るべきではないか？」とおもう。

新百姓　とはいっても、器だけでは問題は解決しまい。問題は中身、つまり人間にある。そこに住む人間は「いったいどういう人間なのか？」ということだ。

そこで以上述べてきた私の論理の流れからいうと、新しい田園都市に住まうべき人間は「縄文百姓」か、とおもう。縄文百姓というのは本書の第1章で使われている新語だが、その中で田中充子が書いているように、生きるためには何でもやっただろう縄文人のことをいう。田中のいう「八勇九智」だ。つまり縄文の男たちは勇気をもって狩猟や漁労をするだけでなく、石を削ってナイフや斧を作り、木を削って柱や家を建て、岩を蹴裂いて翡翠や黒曜石を得、舟を作ってクジラを追い、そして各地と交流するなどそれこそ何でもやった。一方、縄文の女たちもまた知恵を絞って家事や育児、採集だけでなく、太陽を観測して暦を知り、罠や簗などを山野河海に仕掛けて鳥獣魚蛸を獲得し、いろいろの土器を作って不絶火にかけ、そうして年中、食糧を得られるようにし、また各種の珠を磨き、草を織り、衣服を作り、それらをまとって岸に出かけて旅立つ男たちを袖を振って見送った。それこそ男に負けずに何でもやった。そういう独立不羈の精神をもった百姓の姿をこれからも考えたい。

しかし、江戸時代にもあったそのような「何でもやる百姓」という存在は、明治維新以後、とりわけ第二次世界大戦以後に、農林省による強力な「兼業農業規制」によって消滅してしまった。解りやすくいうと「兼業農業」というものを禁じる行政が拡がったのだ。だが日本歴史を見ればわかるように日本の百姓は縄文以来それこそ何でもやる「兼業農民」だった。たとえば江戸時代に農村の寺子屋が大いに発達したが、ために日本人全体の教育レベルはものすごく上がった。しかしその寺子屋で教えていた先生はたいてい百姓だった。江戸時代の日本の百姓はみな「読み書き算盤」ができたからだ。つまり彼らは「何でもやる農民」だった。そうして明治維新以後、とりわけ第二次大戦以後、そういう日本の歴史も知らない、いわば欧米の学問しか勉強しなかった「帝大系農林学者」によって「専業農民こそが農民であり、兼業農業をやる農民は農民でない」と唾棄されたのである。その結果、日本農業は国際競争力を失って死滅した。さらに通産省、運輸省、建設省、総務省などのいろいろの官僚によるいわば重複統治を受けて、日本の百姓とその村も、解体してしまった。ために日本の農業そのものもおおかた死滅してしまったのである。

そこで新しい百姓を作るためには、百姓そのものの再生を図らなければならない。そういう姿は、今日、各地の小さな村づくりや町づくりの成功者に見ることができる。かれらはたいてい一人か二人か、せいぜい三人ぐらいでことを進めている。そうして成功したかれらに共通していえることは、出自や学歴や才能や職業などに関係なくかれらの「町を愛する心」と「起業家精神」にある。それが縄文百姓の精神を受け継ぐ今日の新百姓の姿だろう、とわたしはおもう。そういう一、二の例を次に示す。

「ホタテ御殿」が建ち並ぶ本邦最北の村

北海道最北の猿払村は、札幌から北へ三〇〇キロメートルほど行った先の、オホーツク海に面してポツンとある人口二七七三人（二〇一八年）の寒村である。かつては「貧乏見たけりゃ猿払へ行け」などといわれた極貧の村だった。それがあるとき一挙に蘇った。いまでは御殿のような立派な漁師の家々が建ち並んでいる。なぜそうなったのか？

一九七一年のこと、当時の村長と漁協の組合長が大方の反対を押し切って「失敗したら首をくくるか、刺し違えるか」と覚悟して、村の大半の資金をつぎ込み、漁師たちにホタテ貝の稚貝一四〇〇万個を海に放たせた。いままでの「獲る漁業」から「育てて採る漁業」への転換を図ったのである。ところがそれが当たった。帆立貝の養殖に成功したのだ。かつて日本中のスーパーでは貝といえば浅利か牡蠣ぐらいだったものが、今ではホタテが並んでいるのもこの猿払村のお陰である。私は帆立貝を食べるたびに、そのホタテ御殿の建ち並ぶ漫画のような風景を思い出して笑ってしまう。そしてその村長と漁協の組合長は「現代の縄文人だなあ」としみじみおもうのである。

四国の山奥のツマモノ産業の町　また葉っぱを売って奇跡を起こした町がある。徳島県の山奥にある人口一五四七人（二〇一八年）の上勝町だ。

あるとき町が集会を開いて町民たちに日本料理に添えるツマモノの生産を訴えた。すると三人の女性が賛成した。しかし実行してみたらどこの仲買人も乗ってくれなかった。そこで仕方なく彼女たちは、徳島市内の料亭で日本料理のマナーを二年間勉強したのである。そうして各種葉っぱの種類、大きさ、季節感の出し方、旬の表現、営業のノウハウなどを知った。それを実践してみたら「ツマモノ販売」は広がっていった。一九年目の二〇〇四年には年商二億五〇〇〇万円、累積販売額二〇億円を突破した。そしていまではIパッドのタブレット端末などのような最新の管理システムを導入して、三二〇を超える種類のツマモノを全国の料亭に出荷し、町の一大産業に仕上げたのである。上勝町はいまでは四国で最も裕福な町になったのだが、そういう三人の女性もまた「新縄文人」と呼んでおかしくないだろう。

三千人の「新百姓」の登場！

とすると、日本の三千の都市が活気づくためには、以上のような町づくりの起業家が三千人ほど必要になってくる。そういう町づくりの起業家は、いわば「今日の縄文百姓」あるいは「新百姓」である。かれらはそれこそ農業だけでなく建築でも土木でも、商業でも工業でも、情報業でも何でも勉強して実行する起業家だからだ。

そういう百姓精神を受け継ぐ町づくりの起業家たちは、地位や学歴によって生まれるものではない。また成功しなかったときの保証もない。すべては孤独な一人の人間の戦いである。したがってそういう起業家はしばしば周囲から「気違い」扱いされている。がしかし、今日、成功した町づくりにはたいていそういう「気違い」がいるものなのだ。

だがそれは何と素晴らしいことかだろう！　そうして一つ一つの都市が一つ一つの都市であればたんなる田舎の都市の集合でしかないが、それらが離れつつも連帯をすれば、新型コロナウイルスの伝染の恐れも減り、一千万都市に負けない、あるいはそれ以上の富と喜びをもたらす都市になるだろう、と私はおもうのである。

そこでこれからの日本の都市の発展のためにも、以上のような「気違い」と称される三千人の新百姓、すなわち町づくりの起業家の登場を待ちたい。それがエベレスト登頂にも匹敵する現代の栄誉ある仕事であることを若い人たちに訴えたい。思い出せば一九七九年一月のこと、わたしは時の大平正芳首相によばれ「田園都市国家構想」なるものを聞かれ、「コンクリートビルの林立する大都市より瓦屋根の美しい小都市」を提案したのだが、その後、首相は急逝されて沙汰止みになった。しかしその想いはいまも変わらない。そういう新百姓は瓦屋根の小都市に住むべきだからである。

そのとき提案した理由は、コンクリートビルでは増改築は難しいが、木造建築ならどうにでもできるということだ。実際は、昔の木造建築は移転させることさえ簡単だった。木の建築からなる日本の家というものはいわば着物のようなもので、身体が成長するにしたがって建て替えることはいと手易いからである。もちろん建築によってはしっかり固定してしまったらいいものもあるが、しかしたいていの住まいでは家族が成長すると空間も成長させたいのである。しかしコンクリート住宅ではできないことはないがなかなか困難である。

しかしわたしは、すまいも建築も都市も社会の変化にしたがって変っていっていいとおもっている。そうすると、住んでいる人間もまた建築をするのである。さらに素人でも建築をする楽しさがある。一家で相談して「新しい建築」を作るというのはとても楽しいことなのだ。そういうことはビルやマンションが建ち並ぶ大都会ではできないことである。そしてそうすることによって人々はその土地にますます愛着をもつようになる。そうして木造住宅の耐用年数を三〇〇年や五〇〇年でなく、三〇〇〇年、五〇〇〇年、さらには一〇〇〇〇年にもしたいものだ。そしてそれが新しい田園都市の大きな楽しみになるだろう。

大都市居住を止めて地方の田園都市に住むとなると、いろいろの楽しみが出てくるものだが、そこら辺りのことを、これからの日本人はいろいろ考えたいものである。

（上田篤）

31 天地笑生

日本の地に立ち天を仰ぎ、皆が手を組んで笑って生きるを良しとする人生を考えよう

日本は負けるとわかっている戦争をなぜしたか？

私は昭和の敗戦のとき（一九四五年八月一五日）一五歳になったばかりだった。満州や華北の田舎で育ち、近くに日本人の小学校がなかったので一年間遊び、ために一年遅れて華北の山東省の青島中学に入った。最初の一年間は遅れを取り戻そうと必死になって勉強した。が、二年になったら日本の敗戦が刻々迫っていて、志願して五〇人の学友と「大日本帝国海軍第三艦隊青島方面根拠地隊」なるところで軍事訓練を受けた。木製モーター・ボートに爆弾を積み、青島湾内に入ってきた敵艦に体当たりするものだった。「子供爆弾」といっていい。私がそれに志願したのも、小学校時代から「天皇制教育」を徹底的に受けていたからで、当時としては、別段、不思議なことでもなかった。

それより幼な心に不信感が絶えなかったのは、敗戦を迎えたとたんに、日本の大人たちが「民主主義者」に変換したことである。今まで絶叫していた「鬼畜米英！　軍国主義！」なるスローガンは一夜にして「民主主義礼賛」に衣替えしたのだった。

長ずるにしたがい私の日本の大人たちへの不信感は広がる一方だった。その中で唯一、心を慰められたのは日本共産党の徳田球一、野坂参三に次ぐ第三のリーダーだった志賀義男が大阪に講演にきて、当時、国会で審議されていた「日本国平和憲法」を痛烈に批判し「軍備をもたないような国家は国家ではない」」と言い切ったことである。中学四年の私は心中「そうだ！」とおもった。

一方、私の家はすべての財産を中国に置いてきたのでとても貧しく、私は父の命ずるままに父が勤めていた大阪の繊維会社に丁稚奉公に行くはずだったが、母が「いまどき大学に行くのは当たり前」と主

張したため父が折れ、急遽、受験勉強を始めた。そして父のいう京都大学工学部繊維工学科と、私の希望する東京大学法学部政治学科の二通の入試応募書をもって長いあいだ郵便ポストの前で呻吟した。日が暮れて仕方なく京大の応募書を投函したが、東大に行きたかったのは「こんな馬鹿な戦争をなぜしたか？」の真相は東京でならわかるだろうとおもったからである。

そうして京大に入ったのだが繊維工学科のカルキの強烈な匂いに辟易し、父との約束を破って建築学科に入った。建築学科を選んだのは教授室を巡ると多くの教授が「不在」や「出張」だったからである。「ここなら自分一人で勉強できる」と思った。戦争に負けて日本をめちゃくちゃにした大人たちに教育などして欲しくなかった。結果四年間、教授たちからの教育はゼロに近かったが、朝鮮戦争が起きたためにそれに反対する私は学生運動に没入してしまった。いわれるがままに火炎瓶を作り、デモに行き、山村工作に走ったが、共産党の指導する革命運動は方針がコロコロ変わって滅茶滅茶だった。私は勉強もせず、運動からも阻害され、就職もなく途方に暮れたが、母が「大学院に行ったら？」という言にしたがい、大学で何も勉強しなかったのに大学院に行き、そこで教授のゼミを拒否して友人たちと建築設計活動を行い、人生で初めて「ほっ」とした時を送った。そして翌年と翌々年に国家公務員試験に通って、建設省に入った。

ドイツが勝てば日本も勝つ

建設省に入った私は早速、当時、弟分だった映画監督の大島渚を連れて、日米戦争開幕時の近衛内閣の書記官長で、当時、社会党の代議士だった風見章氏を議員宿舎に訪れて「日本は大人と子供ほど違うアメリカとなぜ戦争をしたのか？」と問いただした。三度も四度も訪れたが風見氏は嫌な顔をせずに当時のことをいろいろ話してくれた。

その結果は、じつに恐るべきことだった。結論をいうと、開戦は天皇を前にする御前会議で決められたが、その御前会議には近衛総理、外相、陸相、海相、陸軍参謀総長、海軍軍令部長、それに内閣書記官長の風見の七人が出席した。その御前会議での天皇の発言は「お前ら戦争をやる、やるというが、戦争やって勝てるのか？　勝てるのか？」だけだった。そういう天皇の質問に対して陸軍大臣は「我々は神国だから勝てます」と答えた。すると天皇は「お前らは馬鹿か？」といわれたそうである。そこで陸軍参謀総長が分厚い数字の入った資料を示したがサッパリ要領を得なかった。天皇も嫌な顔をして相手にされなかった。一方、海軍大臣と海軍軍令部長は「一年半の戦争なら勝てますが、そこから先はアブラがないので戦争になりません」と答えるのが常だった。であるから三度も四度も御前会議をやったが、天皇は開戦に同意されなかった。

ところがあるとき御前会議が激変した。それは一九四一年六月二二日に独ソ戦が始まり、ヒットラーの戦車部隊がビリニュスやミンスクなどを次々に落して破竹の勢いでモスクワに迫ったときのことである。そうしてヒットラーは「この年末の一二月には、モスクワ川の水でモスクワの街を水没させて、水上に船を浮かべてクリスマス・イヴを祝う」と宣言したのであった。

確かに、首都のモスクワが陥落したらソ連が崩壊するだろうことはみな知っていた。スターリンもそのことを知っていて、であるがゆえに、周囲の勧告にもかかわらずスターリンはモスクワを離れなかった。スターリンがモスクワを離れたら、全軍が支離滅裂になることは見え透いていた。しかしモスクワは死地に迫っていた。

そこで海軍の答えが変わった。「ドイツがソ連に勝てば、次のドイツの目標はイギリスになります。するとアメリカはそれを見過せず、太平洋艦隊の大方を大西洋に持っていってドイツと戦争をするから、日本海軍は勝てます」と。

それで日米開戦が決まった。

ドイツが負けて日本も負けた　ところがその情報が、近衛の昭和研究会→尾崎秀実→リヒャルト・ゾルゲの線でソ連のスターリンに漏れてしまった。スターリンは日本がアメリカと戦争することを知って驚喜した。日本がアメリカと戦争をすれば日本と同盟を結んでいたドイツも自動的にアメリカと戦争することになる。そうするとドイツと戦争をしているソ連はアメリカと同盟国になる。その結果、ソ連はシベリア鉄道によってアメリカから兵器を得ることができ、さらに日本の関東軍もアメリカ戦のためにシベリアを離れざるを得なくなるから関東軍と対峙していたソ連のシベリア軍団をモスクワに持ってゆくことができる。モスクワにもってきて、ドイツ軍の戦車攻撃から逃げてくるソ連兵を手前から射殺することができるのである。

確かにそんなことは同じソ連兵でも、出身がヨーロッパ同士だったらできなかっただろう。ところが出身がヨーロッパでなくシベリアだったからできたのだった。そうしてスターリンの思惑通り、逃げてくるヨーロッパ出身のソ連兵を、シベリア出身のソ連兵が手前から撃ちまくったのである。当時、督戦隊として日本でも有名となった。

前からも後ろからも攻撃されたヨーロッパ出身のソ連兵たちは、仕方なく死に物狂いでドイツの戦車部隊に立ち向かっていった。すると戦闘が一変したのである。勇猛果敢なドイツ軍戦車部隊も前に進むことができなくなり、とうとうヒットラーもモスクワ占領を諦め、戦線をウクライナ方面へ転換せざるを得なくなった。そしてそれがヒットラー・ドイツの没落の始まりとなったのであった。然し、味方によって沢山のソ連軍が殺された、という事実は戦後永らくソ連でも伏せられていた。しかし、実際にその任にあたったフルシチョフは、後年、スターリンを弾劾する秘密報告のなかでその事実を洗いざらい暴露し、スターリンの神格性をひきずり降した。それがショックとなってソ連は崩壊したのである。

何のことはない。日本がドイツの尻馬に乗ってアメリカと戦争することになったお陰で、ドイツは考えもしていなかったアメリカと戦争することになり、その結果、ドイツはソ連に負け、アメリカにも負けてしまった。そしてその結果、日本もアメリカに負けたのであった。

歴史というものにはそういうこともあるのである。

世界から「尊敬されない国」になるのでは?　そこで今日の日本を考える。日本はその負けたアメリカに、今日、お金を出して守ってもらっている。そのアメリカとのつきあい上、憲法に違反している自衛隊というものをも持っている。そうして片や「平和憲法を守れ」つまり「軍隊を持つな」といっている。しかしそういう「嘘」を子供に聞かれて、今日、答えられる大人はいない。それは私が子供のときに経験した「軍国主義国」が一夜にして「民主主義国」に変わったのと変わりがない現象といえる。

つまり日本という国は今も昔も「正論などのない国」なのだ。「ごまかしごまかしの国」といっていい。それが一時的なものなら仕方がないが、じつは今日まで七〇年以上も続いている。それが一国の永続的な形になってしまっている。となると日本は現状では「お金持ちの国」として世界から有難がられているが、片や「尊敬される国」になっているかどうかは怪しいものである。そうして「世界から尊敬される国」になっていないとすると、長い目で見ればそれは日本の没落の始まりというほかはないだろう。

ではどうしたらいいのか?

「永世中立」で国土が守られるか　じつは日本を占領したマッカーサーは、あるとき「日本は東洋のスイスになれ!」といった。当時の日本人はびっくりしたが私は「慧眼だ」とおもっている。日本もスイスのように「永世中立国であることが望ましい」という意見である。

ただし、それには相当の覚悟がいる。かつてベルギーは永世中立国を宣言したが「あっ」という間にヒットラーに攻め込まれて、そのとき世界のどの国も助けてはくれなかった。「永世中立」というのは恰好いいが、スイスのように「相当の武力をもって自らを守る」ことを行わなければ「絵に描いた餅」の運命をたどることになる。

しかし、かといってその道を放棄するのもまた問題である。いかに困難であろうとも、また時間がかかっても、将来、考えるべき問題だろう。

迎撃用短距離弾道ミサイルで国土を守る

するとすると現実の日本はどうしたらいいのか？　日本は自衛隊という名の軍隊を持っている。それは世界中の人間が認めていることである。もちろん大方の日本人も認めている。がしかし、日本人は片や軍隊を持つことを否定している憲法をも認めている。完全なる矛盾である。

だがそういう矛盾を認めつつ、現実には防衛に徹するものなら軍備を持っても目をつむる思考も通っている。その一つが「迎撃用短距離弾道ミサイル」だ。それは軍備であることには間違いないが、しかしそれがなかったら、日本に敵対する国はいくらでもミサイルを打ってくることができる。脅しをかけることも簡単だ。

そこで日本は飛距離が五〇〇キロメートル以下の迎撃用ミサイルを配置しているが、それは現在もあまり問題になっていない。なぜならそれはいわば「高射砲」のようなもので、高射砲では侵入してくる飛行機は落とせてもその本国まで破壊することはできないからである。完全なる防備用の軍備といっていい。それなら日本人の神経を逆なでしないのだ。

そこでその「迎撃用ミサイル」だが、それを固定的なものでなくトラックに乗せて簡単に移動できるものにし、各市町村の希望と人口に応じて配置すれば、攻撃側もそれら多数のものを補足することが困難になり、防衛力は一層、増すだろう。そして各市町村も、嫌なら配備をしなければいい。住民投票にかけてもいいのである。軍事施設配備反対で大騒ぎをすることもないだろう。

もちろんそれは金のかかることだが、たとえお金がかかってもことは命に関することである。「各市町村が必要だ」とおもえば配備をすればいい。嫌なら置かなければいい。各市町村の自決事項にすればいいのである。

これが一つの考え方である。

スイス人の防衛 ここで「スイスの防衛に見習え」ということが問題になる。そのもっとも大切なことは、スイス人の防衛はじつはスイスという国を守ることではなく、第一義的にはスイスのそれぞれの村や町を守ることにあることだ。

スイス人はみな自分の生まれた村や町、あるいは先祖伝来の村や町を守るために防衛を行うのであって、それが最終的にはスイスという国の防衛に繋がることを知っている。であるからスイス人は、生まれた村や町を離れてどんなに長くスイスの大都市で生活しようとも、あるいはまた長く外国で生活しようとも、自分が生まれたスイスの村や町の戸籍、すなわち自分の本籍というものを動かさない。そして毎年夏には世界のどこにいようとも、必ず故郷に帰ってきて故郷の肉親や親族、友達たちとエールを交わすのである。もしそれを怠れば次第にスイスの村や町の住民から疎外され、いずれは持っていた村や町の多くの権利もみな失っていくことになる。実際、スイスの国は村や町にたいして多くの権利や収入源などを与えているから村や町にはそういった財政収入も結構ある、といっていい。

さらにスイスという国の防衛に関していうと、ヨーロッパの戦時などにその中央に位置するスイスにたいして周囲の国々がしばしばその通行を要求してくる。たとえば第二次世界大戦中、ヒットラーはムッソリーニ救援のためにドイツ軍のスイス通過を要求したのだが、スイス政府はそれを断っている。それから一年後に、今度はアイゼンハウアーがフランス解放のためにアメリカ軍のスイス通過を要求したのだが、それもスイス政府は断った。もし「強引に通過をする」というのなら「アルプスの橋やトンネルをみな落とす」というのである。スイスの政府がそういう指令を出せば、全スイスの村や町が従うことは目に見えている。これにはヒットラーもアイゼンハウアーも参ってしまった。橋やトンネルがなければアルプス越えはできないからである。

こうして「永世中立」が守られてきたのであった。しかしそれを日本に当てはめるには、多くの日本人がすでに田舎の戸籍を失っているので簡単にはできない。しかし、これからもう一度田舎の戸籍を復活する人にたいしては、政策的にいろいろの配慮を与えればできないこともないだろう。

自然と文化を見直す

スイスと日本は同じようにいかないことはよくわかる。人口も国土の大きさも、またその歴史も違うから当然である。しかしいろいろのことは考えてみるべきだろう。目下、実施されている「ふるさと納税」などは可愛いものだが、そのほかにもそういった故郷を守る具体的な方策をいろいろ研究していきたいものである。

そしてそういうことは、日本の国が「大都市主義」あるいは「一千万都市主義」なるものから「地方都市主義」あるいは「田園都市主義」なるものに生まれ変わる方向性と軌を一にしている。それは地方というものの再認識を国民全部が考えることである。

実際、地方には大都市にはないいろいろのものがある。それは一口にいって「自然と文化」である。たとえば東京が逆立ちをしても、奈良の飛鳥という小さな土地の自然と文化にはかなわないだろう。また、北海道の富良野に四〇年以上住んでいる芝居の脚本家の倉本聰は「北の国から」という家族ドラマを書いて有名になったが、その北海道においてさえ彼は「夏より冬が好きだ」という。また「富良野のラベンダーよりジャガイモの花畑がきれいだ」という。「落ち葉一枚にも未来に伝える遺言がある」と彼はいうのである。

同じく劇作家の平田オリザは自然の演劇を主張し、地方の文化を再発見し、兵庫県豊岡市に江原河畔劇場を作って「地方にあって淡淡として生きる人間の日常の姿がそのまま芝居だ」といっている。つまりそこにはおどろおどろしいセリフも、ドラマチックなストーリーもなく、ただ人間の日常を映した、次女や、地元の産業とかかわった静かな生活があるだけである。そして人間存在そのものが劇的であるような芝居を行っている。

そういう自然や文化というものが、時によって資本というものより、また科学技術などといったものより人間にとって大切なものであることが認識されるような事態が、これからだんだん増えていくだろう。

わたしたちは、いまその竿灯に立っているようにおもわれる。

（上田篤）

展望「半鎖国日本」の提案

現代につながる日本の歴史が一二〇〇〇年ほど前から始まることをあらためて見直した。そしてこの長い期間が、ほぼ一貫した文化の様相を持っていたことも再認識した。この長い過去からの一貫性は、現代社会においても世界的に注目されるところだ。多くの貝塚から、余剰による富をもたらすほど過剰ではなく、したがって富の蓄積がもたらす略奪もない、そして確実に巡る四季の変化とともに少ないながらも安定した多様な実りが繰り返され、営みが持続されてきたことをうかがい知ることができることに驚嘆する。その縄文時代を経て短い弥生時代になり、その後、国内に一六〇〇〇基もの古墳がつくられたことにも縄文文化との連続性がある、と感じた。

実際、鎮守の森と古墳の森が日本に多く残されている。本書中の日読(カヨミ)とも密接に関係するが、立柱やストーンサークルづくりに多くの縄文集落の人たちが参加していたと考える。古墳作りもこの延長上にあり、共同作業により、巨大なものを実現する精神・価値観につながっているのではないかと思える。社会心理学者山岸俊雄が『日本人というウソ』などで言及しているが「日本人は没個人主義だと思われがちですが利己的振る舞いが強い」と述べている。しかしこれは他者を思いやることも含み、そのことが自らの生存競争に必要である、との視野をもつ利己的行動といえる。飛躍を恐れずに言えば、この利己主義の原点が一二〇〇〇年間の縄文社会にあると思う。妻問いをつづける男たちの行動規範に欲望にかられる利己と、女たちに受け入れられなければ満たされることがないことで他者への傾倒が誘導され、思いやりと寛容性ある利己主義的行動を生み出したのではないか。縄文の男社会で形成されたこの「生き残り戦略」が、苦役とも思えるストーンサークル作りや巨大な柱を立てさせ、時代が下って多くの古墳をつくる背景になったのではないか、と想像する。

さらに身近な話題でいうならば、終戦後、吉田茂の側近として活躍した白洲次郎は『プリンシプルのない国』の中で「残念ながら我々日本人の日常は、プリンシプル不在の言動の連続であるように思われる」と述べているが、私もまったく同感で、あえて言うならば「行動規範のない行動をすることが行動規範となっている」と言えなくもない。なんとも融通無碍な感じだが、精神的・文化的原点が無いようにもとれる。また、山本七平は空気を読むことで行動を決める日本人の特質を『空気の研究』で明らかにしたが、なぜ日本人の多くは空気に従ってしまうのか。私はここにも一二〇〇〇年にもおよぶ縄文社会の痕跡を見る思いがする。縄文社会を特徴づける狩猟採取において男たちが嬉々として行なったであろう狩猟では、言葉を交わすことなく気配を消して、集団の目的を達成しなければならない。ここに言葉や議論で行動を決するのではなく、その場に必要とされる行動・役割を、無言のうちに目的として共有し、実行する「空気を読む日本人」の精神的・文化的原点が形成されたのではないか。

また岸田秀が提起した『唯幻論』では本能を失った人類はその代用に幻想としての文化を生み出した、とする。人間が共同体として生み出した文化に内在する行動規範を体系化したものが宗教で、多神教や一神教などである。縄文時代の多様で多彩な自然環境から生まれた文化は多神教的であったことが推察できるが、これは他者を排除しない価値観となったのではないか。やや脱線するが、肉体的威力を唯一の生き残り戦略としている動物が持つ本能を失ったとすれば、これを補って生みだされたのが母系社会的な多神教で、「多神教から一神教への変化は退化である」とした岸田の慧眼にも脱帽だ。グローバル化した現代の経済効率を唯一の目的とする一神教的社会が同じく退化である、とするならば、今後は本来の進化形である「多神教的ありかたに翻ること」が必然であると思う。現代日本人も多神教的であり、空気に流されがちであり、行動規範が見えにくいのだが、一二〇〇〇年前から変らずにある、豊かな自然の恩恵を最大化する価値観を再構築することが今後の精神的・文化的な原点になるのではないか。

また、気候変動に対して適応できるこれからの都市や建築のあり方が喫緊の課題だ。特に高温化する都市環境でどのような建築が成立するのかに取り組む必要がある。そして都市の営みに必須であるエネルギーをどのように確保するか、それによって都市のあり方や建築の可能性も大きく変わってくると考える。私個人は日本列島に多くある火山のエネルギー、地熱発電に可能性を感じている。もちろん技術的な問題や地元住民との交渉、自然景観との調和など様々な課題がある。しかし、世界で多くの地熱発電を行なっている国々における施設は、日本企業の技術でカバーされている。たとえばアイスランドやインドネシア、世界最大のニュージーランドの地熱発電所なども主要なタービンや技術は日本製だ。日本における課題を克服し、世界最大の地熱発電国になり、近未来の都市や建築を実現してほしいと思う。

また近未来に海面上昇が起きれば、縄文海進があったように多くの沿岸部が水没してしまう。近年の両極の氷床融解速度を考えれば、そう遠くない未来に取り組まなければならない課題となるでだろう。都市や建築が水没し、海面上に新しい人工環境を構築する必要も生まれる。

日本の近未来に関して「近現代社会を単純化していえば、合法的な略奪の時代であった。社会や個人が蓄えた富が奪われてきた。戦争や暴力のことではなく為替の変動や株価の変動など奪うものと奪われるものとが共存し、経済成長を妄想する時代だった。未来を考えることは容易く、言い当てることはとても難しい。あえて日本の未来像を問われれば、また飛躍と誤解を恐れずにいえば、それは『ゆるやかな鎖国社会』の到来である」と考える。鎖国などというと、多くの人々が気にするのは食料とエネルギーの自給が問題だ。そこで世界の工場となった中国に移転したモノヅクリの多くを国内に回帰させ、大量の輸出を前提とせず、主に国内需要への供給を目的とする。「そんなことをすれば経済成長はない」

と多くの人はいうだろうが、この三〇年ほどの間、我々の年収やGDPはあまり成長していない。ならば無理して輸出に頼り利益を求める必要はない。新型コロナウイルスに怯んで考えたわけではなく、以前から国内需要を前提に『ゆるやかな鎖国社会』をつくればよいと考えてきた。

国内人口を賄うだけの食料は日本にある。諸説はあるが輸入品を食べなければいい、輸入しなければいいだけである。米や魚、野菜など国内で生産されるもので需要を充たせばよい。多くの産業や商店などが混乱するだろうが、時間をかけて国内素材に転換する。貿易収支など気にする必要はない、高い石油などを無理して買う必要もない。エネルギーに関しても、輸出のための大量輸入や過剰生産をやめて国内需要を満たす分だけでよい。再生可能なエネルギー開発も拡大傾向にあり、蓄電池コストも下がり、電気代が格段に低くなるギガ・フォールも起きる。日本には未利用資源の地熱が分散して大量にあり、地熱発電は国内に多くの電力を供給できる。そんな近未来を考えればゆるやかな鎖国による社会も不可能ではない。他国には他国の背景と環境があり、それぞれの可能性があるにちがいない。

ここは、詳しく論じる場ではないので詳細は避けるが、日本列島に残されている自然環境を生かし、自然環境に対応して人口減少時代における減分社会の生活像を組み立てることが肝要である。そのためには、縄文人が残した行動様式が我々に連綿と続いていることを自覚し、縄文人たちの、日々の営みにより培われた「平和な縄文」に、その可能性を見出したい。「建築から見た日本」とは何を意味するのか。建築とは我々の周りにある事象の原点を探り、現在を捉え直し未来を築く行為である。そして建築とは価値観を顕在化させることであり、過去・現在・未来に現れる価値観を問い直すことでもある。「建築から見た日本」を通して、まだ見えない日本の未来を感じていただきたい。

最後に良寛の「焚くほどは　風が持てくる　落ち葉かな」を紹介したい。

（遠藤秀平）

あとがき

この本は日本人が二〇〇〇年かけて天皇と武士と百姓が「泥海日本を稲田日本に作り変えた話」である。その歴史を建築サイドから明らかにしようとした。だが、新型コロナウイルスの発生期に執筆されたために紆余曲折を重ねた。日本のみならず世界中がテンヤワンヤのころだったが本書の執筆もテンヤワンヤだった。さらに多人数出版ということが輪を拡げた。

本書を企画した上田が多人数出版つまり若い人々を集めて縄文時代以来の日本歴史の研究会をやりたかったからだが、今日のように行政やマスコミの力が強くなりつつある時代に自由な研究会は難しく、ために多人数出版なる言葉だけが一人歩きし、上田はその対応に追われた。章ごとに「四文字タイトル」と「三八文字解説」というユニークなスタイルを構想し提示したが、ために執筆者二二人との個別面談や対話メールに追われた。各人と意見が対立したときには討論を重ね、それでも意見が合わないときには両論併記などとした。

そうまでしても上田が研究会にこだわったのは「上田ドクトリン」なるものに主因がある。それはこの本の序章に書かれていることだが、一口にいうと「日本の建築には神様がいる」ということだ。建築の世界では通常、建築は「強・用・美の結晶」で「丈夫で、役に立ち、美しいもの」とされるが、じつはもう一つ「聖」ということがある。それに接すると「身が引き締まるもの」だ。いいだしたのは森田慶一京都大学教授で、遡れば紀元前一世紀のローマの建築家ウィトルウィウスに到る。そこで上田は森田やウィトルウィウスに倣い、さらに民俗学者の宮本常一の「家と屋の違いは神棚があるかどうか」に従って「神棚のある家には神様が来られる」とした。そうして人間と神様が共住する結果「日本建築には神様がいる」としたのだった。しかし研究会が成立せず、自由な討論が行なわれなかったためにその説はなかなか浸透せず、執筆を断った人も少なくなかった。また上田説に賛成しないが原稿を書いた人、不承不承ながら従って「死ぬや生きるや」と大騒ぎをした人、上田がいくら説得しても自説を変えなかった人などがおられた。だが上田ドクトリンを理解し原稿を書いてくださった方々も多く、さらに上田説を発展させて上田を驚かせた専門家の方もおられた。

そういう上田ドクトリンから今日の新型コロナウイルス事件を見れば、それは一口に「神なき都市の末路」といえる。今日の世界の一千万都市は科学技術の粋を集めて作られただろうが、反面、それは「神なき都市」である。であるから今回の新型コロナウイルス騒動が収まっても、また違う形のウイルスが押し寄せて同じ騒動を繰り返さない保証はない。「三密禁止」くらいでは歯も立つまい。とすると、それは「一千万都市そのものに問題がある」というしかない。一千万都市には神様がおられないからだ。

そこで上田は「一千万都市を廃して田園都市を作ろう」という。実際、イギリスの田園都市の中心にはみな教会がある。つまり「神様」がいらっしゃる。それがイギリス人の地域社会の根幹になっている。しかし日本のニュータウンには神様の姿は絶えて見られない。省みると昔の日本の村や町の中心にはたいてい鎮守の森があった。その鎮守の森を人々が祭った。その結果、人々は絶えず情報を交換し合って結束した。その結束によって人々の暮らしの安全が保障された。しかし今日の日本の都市には神様がおられなくなり、ために人々はみな疎遠になり、そういったことすべては行政の仕事になった。だが、その「お役人仕事」は今回のような危機にはいろいろとまだるっこしい。

ではどうするのか？　上田はこういう危機に対処するためには「皆が叡知を結集するしかない」という。じっさい、昔の村の鎮守の森における寄合いでは、人々は一つの問題を巡って二ヶ月も三ヶ月も議論した。その間、新たな情報やアイディアが寄せられ、結果、いい結論が得られた。つまり問題の解決に必要なものは、具体的な事実の把握と人々の叡知の結集なのだ。昔の百姓は農民だけでなく、猟人であり漁民であり、工人であり、商人であり、ときに武士でさえあったが、そういう人々の行動を保障したものがじつは神様だった。神様は小さな村や町において人々の民主主義を保障する「守り本尊」だったからである。そういう村の民主主義が絶対だったことは、遠藤周作の『沈黙』を読むと解る。村の人々は何日間も討論を行なった結果、男も女もみな「キリストの像」を踏んだ。だが「隠れキリシタン」であることを止めなかった。村は相変わらずの「クリスチャン村」だった。それを保証したものは村の民主主義だった。その民主主義の根元は神様だった。

もちろん今日の村や町や都市の人口は、かつてのように少なくないから直接民主主義は困難である。しかし、そこでも科学技術を結集して直接民主主義に近づける努力が行なわれるべきだ。オンラインを駆使すれば直接民主主義も可能である。ハワードの田園都市では、教会は人々が毎週、顔を合わせる直接民主主義の場だったが、とすると教会がコンピュータに変るだけなのだ。ただし何らかの「神様」がいて人々は日頃から顔見知りである必要がある。オンラインも見ず知らずの間では犯罪に利用されるからだ。であるから「神様」を通じて日頃からつき合うことが大切なのだ。それがいわば「鎮守の森」である。その現代の具体的な姿をこれから考えるべきだろう。そういう田園都市のネットワークの具体的な姿を上田はじめ何人かが本書で提案している。その具体化はこれからの課題だろう。

こういう本ができたのも、良くいえば建築家の持つものの本質的なものを読み取ろうとする直観力のせいであり、悪くいえばオッチョコチョイのせいだろう。

なおこの本の出版を推進していただいた鹿島出版会の橋口聖一さんが、本書の制作中に、突然、お亡くなりになられた。残念極まりないことである。謹んで哀悼の意を表したい。

（田中充子）

著者一覧

『　』は著書、「　」は作品、
【　】は執筆担当を表す

生田隆史　建築評論家。【16章】

池上惇　経済学者、京都大学名誉教授、『文化資本論入門』（京都大学学術出版会）、『文化と固有価値のまちづくり』（水曜社）など。【28章】

上田篤　建築学者、縄文社会研究会会長、『日本人とすまい』（岩波書店）、『縄文人に学ぶ』（新潮社）、「七〇年大阪万博お祭り広場」（日本建築学会特別賞）など。【はじめに・序・10・23・29～31章】

遠藤秀平　建築家、神戸大学大学院教授、縄文社会研究会会員、『パラモダン・アーキテクチャー』（エレクタ社）、『アジール・フロッタンの奇蹟』（建築資料研究社）、「ブルボン本社」など。【展望】

岡野眞　建築家、建築アナリスト、岡野綜合計画研究所所長、『日本の空間システム～神社の参道空間～』（美巧社）、『フランク・ロイド・ライトの建築遺産』（丸善）、「佐世保市博物館島瀬美術センター」など。【14章】

岡本一真　建築家、岡本一真建築設計室代表、『建築設計のための教科書』（京都大学学術出版会 編集担当）、「尾高高原の家」など。【15章】

尾島俊雄　都市環境工学者、早稲田大学名誉教授、『都市環境学へ』（鹿島出版会）、『日本は世界のまほろば1・2巻』（中央公論新社）、「完全リサイクル住宅」など。【02章】

角野幸博　都市計画学者、関西学院大学教授、『郊外の二〇世紀』（学芸出版社）、『近代日本の郊外住宅地』（共編、鹿島出版会）など。【13・25章】

金澤成保　都市計画学者、大阪産業大学前学長、『風土と都市の環境デザイン』（ふくろう出版）、『路地研究』（共著、鹿島出版会）など。【17・19章】

河井敏明　建築家、一級建築事務所河井事務所代表、『ウッドファースト！ 建築に木を使い、日本の山を生かす』（共著、藤原書店）、「四条木製ビル」など。【03・28章】

桐浴邦夫　建築史学者、京都建築専門学校副校長、『茶の湯空間の近代』（思文閣出版）、『世界で一番やさしい茶室設計』（エクスナレッジ）、「W氏邸茶室」など。【21章】

竹口健太郎　建築家、アルファヴィル代表、神戸大学客員教授、『Alphaville Architects』（共著 Equal books）、「New Kyoto Town House 1-4」など。【22章】

竹林征三　河川工学者、富士常葉大学名誉教授、風土工学デザイン研究所理事長、『風土工学序説』（技報堂出版）、『物語日本の治水史』（鹿島出版会）など。【18章】

竹山聖　建築家、京都大学名誉教授、設計組織アモルフ代表、『庭／のびやかな建築の思考』（編著、A+F BOOKS）、「新宿瑠璃光院白蓮華堂」など。【12章】

田中充子　建築史学者、京都精華大学名誉教授、縄文社会研究会幹事、『プラハを歩く』（岩波書店）、『蹴裂き伝説と国づくり』（共著、鹿島出版会）など。「国際コンペ京都の未来像優秀賞」【01・04～06章・あとがき】

團紀彦　建築家、都市計画家、團紀彦建築設計事務所代表、青山学院大学総合文化政策学部教授、「日月潭風景管理処」、『都市を看る』（忠泰建築文化芸術基金会）、『るにんせん』（新風社）など。【09章】

富田文隆　木工造形作家、天皇家菩提寺、御寺に椅子・テーブル奉納、カトリック教会等の司祭用椅子、祭壇、十字架制作など。【20章】

中西ひろむ　建築家、中西ひろむ建築設計事務所主宰、『ウッドファースト！ 建築に木を使い、日本の山を生かす』（共著、藤原書店）、「ＣＯＣＯＮＯアートプレイス」など。【08章】

永松尚　建築家、永松尚建築設計事務所代表、「上賀茂別邸明春庵」。【07章】

鳴海邦碩　都市計画学者、大阪大学名誉教授、『都市の自由空間』『都市の魅力アップ』『都市のリ・デザイン』『都市デザインの手法』（以上学芸出版社）など。【24章】

久隆浩　都市計画学者、近畿大学総合社会学部教授、『都市構造と都市政策』（共著、古今書院）、『都市・まちづくり学入門』（共著、学芸出版社）など。【26章】

森育男　林業評論家。【27章】

山本麻子　建築家、アルファヴィル代表、『COME GIARDINI』（LIBRIA）、「カトリック鈴鹿協会」、「絆屋ビルヂング」。【12章】

建築から見た日本　その歴史と未来

二〇二〇年一〇月三〇日　第一刷発行

編著者　上田篤＋縄文社会研究会
発行者　坪内文生
発行所　鹿島出版会
一〇四－〇〇二八　東京都中央区八重洲二－五－一四
電話　〇三－六二〇二－五二〇〇　振替　〇〇一六〇－二－一八〇八八三
印刷　壮光舎印刷
製本　牧製本
デザイン　北田雄一郎

ISBN978-4-306-04681-8 C3052 Printed in Japan

本書の内容に関するご意見・ご感想は左記までお寄せ下さい。
URL: http://www.kajima-publishing.co.jp/
e-mail: info@kajima-publishing.co.jp

日本人の心と建築の歴史

上田 篤 著

日本人の心のあり方を、ロマンチックな内容で歴史を語る教養書。そこにはエッセイスト賞受賞の著者が紐解く真実がある。貴族から庶民の暮らし、心のささえとなる寺院や神社への想い、興味はさらに建築空間へと誘う。

主要目次

ISBN 9784306044616 体裁 四六判・二八八頁
価格 本体二〇〇〇円＋税

蹴裂伝説と国づくり

上田 篤、田中充子 著

湖を蹴り裂き、沃野をつくり、日本の国がはじまった。ヤマトタケルが谷を削り、クマが岩を砕き、カニが沢を拓き、オオクニヌシが山をさいた。北海道から九州まで、列島各地にのこる神や巨獣の説話を探訪する物語。

主要目次

ISBN 9784306094109 体裁 四六判・二八八頁
価格 本体二八〇〇円＋税